Neale Donald Walsch

尼爾·唐納·沃許

「與神對話」25則核心訊息，改變你的生命與這個世界

神說了什麼

WHAT

GOD

SAID

獻給所有
信仰神的人
以及所有渴望要更加認識
這個神聖本質
與自己和這神聖本質的關係的人

推薦文

神的進程會繼續，無論我們選擇如何去參與和體驗它

王季慶

敬愛的老友尼爾又有新作。

本來我暗想，他這些年來還沒說夠嗎？但詳讀了他的原著，我仍然有多年前引進他第一本《與神對話》時的認同與感動！尼爾這次並非與神對話，而是以一千字，二十五個信息，為他的「與神」系列作了個總結，可說是此系列的精髓。我願為中文讀者略盡陪讀、導讀之綿力！

尼爾說，這是人為了要過他所渴望的那種生活所需明白的一切。雖然人類千百年來嘗試要達到那個目標，卻尚未成功。所以他替我們彙整出二十五個要點，這些議題，得以形成他所謂的「世紀對話」。

神給出最大膽的信息是第二十五個。讓全球的人類獲得一個「新福音」：我們都是一體的。我們的道途（way）並非更好的，只是另一個道途。

尼爾從他列出的「神給人的二十五項信息」中，一項項倒著來思辨。我感覺每一項都是驚天動地、擲地有聲的「終極之道」，不必多加辯解。當你的心腦一致、清明、開闊又柔軟，會覺得「bingo！說得真好！」只能與神心心相印，默然微笑。

不過，尼爾卻怕大多數人尚無法接受這些概念，因為它們與千百年來的宗教、政治、社會傳統正好相反！他只有不厭其煩地反覆講解這些「明日之神」的金句。

那麼就讓我們泡杯好茶，「虛心」進入新福音的堂奧吧！

神說過，神是這麼大的一個標的，只要你渴望祂，就不可能錯過。上山之路眾多，你不可能到不了山巔！又說，這句話就道出世代以來各宗教之間互相攻擊殺伐的荒謬。正如最近印度電影《PK》以極幽默的方式所展現的。人們因對此議題的衝突，導致彼此爭戰不停，甚至於毀滅人類文明。

第二十四個信息也非常重要：我們以為我們是被別人恐嚇，其實是被自己的信念恐嚇。尼爾說：改變或挑戰我們的信念，是達致和平的階梯。因為，在宗教與政治裡的「基本教義派」，永遠堅持自己的才是對的、正義的信仰，所以不惜殺戮對方，造成冤冤相報，永不止息的創傷。

所以，請不帶成見，暫時放下批判，冷靜地一讀尼爾此書。相信你會不時有「啊哈！」的體悟，或更有「似曾相識」的感覺。

第二十二個信息是關於人類對神抱持的五大錯誤想法，造成了危機、暴力、殺伐與戰爭。人之所以會緊抱過去這些可笑的想法，乃是源自上古時代人類出於「生存恐懼」的造神運動，將日常感受到的生存威脅投射出去，創造出以為能「保佑」他們的神明。結果變成受制於掌控宗教與政治的領袖。

尼爾的結論是：並沒有關於神或是神親自頒下的不會錯的「經文」。所有的聖典都是人在偉大的靈感下所傳述過來的。因此，固然包涵了偉大的智慧，卻也可能包涵了錯誤。只能以你內心深處的指引和個人經驗為憑依。

尼爾說，相反於大多數人的順序，要想主宰自己的生活，你必須做到 Be-Do-Have。舉例來說，如果你不認為自己是愛（不配，沒感覺），也要 act as if you do。這並非作假或自欺欺人，而是，「一切都儲存在你內了」，不假外求。你只要從自己內在將它拉出來，覺知你本來「如是」。而從你希望的終極目標開始做自己……你必須真實地體驗自己「是」那樣。如果你無法真實地體驗到你是（being）善、愛……那麼，最快體驗到「你是」的方法，就是令他人因你而體驗到他是（being）善、愛。

第十七章比較不容易理解與接受。尼爾也質疑：當我們每日的生活經驗都似乎證實反面為真，我們怎能想像、擁抱或接受我們「一無所需」？請仔細讀通吧。尼爾說，這是人類最大的挑戰。因為我們每個人豈非每天都在爭取生存、爭奪物資？

愛就是一切——人生的每個表現都是愛的表現，尼爾說他花了五十年時光才體驗到這句話。他是在歷經人生的黑暗幽谷後，才能來到體悟這最重要信息的轉捩點。就留給各位朋友慢慢跟他同行吧！

神的進程會繼續，無論我們選擇如何去參與和體驗它。只有我們自己才能決定是否要拿回我們人生的主控權，或是仍甘願被綁架？神說我們並不必得在某一生達成某個結果。我們有無窮的時間——真的。那麼，我們還有什麼理由在任一天，以任一特定方式做任何特定的事，除了為其帶來的純粹喜悅之外？

尼爾的結論：

這個「自由」是神給予人的最大禮物：我們得以任何我們所欲的方式表達自己，同時我們仍舊是展現「神聖」的「神」。

真正的問題是，「人類為什麼選擇以這方式展現神聖」？

會不會……

會不會……

會不會是「神之所是」及神要什麼及我們大家到底在這兒幹什麼的一個「新」故事？你我對這問題的答案，將決定人類的未來！

如果，你在閱讀此書當中，由質疑……漸漸放下不服、批判，而忽然覺知自己的心花正漸漸綻放，世間的美好正透過所有的烏雲漸漸顯露。

你是不是想跟著 Louis Strong 哼唱 "Oh! What a Wonderful Life!"

本文作者為中華新時代協會創辦人，引介新時代「賽斯系列」、「喜悅之道」、「伊曼紐系列」、「與神對話系列」。著有《心內革命：邁入愛與光的新時代》、《賽斯讓你成為命運的創造者》、《與神同心》等書

推薦文

任何人只要願意呼喊，神必將予以回應

王怡仁

打從大學時代開始，我就常常感受到內心有股惶惶的焦慮之感。為了安頓焦慮的心，我一頭栽入了宗教與新時代思想的世界，渴望得到「我是誰」的答案，更希望心靈有所依歸，安住在永恆的平安之中。

我的家庭並沒有明確的宗教信仰，在探索真理的過程中，我決定尋覓可以讓自己信靠的力量，這樣的力量，或許不同的宗教信仰有不同的名相，但簡而言之，祂就叫做「神」。

然而，很奇妙的是，進入宗教的世界後，在我還未確知「我是誰」之前，另一個更大的問題已然湧現，那就是：「神又是誰？」

我讀過《聖經》，知道《聖經》中有著耶穌基督引領我們去信靠的「神」，然而，《聖經》中的神卻讓我心生疑惑，我不解的是，神如果像經典所說，全知全能、創造一切，並擁有一切，為什麼祂會那麼在乎世人信不信祂？又為什麼會如此執著於人們言行的「對」與「錯」？一旦世人不信祂，或是做了讓祂不悅的言行，祂不只會降下洪水或烈火，讓人間陷入洪難火災，還會讓人們的靈魂墮入地獄，受那無盡苦痛的懲罰與折磨。

《聖經》中還提到，耶穌基督曾說：「除非經過我，誰也不能到父那裡去。」這句話也讓我頗為不解，倘使要回到神的身邊，只有透過耶穌基督這一條路，那麼在耶穌誕生之前就已經來到世間的尼安德塔人、北京人，甚至春秋戰國時代即已光輝熠熠的孔孟老莊，莫非只因他們不識耶穌，就都被全知的神拒於神國之外？

還好我很快就接觸到了《與神對話》，心中的謎團也因此一一破解。《與神對話》是尼爾・唐納・沃許（Neale Donald Walsch）在婚姻與事業都遭遇劇烈的挫折，淪落到露宿公園之時，懷著滿腔的怒火，對神提出疑問，竟意外收到神的答覆，因而完成的著作。

許多讀者或許會心生疑惑，憑什麼尼爾可以宣稱他收到的訊息來自「神」？神的「天啟」又豈能這般輕易地臨到一個凡人身上？

然而，尼爾的經驗恰恰解開了我心中的疑惑，原來神真的沒有委託任何一個人擔任「唯一代言人」，全知的神眷顧著每一個人，任何人只要願意呼喊，神必將予以回應，這正是神最無私的恩寵。這樣的神不會執著於審判世人言行的對錯，也不會那麼在意世人信不信仰祂，祂甚至不是遠在天邊的「天上的父」，而是跟每一個人融合為一體的能量，只要你靜心感受，就將發現祂在，又若是你呼喊祂，祂的智慧就將開啟你。

真正知曉「神是誰」之後，「我是誰」也就隨之得到了解答，原來我跟神是一體的，我也是「神」，而就像神以祂的大能創造世界，我也以我的信念創造生命的實相。既然信念即是創造生命的本源，那麼，若想認識自己，以及回歸神性，我最喜樂的生活態度，就是生活在覺知中。

我很喜歡《與神對話》的神，更感覺這樣的神真正呼應了我內心底層對神的認知，於是，從《與神對話》三部曲開始，在十幾年的光陰裡，我陸續看了尼爾的「與神對話」系列書，包括《與神為友》、《與神合一》、《與神對話之新啟示》、《明日之神》、《生命的空白頁》、《與神談生死》等等，每一本都反覆閱讀，也都深深喜歡。

而現在，為了讓讀者更便捷也更有系統地認識「神」，尼爾將「與神對話」九書整理出「千字箴言」，並加以精彩的說明，那就是你手上這本《神說了什麼》。此書堪稱「與神對話心經」，逐字捧讀之時，我彷彿又把十幾年來的喜悅溫習了一遍，我也非常樂意將此書推薦給每一個渴望認識神的朋友。

當然啦！書在你手裡，那必然也是神應許你的呼喚，才把真理交遞到你手中。

那麼，就請你打開這本書，與我們一起來，歡喜地認識神，也認識自己！

本文作者為家庭醫學科專科醫師，曾任高雄榮總家庭醫學科總醫師，現職為高雄榮民之家家庭醫學科醫師、新時代賽斯教育基金會心靈輔導師、台灣身心靈全人健康醫學學會創始會員。著有《不藥而癒》等書

推薦文

幫自己找出「人生中許多無解的大哉問」的答案

Jimmy

自從一九九四年第一本「與神對話信息」系列書籍在美國出版，至今雖然已超過了二十年，也已在全球各地翻譯出版了近四十種語言，但對於「與神對話」基本的全貌，以及它主要的價值，如什麼是與神對話？它對我有什麼用？大多數人還是不大清楚或一知半解。可惜沒有一本書，從整體的角度來探討與神對話系列作品的全貌與價值，讓更多人更加了解其價值和重點。令人欣喜的是，《神說了什麼》正是一本這樣的書。

重點還是上述的問題：它對我有什麼用？有什麼價值？

事實上，就是這個問題，以及我多年來探索它所得到的珍貴發現，讓我幾乎把我辛苦創立近三十年的公司經營擺一邊，全心投入「讓這套完整的對話信息也能在中文華人世界裡，成為較易懂且容易取得的新觀念參考資料之一」的工作。我只是想，總該有人把這整部「神親自解說」的信息，以更精確易懂的中文加以呈現，讓全球的華人都能夠輕易地參考、檢驗和分享這些珍貴的新觀念——神給人類的觀察建言。

沒錯，我說「神親自解說」的信息。傳送這些信息給人類的，正是尼爾．唐納．沃許這位老兄。真正讀過「與神對話」系列作品的朋友們就會知道這一點。作者尼爾在本書第一章和在《與神談生死》的作者序裡也曾說明，神經由尼爾「親自解說的信息」共有九本書。而如果你有意識地把這九本書讀完，你會發現，神非常有系統、有條理、有高度邏輯地在向我們解說，並且反覆地解說一些有關「生命如何運作」的重大議題。你會清楚地發現它的價值。

由於「與神對話信息」所談的議題非常廣泛，加上大部分抱著「神總該給我答案」的讀者，在初次讀完信息內容後常感到失望，以致於它的價值不容易被清楚表達。

儘管與神對話的信息內容有許多令人難以理解的觀念（例如神說：沒有所謂的受害者、死亡是你為自己做的事），它也有許多令人讚嘆的智慧和引人深思的解說與建言，且全都以現代的話語解說，加上神以平易近人的語氣在對話中傳達著「凡人無法說出的智慧」和幽默，所以這二十年來（台灣於一九九八年才出版第一本）始終有不少人在閱讀這些作品。不過這些信息的主要價值，以及如何在生活中應用，目前仍淪為各自的解讀、一知半解，甚至常被部分宗教人士嚴加撻伐。

你可能同意上述的情況，但多少不解怎麼會這樣？「真相」其實只是個主觀的說法，「客觀的真相」並不存在。但在此我想誠摯地分享一個「更大的真相」供大家參考：

從個人、社會、全球、宇宙到死後生命如何運作等各大議題，整套「與神對話信息」提供給我們的，都是與你我非常切身且實際的「人生大哉問」之解說，而且每一個議題所談論的內容都是「絕對值得參考」的智慧建言。之所以許多抱著「神總該給我答案」的讀者會感到失望，是因為神不是給我們「問題的答案」，而是給我們「自己找到答案的力量」，以及啟發我們找到這種力量的智慧。你覺得這兩者哪一個的幫助比較大？

神說：答案會讓人停止探索和思考，甚至產生依賴；問題會引發人們去探索和思考，進而產生力量。十年前我第一次閱讀《與神對話》後，我對「希望得到神的答案」的落空和不解，總是多於我所得到的感動和共鳴。這種情況持續了四年多，直到我終於理解了另一個關鍵的道理：神不存在於心智的範疇裡。要了解神，我必須脫離頭腦心智。因為心智無法告訴我真相，心智只能讓我看到「被定義、評價和解釋過」的真相。

我很高興看到本書的作者尼爾，也是所有「與神對話信息」的作者，首度從上述的整體角度寫了這本書，分享他在歷經了十一年的與神對話經驗，並且記錄和編寫成整套與神對話系列作品，然後從中摘錄了二十五則核心觀念。尼爾也根據自己過去十幾年來的體驗，分享如何將這些觀念應用在我們生活上的心得和實例。例如，第十章談「覺知的三個層次」、第十一章談「成為——行動——擁有」（Be-Do-Have）、第十二章談「全人生活三大核心觀念」和第十五章談的「相反律」，書上提供了比原對話信息更簡單易懂的解說、應用和一些例子，能幫助讀者獲得更明確的理解。

《神說了什麼》是尼爾花了十五年的時間，以最清楚簡單的方式解釋了與神對話中最重要的二十五個核心觀念與生活應用。對於有興趣探討「生命運作的更大真相」和有興趣參考「如果宇宙中有一個最高智慧存在的話，對你我人生中許多無解的大哉問，他或她或祂會如何解說」的朋友們，這是一本非常值得閱讀的作品。

神在台灣的朋友
二〇一五年三月於台北

CONTENTS

CONTENTS

這天就要實現
當人類終將充分領會
神的愛與神給人的禮物
這份無盡的愛與禮物
將成為每個人生命的一部分

這個結局是不可避免的
只是時間的問題

01 神給世人的訊息

「好，你宣稱直接和神說過話，那麼告訴我們……神給世人的訊息是什麼？」

說話者是全美最受歡迎的晨間節目的知名主持人，他要我回答這個有史以來最大的問題。

「你能不能濃縮成一兩句話來說？」他補上一句。「我們還有差不多三十秒的時間。」

我的心思跑得飛快。我要如何能夠在三十秒鐘之內，捕捉到神想給世人的訊息的精髓？接著，一個念頭閃過，我在腦海中聽見神的回答。我眨眨眼，做出一個連我自己也感到驚訝的宣告。

「其實，我可以把它濃縮成五個字。」

主持人抬起眼，眼裡閃過一絲懷疑，然後他面無表情地對著攝影機說：「好吧。各位先生女士，這個人說他**與神交談**，他帶來了神給世人的訊息……就五個字。」

我曉得全世界有幾百萬人正在收看這個節目。這是我的機會，把神最重要的訊息傳達給比我這輩子想過或者能夠想像的還要更多的人聽。我直直望著鏡頭，說出我所收到的回答。

「**你（們）誤會我了。**」

百萬分之一的機會

我叫尼爾，我應當解釋一下。

我與神談過話。

那不只是神短暫顯現一次的談話，我們對談過許多、許多次。

你也是如此。

你可能不認為你與神對話過，但是你有的。你或許只是用別的名字來稱呼這個經驗。你或許認為它是一種靈光乍現。或者是一個絕妙的點子。或是一個難以置信的預感、準確的猜測、突發的靈感、巧合、緣分，或是女性的直覺。

無論你怎麼稱呼它，那都是同樣一件事。它是從我們內在的智慧與洞見的源頭而來的一種溝通，是每個人與生俱來的權利。

在我的例子裡，我就用我經驗到的情況來稱呼自己與這個源頭的相遇：與神對話（conversation with God）。

幸運的是，我把所有交談都寫下來了，所以我未曾遺忘這些對話內容。這個過程始於一九九二年二月的某一天，我在凌晨四點二十分坐在桌前，寫了一封憤怒的信給神，我想要知道我的人生為什麼這麼不順利，以及我如何能夠讓它變得順利。

接下來發生的事，就是一連串與神的紙上對談，我問了我生命中最感困惑或最挫折的問題，而我接收回答的方式就像是在做聽寫一樣。

在某一刻，神對我說：「有一天這些對話將成為一本書。」所以，幾個月之後，我把第一份的手寫筆記寄給一位打字員，請他謄打成稿子，然後我再把打字稿列印出來寄給出版社……幾乎可以說是一種挑戰。

我不知道我在挑戰誰……是我自己還是神……但是我知道我想要「測試」一下神給我的訊息，看看它到底正不正確、是否屬實。

當然，我完全理解，要某個出版社印刷並發行某位宣稱直接與神對話的人所寫的書，機會大概是百萬分之一。簡直就不可能會發生。

錯。

它發生了。

於是現在，擴展開始

現在，已經出版了九本與神對話系列書籍的我，正在進行每次我坐下來寫一本書時會做的事。我問自己：**你為何要寫這本書？你希望達成什麼目的？這本書是必要的嗎？**

讓我來回答一下自己提出的這些問題，這樣你就能明白接下來會是什麼，你也就能決定是否要走這一趟旅程。

- 我寫這本書，是因為有太多太多的人要我進一步談談與神對話系列書籍共三千頁的篇幅中，「神說了什麼」。而我想要以精簡的一本書來說明，如此一來讀者就可以簡單而迅速地理解神給世人的訊息。
- 藉由這些新的、未曾出版過的對於與神對話的訊息的闡述，我希望能夠讓這些訊息在日常生活中**立即可用**。我希望這些觀念是有作用的，而不只是概念。
- 這本書的必要性在於兩個原因：一、與神對話的系列書籍（已發行三十七種語言版本）擁有千百萬讀者，這些讀者除了要我擴展資料，也要我告訴他們在這麼多的訊息裡面，哪些是最重要的。二、人們如果知道怎麼應用與神對話的訊息，就能夠改變這個世界，而現在這個世界亟需改變。不是五十年後。不是二十五年後。不是十年後。是現在。

問題在於體系

現在是該說真話的時候了：一切都行不通。

我是說，一切。

我們在這個星球上所採行的主要體系，沒有一個是準確運作的。政治、經濟、環境、教育、社會及靈修體系，無一可行。沒有任何體系製造出我們說我們想要的結果。事實上，情況還要更糟。它們製造出我們說我們**不想要**的結果。

這種情況不只發生在全球的層次，也發生在個人的層次。它觸及你和我。世上除了極少數例外，所有人都陷在這種掙扎中。**每天的掙扎**。我們掙扎的不只是要快樂，還有要生存下去，要過得去，要勉強維生。

而現在，情況更甚於此。如今即使是那些過著「好日子」的人也不好過了。不只是他們。個人的幸福似乎神祕難解又令人沮喪地無法捉摸。甚至當人們擁有幸福時，也守不住它。

那就是最大的線索，最大的暗示，最肯定的徵兆：一定有什麼事情出了差錯。就連那些在合理判斷下**理應**快樂的人都不快樂的時候，一個社會文化一定出了**嚴重的體系問題**。當一個社會方案雖然在運作，卻運作不良，雖然一切進展順利，卻有什麼非常不對勁時，你就看得出來這個社會方案是扭曲的。

那就是我們今日的處境，而我認為現在已經到了以新訊息（New Message）指引人類的時候。我認為是時候我們人類要去擁抱一個嶄新的文化故事。

如果你喜歡自己的生活現況，如果你也喜歡你眼前的世界，你可能不同意我的說法。然而，如果除此之外別無其他原因，那麼你可能會想要繼續讀下去。如果你渴望維持現狀，你也應該要知道別人（在這個例子裡是好幾百萬人）在思考的改變。

如果你同意我說的，認為現在是做出重要改變的時候，大至這個世界，小至或許你自己的生活——那麼讀這本書就對了。

這裡的訊息意在改變一切。

坐好了，準備開始

為了達到最快速的閱讀與最大的影響，我把九本與神對話系列書籍的核心訊息濃縮成千字。然後我會為每個訊息提供重要的解釋。這千字訊息就是最清楚的闡釋以及最實際的應用，是我認為與神對話系列書籍中最重要的見解。

下一章便是這千字的摘要，當你初次閱讀時，可能沒有辦法每一句話都能夠完全理解。我個人就無法做到。那也是為何我會用接下來的篇章加以詳細說明。

我花了十五年的時間，努力要把這些訊息應用到我個人的生活裡，同時我也努力要找出最清楚、最簡單的方式去解釋這些訊息的內容以及如何加以應用（以回答世界各地的讀者所提出的千萬種問題），我確定現在我已經準備好要貢獻這本書了。

所以，我們上路吧。喔，但是你要坐好了。這些觀念中有一些可能會讓許多人覺得是異端，所以這可能會是好一段旅程。然而，我相信正如蕭伯納的名言所說：「所有偉大的真理起初都被視為是離經叛道的。」

02 千字箴言

以下的千字內容是人類必須知道的全部訊息，為的是要活出你們所嚮往卻尚未實現的生活，儘管你們已經努力了幾千年。把這些訊息帶入人類世界：

一、我們全都是一體（One）的。萬物都是同一物（One Thing）。只有一物，萬物都是這一物的部分而已。意思是說，你就是神（Divine）。你不是你的身體，你不是你的心智，你也不是你的靈魂。你是這三個部分的獨特結合體，組成了總體你（Totality of You）。你是神性的個體化顯現；是神在地球上的一個表達。

二、有足夠的資源。你們沒有必要為資源而競爭，遑論因此動干戈。你們要做的只是分享。

三、你沒有必須做的事。你要做的事很多，但是沒有你被要求要去做的事。神什麼也不想要，什麼也不需要，什麼也不要求，什麼也不命令。

四、神對每個人說話，始終如此。問題不在於神對誰說話，而是有誰聽了？

五、生命有三個基本原理：**功能性**、**適應性**、**永續性**。

六、如果你努力去做一件事，就沒有所謂的對與錯，只有可行與不可行。

七、從靈性角度來看，這個世界沒有受害者，也沒有惡人，儘管從人類角度來看似乎當然有。然而，因為你就是神，一切發生的事最終都對你有益。

八、倘若世界的模式就是如此，那麼沒有人的所作所為是不適當的。

九、沒有所謂地獄這樣的地方，永罰也不存在。

十、死亡並不存在。你們所稱的「死亡」，只是一個再確認的過程。

十一、沒有所謂的空間與時間，只有此時此地。

十二、愛是所有的一切。

十三、你是你自己實相的創造者，使用創造的三種工具：**思想**、**語言**、**行動**。

十四、你的生命和你無關。它和你所接觸的每個人的生命以及你如何接觸有關。

十五、你的生命目的是要再創造你自己，讓它成為你對你是誰最偉大的意象（Vision）最恢弘的版本。

十六、每當你說了什麼，一切與之不同的事物就會進入這個空間。這就是相反律（Law of Opposites），它創造出一個脈絡場（contextual field），在其中你會經驗到你想要表達的事物。

十七、沒有絕對的真理。所有真理都是主觀的。在這個架構中，訴說真理有五個層次：對你自己說有關你自己的真理；對你自己說有關另一個人的真理；對另一個人說有關你自己的真理；對另一個人說有關另一個人的真理；對人人說有關一切的真理。

十八、人類活在一套明確的幻相裡。人類的十大幻相是：需求、失敗、分裂、不足、要求、審判、責難、制約、優越感、無知。這些幻相都是為了服務人類，但是我們一定要學習如何使用它們。

十九、全人生活的三大核心概念是：**誠實**、**覺知**、**責任**。根據這些準則生活，自我憤怒將從你的生命中消失。

二十、生命是在一種「是——做——有」（Be-Do-Have）的模式中運作。但大多數人都反其道而行，他們認為要「做」什麼必須先「有」什麼，然後他們才能「是」他們想要成為的人。把這個過程顛倒過來，才是掌握人生的最快方式。

二十一、覺知有三個層次：**希望**、**信心**、**知曉**。靈性掌握（spiritual mastery）就是從第三個層次來生活。

二十二、有五種關於神的錯誤觀念，創造了危機、暴力、殺戮及戰爭。一，神有某種**需求**。二，神會**得不到**祂的需求。三，**神把你和祂分離開來**，是因為你沒有滿足祂所需。四，神的需求如此強烈，於是**神要求你**（從你的位置）滿足祂的需求。五，如果你無法滿足神的要求，**祂將會毀滅你**。

二十三、有五種關於生命的錯誤觀念，同樣創造了危機、暴力、殺戮及戰爭。一，人類彼此是分離的。二，人類想要追求快樂但資源不足。三，為了要得到這些不足的資源，人類必須相互競爭。四，某些人比其他人更好。五，人類為了解決由其他錯誤觀念所創造出來的嚴重差異而彼此殘殺是適當的。

二十四、你認為你受到他人的恐怖威脅，但其實你是被自己的信念給恐嚇了。如果你們集體採納和平的五個步驟，你自己以及你的世界將經歷顯著的轉變：一、允許你自己承認，關於神與生命，你的一些舊信念已不再適用。二、想想是否有可能你並不完全了解神與生命，而了解之後就會改變一切。三、大聲說你願意現在就對神與生命有新的了解，這樣的了解將為地球帶來一種新的生活方式。四、勇於檢驗這些新的了解，如果它們與你個人內在的真理與知曉是一致的，擴大你的信仰體系容納它們。五、讓你的生命成為你的最高信念的一個示現，而不是一種否定。

二十五、讓地球上所有人獲得一個新福音：「我們都是一體的。我們的方式不是一種比較好的方式，只是另一種方式。」

以上就是千字訊息，擁抱並根據這些訊息來行動，將能夠在一個世代間改變你們的世界。

03 我們願意做什麼？

這些訊息有的相當清楚，有的則需要說明。例如，我們多數人或許都會同意，「沒有必要為資源而競爭，遑論因此動干戈」。另一方面，我們可能難以接受「這個世界沒有受害者，也沒有惡人」的想法，即使「在靈性的意義上」這個說法是適當的。

尤其是在靈性的意義上，我們都相信「對與錯」是這個宇宙發展過程的本質，要說是「神的律法」（the Law of God）也未嘗不可，而且大多數人都無法想像一個沒有道德絕對性（moral absolute）的世界。事實上，今日許多人認為這個世界的問題就是道德絕對性似乎越來越少了。

這就產生了一個嚴重的問題。若沒有旁觀者告訴他們要做什麼以及不做什麼，許多人好像就不曉得要怎麼生存下去。要在一個有人**真的找到**幸福的世界中尋找幸福已經夠難的了，要是完全沒有規則可循，我們要怎麼辦呢？而且如果沒有審判、譴責和懲罰，什麼才能約束我們，**尤其**是在「靈性的意義」上？

於是乎我們明白，與神對話訊息的首要困難與最大挑戰，是推翻人類的道德建構與對神的觀念的基石。更別說那些建構與宗教教條對於免除世界的仇恨、暴力與恐懼沒有什麼建樹。那些有關神的道德價值與教義也無法減少苦難、降低赤貧，甚至無法解決諸如飢餓這麼簡單的事。

你知不知道，地球上每年有六百萬名兒童餓死？這是事實，不是辯論。

當有個人拿槍殺害了一所學校裡的二十名孩童，我們都會感到非常難過，我們也應當難過，可是我們卻漠視每個小時有六百八十四名孩童死於飢餓的情況，並讓這種情況繼續下去。我們說我們愛莫能助。

可悲的事實是，講到我們的全球價值以及產生這些價值的宗教時，這個世界的大多數人卻拒絕運用他們在人類文明的其他領域中所做的努力。

他們鼓勵科學。他們鼓勵醫學。他們鼓勵科技。可是當涉及宗教時（這可能是最重要的一個領域），他們卻積極阻攔。

在科學、醫學、科技界慣常的做法，怎麼一談到宗教時，他們就固執地拒絕去做呢？

也就是，**質疑先前的假設**。

把蘋果留在原地？

打翻蘋果推車（Apple-cart-upsetting，譯注：破壞別人好事或搗亂者）不是這個星球上的人喜歡做的事。他們不想要任何人干涉他們最神聖的信仰。即使那些信仰明顯有誤，或是完全不足以產生他們信奉或預測的結果，人類還是固執地堅守他們的信仰，這一點實在令人震驚。

例如，調查顯示，儘管有古生物學與考古學過去兩百五十年來的研究成果，這個星球上有超過四成的人還是相信，這個世界的存在不超過一萬年。

人們相信他們想要或需要相信的事，為的是支持他們既有的看法。在許多例子裡，情況簡單可以說是「不要用事實來吵我」。

宗教領域裡可以看到最多這樣的證據。

我們知道我們對神的認識是什麼，而且我們不想要聽到其他的說法。這種現象有個強大的原因：我們對神的看法形成我們對生命的整體理解，即使對那些完全不相信神的人來說也是如此。

所以無論是「信徒」或「非信徒」，他們對神的看法創造出了一個基礎，許多人就以這個基礎來建立他們的道德規範。於是，可以理解的是，關於神的**新**想法、**新**觀念、**新**概念，就不容易受到多數民眾的歡迎或熱情擁抱。

對不可知論者、無神論者及擁護者來說，關於神的一個新事實（a New Truth）總是最容易打翻蘋果推車。

像無頭蒼蠅般撞來撞去

由於大部分人都不想要去多想他們的宗教信仰，所以我們在二十一世紀的前四分之一階段還堅持以一世紀的靈性工具來建造生活。

在醫學上，這就像是想要用一枝非常尖銳的木條來動手術。在科技上，這就像是想要用火石磨擦生的火把火箭送上月球。在科學上，這就像是想要用一束小火光在洞穴裡做實驗。

假如那些工具行得通的話，那麼我們不去管宗教信仰就還有道理。但我們甚且不被允許去**質疑**它們是否還行得通。我們告訴自己，問題並不在於工具，而是我們沒有使用它們。

可是細心觀察的人就會發現問題剛好相反。問題在於我們**正在**使用這些工具。而且我們是用它們來**對抗彼此**。

我們古老的宗教工具經證實並無法有效地（說得溫和一點）創造一個和平、和諧、滿足及有尊嚴的世界。

問題出在哪裡呢？

那是一個我們不應該問的問題。我們應該繼續做我們過去總是在做的事，然後期待會得到不一樣的結果。（而那當然會令人精神錯亂。）

就像蒼蠅在玻璃窗上撞來撞去一樣，我們不斷用頭去撞著那個我們看不到的東西，或者，在我們的例子裡，是我們拒絕去看的東西：在我們對於神及生命的信念裡，一定有某種根本上的缺失，否則從社會與靈性發展的角度來看，我們早該通過現在的階段了。

我們生活的星球，不會是一個為了解決彼此的差異而互相殘殺的地方。

我們生活的星球，不會有百萬人仍然死於飢餓，同時每天卻有足以餵飽一半飢餓人口的食物被丟進垃圾筒裡。

我們生活的星球，不會有百分之五的人口握有百分之九十五的財富與資源，而且竟然還認為這是可以接受的狀況。

我們生活的星球，不會有人認為「人人為己」比「人人為我，我為人人」更好。

我們願意做什麼？

可是我們的確生活在這樣一個星球上。所以問題是，我們願意讓它繼續這樣下去嗎？

我們願意就這樣繼續過日子，留給我們的子女與他們的子女一個能夠解開人類基因組合的奧祕，卻無法解開人類心中的愛的世界？

我們說我們不願意。我們說我們想要一個更好的生活，並且也為後代創造一個更好的生活，但是我們願意做什麼呢？

我們願不願意去做一件**最勇敢的事**？我們願不願意去挑戰我們最神聖的信仰？我們願不願意去想想有可能我們對於神和生命還不完全了解，而了解之後就會改變一切？

我們願不願意去考慮，或至少探索一下，人類故事中的新觀念、新想法、新建構？即使表面看來，它們似乎與我們認為自己對神與生命的看法有所牴觸，但我們能不能至少探索一下這些可能性？難道我們必須摒棄每一個新觀念、每一個新的假設，只因為它不符合我們幾百年來所聽到的故事？

不。我們不須如此。而且一個希望有所進展的文明也承擔不起這樣做的代價。因此，本書的訊息就變得無比重要，因為唯有當我們對所有觀念保持開放的態度，所有的可能才會向我們打開。

04 豐富我們的古老故事

這裡有個好消息。今日，當這個世界面臨經濟危機、政治動亂、內亂、社會崩壞、環境的惡化、靈性的困惑、持續不斷的衝突及戰爭時，各地都有人鼓起勇氣來正視他們的宗教信仰。他們尋找新指標、新見解、新答案，以及做人的新方式。

最重要的是，有一小群數量不斷增加的人們，渴求理解神以及與神建立關係的新方式，因為他們已經覺知到人類對神的觀念深深影響著（在某些例子裡甚至創造出）人類對自身的觀念、個人在關係中的身分，以及生命的運作方式。

顯然有些舊觀念已經不再適用，因為我們有能力看見自己，我們也有能力與整個世界進行即時的溝通。

那些舊觀念是否曾經有用也令人懷疑，但以往這個問題並不重要。就全球規模來說，它並不重要。因為事情持續運轉。生命繼續。可是現在，事情無法再繼續下去了。無法像以往那樣。資訊太多、發展太快，所以我們知道得太多。我們舊有的做事方式、舊有的存在方式，對世界上某些地區的人而言已經失去功能了。世界各地的人終於開始承認這個情況。在過去，地球上某個地方的人可以不讓另一個地方的人知道他們出了問題。如今，我們知道世界各地所發生的一切事情。任何地方的功能失序都無所遁形，整個世界也越來越難容忍這個情況。

許多人看到了我們自己造成的創傷。我們也知道包紮傷口的繃帶快用完了。我們無法只是繼續修補一切。

我們用來種植作物的豐沃土壤快耗盡了。我們用來防止地球枯竭的濕爽氣候也快沒了。乾淨的水源也在枯竭。乾淨的空氣也在消失。而我們用來忽視這一切問題的方法也已窮途末路。

我們用來讓情況好轉的金錢快花完了。我們用來改變情況的時間也快不夠了。最糟糕的是，有些人連願意改變的**意志**也在消失中，他們陷入更深的恐懼與挫折，認為唯一的解決之道就是把矛頭轉向別人，而不是彼此協助。

這一群人不包括你

你並不在上述這群人之列，否則你就不會拿起這本書。你是屬於那些清楚知道要改變這一切還不算太遲的人，即使你還不清楚自己可以扮演什麼角色。（稍後會有更多說明。）但是你知道現在得做的一件事，就是徹底檢視我們的存在方式。

這不是一個簡單的任務，但並非不可能做到。我們人類本身已經經歷過一次完全的再創造；你也可以說是一種復興、一種重生。而現在這個復興不必花三百年時間，只要十分之一的時間就可以完成，因為今日的溝通傳播具有即時（instantaneous）與穿透（transparent）的性質——我稱之為即透性（instaparency）。

我想要建議，我們的轉變最好是從一種新的書寫、一種擴展開始，包括我們的文化故事、我們述說關於我們自己的話語、我們教導子女關於生命的理由和目的的方式，以及最重要的是，我們和大家分享的關於我們稱之為「神」的敘事。

這就是力量所在。這就是支點所在。這就是驅動人類經驗引擎的燃料。

然而，在神聖的人類故事中加入什麼樣的關於神所啟發的新敘事，可以吸引我們的注意，甚至讓我們考慮改變存在已久的行為？問題就在這裡。什麼樣來自於神的新觀念，能夠像老子或佛陀、摩西或耶穌、穆罕默德或克里希那（Krishna）的觀念那樣強大且發人深省，那樣令人興奮且激勵人心？我們的故事能有什麼樣的擴展，對於各宗教信仰的追隨者而言，才可能像他們的信仰體系與宗教訊息那樣地動人、影響人生及改變經驗？

長久以來那一直是個關鍵問題。什麼樣的新觀念能夠讓我們的古老故事擴展到足以提供全人類各種嶄新的可能性？

這並不是關於拒絕或捨棄

謹在此建議，我稱為新靈性（New Spirituality）的當代觀念，或許可以為那些新的敘事提供一個梗概。它們至少可以為起步的探索提供一個開放討論的基礎。

然而，如果人們把這種探索視為是對於人類古老故事的一種拒絕或捨棄，新觀念就不會出現，因為那些故事深深烙印在我們心裡——也理當如此。畢竟它們讓我們走了這麼遠。

所以我一開始就應該說清楚，與神對話從未提出這樣的建議。甚至，它的看法正好相反：這個世界的宗教帶給我們的觀念都是有價值且美好的。那正是為何宗教本身延續了這麼久的原因。如果宗教在人們之間製造出衝突，那並不是因為它們的教義是「錯誤」的，而是因為它們可能是不完整的。

我的觀察是，許多人就跟孩子一樣，學了加法和減法，但是還沒有聽過乘法和除法，遑論幾何學、三角學和微積分，**可是他們以為自己對數學無所不知**。

關於神以及生命，還有更多是我們所不知道的，若我們以為自己對這些主題無所不知，我認為那才是個錯誤。因此，與神對話系列書籍的目的並不是要完全拒絕或捨棄人類對於神與生命的舊觀念，而是要添加、建造、延伸、拓寬、擴展、加深、釐清並豐富我們的古老故事。

往更好的方向前進

擴展原來的理解不需要引起憤怒，更不用說永遠阻擋我們在靈性旅程上的前進，就像是擴展的科學、醫學或科技知識，不會永遠阻擋我們在演化旅程上的進展。

沒錯，在科學、醫學及科技的發展上，總是有障礙物存在，總是有些延誤，可是沒有任何事情可以完全阻擋我們。我們花了一些時間才承認，太陽並非繞著地球旋轉；我們花了一些時間才認同，在接生前洗淨雙手會減少嬰兒的死亡率；我們花了一些時間才「明白」，電腦不會對人類產生威脅；但是最終我們都擁抱這些觀念以及其他的進展，並且往前邁進。

我們不是要拋開全部的科學知識去接受一個新的發現，我們不是要拋開全部的醫學知識去採用一個新的程序，我們也不是要拋開全部的科技知識去運用一個新的發展。我們只是在舊有的成果上面添加新的部分，允許我們自己去調整並擴展我們的理解，然後我們就會往更好的方向前進。

現在是我們以同樣的做法去面對宗教的時候了。

05 改變這個世界對於神的看法

現在地球上需要的是一種「靈魂的民權運動」（Civil Rights Movement for the Soul），讓人類終得解脫於因信仰一個暴力、憤怒及懷恨的神所帶來的壓迫，也讓人類從一個創造出世界各地的分離、恐懼、失能的靈性教條中解放出來。

我們最終得要替換這個教條，取而代之的是，如我的朋友猶太拉比麥可．稜（Michael Learned）所說的，一種具有合一與合作、理解與慈悲、慷慨與愛的精神氣質（ethos）。

這個運動的第一步，是要發起一場全球的對話，以一個顯少被提起但直接的問題開始：「老實說，你認為我們這個世界的信仰體系，包括宗教在內，是否已經產生了人類渴望的結果？」

如果對於這個問題的答案是否定的，接下來的問題一定是：「你為什麼認為我們的信仰體系無法做到呢？」最後，任何有益的討論都會引出這個提問：「你覺得什麼信仰或理解，會產生人類想要的結果呢？」

這些問題便構成我所稱的「世紀對話」（Conversation of the Century）的基礎，這也是我們每個人都能夠參與的事。你現在就可以在 www.TheGlobalConversation.com 的虛擬社群裡進行世紀對話。這是我所創辦的一份網路報紙，把新靈性所擴充的靈修概念連結到當天的新聞，讓靈性本身再度變得**重要**，在我們日常生活中再次變得**有意義**。

你也可以在你的社群中建立一個進化革命團體（Evolution Revolution Group），每月在你家聚會一兩次。談論重要的概念會產生相關的能量。每個曾經發生在我們社會、政治、經濟及靈修體系的主要改變，都是始於一個人對另一個人談起了這樣的話題。這一點似乎極其明顯，可是我看到許多想要見到他們的世界及生活有所改變的人，仍然在說：「我能做什麼？我有可能產生什麼影響呢？」

沒有錯，人們在同一時間一起談論同一件事，會產生強大的力量。這種力量之大，就如維克多．雨果（Victor Huge）所言：「全世界的軍隊也阻止不了一個切合時代的觀念。」而重述人類的文化故事，納入對神與生命更深層的理解與擴充的信仰，把過去原始與簡化的信仰加以擴大，就是這樣的一種觀念。

這需要時間，但是龐大的一群人（整個社會）**可以**改變心智對事物的看法。馬丁．路德．金恩（Martin Luther King Jr.）協助眾人改變對於黑人的看法。貝蒂．傅瑞丹（Betty Friedan）與葛羅莉亞．史坦能（Gloria Steinem）協助眾人改變對於婦女的看法。哈維．米克（Harvey Milk）協助眾人改變對於同志的看法。而我們現在都能夠協助眾人改變對於神的看法。

一個新福音

「改變這個世界對於神的看法！」啊！好一個目標！

那就是這個新靈性的目標。那就是與神對話的目標。那就是每一個認識且熱愛神的靈魂的目標，他們無法再袖手旁觀人們努力應付一個令人恐懼、報復心重、具暴力傾向的神，也無法再忽視此種強加於人類的信仰所帶來的破壞性後果。

而屬於那樣一群人的我們知道，首先必須協助人們改變的看法，就是神與我們的關係。接著是我們與神的關係。最後則是所有人彼此之間的關係，以及所有人與生命的關係。

這三個主題把與神對話的重要訊息串連起來，歸納在前面的第二章裡。我由衷相信，這些訊息提供的是一條途徑，讓這個地球上的人們，無論是個人或集體，通往他們嚮往了幾千年之久的某種生命經驗。

請注意，我說的是「一條」途徑，而不是「唯一」途徑。我的遣辭用字是明確且謹慎的。在與神對話系列作品《與神為友》（*Friendship with God*）一書中，提供人類一個新福音。而那個新福音便是本書第二章所提出的最後一個核心訊息。

所以讓我們從那裡開始。讓我們從這千字箴言的最後一則訊息開始探討。讓我們反向前進。

06 與神對話核心訊息二十五

當我們反向檢視從與神對話而來的這二十五個核心訊息時，我將以一章一則訊息的方式進行探討，並且把每一章分成兩個部分：意義與應用。我們將以這兩個方式來闡述訊息本身，讓許多先前尚未有機會探討與神對話訊息的人得以進入這個新領域。

那麼，我們就來看看其中最具有勇氣的一個訊息……

CWG CORE MESSAGE 25

讓地球上所有人獲得一個新福音：「我們都是一體的。我們的方式不是一種比較好的方式，只是另一種方式。」

對我而言，這是我有幸體驗到與神的對話中，最美好的訊息之一。在那美妙的交流中，神溫柔地告訴我，我們只要接納並傳播這個新的教導，一個簡單的新義理，就有可能終結這個世界的憤怒、仇恨、分離及暴力。

神把這則訊息稱為新福音，我必須承認，一開始我對於使用這個詞感到非常猶豫，因為「福音」一詞對許多人而言具有特別的意義。但是我從未修改過我在與神對話的經驗中所得到的任何訊息，我不能突然這麼做……所以我便如實呈現我接收到的這個詞。

我確實相信，這是我們所有人現在都可以用得上的一個新福音。並不是要用新的福音來取代舊的福音，而是加以補充，加以擴展，賦予它更深入、更豐富的意義。因此，我在世界各地的演講與工作坊中，都會邀請經濟、政治及精神領域上的領航者，對他們的聽眾傳講這個新福音。

到目前為止，尚未有人這麼做。我能了解。我知道為什麼沒有任何世界級領袖、精神信仰權威或工商業的領導者，敢於在他們的講台、佈道壇及會議桌前說出這些話。他們只是不相信這個新福音會起作用，不相信那些聽他們說話、仰望他們的人會願意接受這個新福音。

事實上，由於這些領袖的地位崇高，他們可能會覺得自己必須說的正好與這則訊息相反。如果他們提出來的方式不是比較好的方式，別人為什麼要追隨他們呢？

然而，沒有什麼比優越感更能夠阻擋世界和平的創造與維繫，尤其如果這個優越感是伴隨著公義（righteousness）而來。

令人傷感的是，我們在逐漸兩極化的社會中見到越來越多這樣的例子。我們的領袖說：

「我們不但有一個好主意……這也是唯一的好主意。我們的方式就是**對**的方式。其他人都錯了，連提出別的方式也是**不好**的。」

我們每天的意見交流聽起來越來越像這個樣子，遺憾的是我們甚至沒有注意到我們正以公義在創造對立。

我之前提到，當人類相信他們在某件事情上是「對的」，有些人（或許是多數人）就會固執地堅持他們的看法，即便事實顯示他們的看法不正確或者已經過時了。

其實人們可以改變他們對事物的想法。哈維·米克、葛羅莉亞·史坦能、馬丁·路德·金恩，以及其他人等，都證明了這一點。老天保佑。但是要幫助人們改變想法，並不是一件容易的事。那就是《與神合一》（*Communion with God*）書中告訴我們的訊息：優越感的想法是誘人的。

優越感就是那本書所說的人類十大幻相之一。它並不真實……我很快就會解釋為什麼……不過它很像是真實的。而且它也讓人感覺良好。

沒有任何地方比宗教領域裡的優越感更為普遍，這一點我稍早已經提過。那也讓新福音顯得如此戲劇性、如此驚人，而且要讓許多人接受它是相當具有挑戰性的。

然而，就是因為它具有挑戰性的，我們才要進一步探討。所以這就讓我們來深入檢視一下。

神並非「萬物」（everything）？

這個新福音一開始就說：「我們都是一體的。」因此，與神對話的最後一則訊息把我們又帶回到第一則訊息，這是一個循環。

第一個訊息說：「我們全都是一體的。萬物都是同一物。只有一物，萬物都是這一物的部分而已。」

如果第一個訊息的陳述為真，它就承載了一個重要的含意，一個非常重要的含意，擴展了人類過去對神與人的關係的理解。

這個含意是說，如果**萬物**都是同一物，如果我們是萬物的**一部分**（我們顯然是），那麼**我們就是神的一部分**，除非神不是「萬物」的一部分，而是站在「萬物」之外；在這樣的情況下，「萬物」就不是萬物了。

事實上，這就是許許多多人相信的事。他們相信，終極實相（ultimate reality）中基本上存在著兩件事：一、存在的一切；二、凡是創造出存在的一切的。

根據這樣的宇宙觀，神站在存在的一切之外。為了要構築這個宇宙觀，許多人就把「萬物」定義為只是**物質的**（physical），把神定義為是**心靈的**（spiritual）。不過這種說法是不公平的，因為它給了「萬物」一詞一種改變過的意義。

這樣的宇宙觀也迫使我們假定我們不是心靈的……或者如果我們是心靈的和物質的，那麼我們屬於心靈的那部分就不是「萬物」的一部分。因為，簡單來說，如果我們屬於心靈的部分包括在我們所稱的「萬物」之內，那麼一個心靈的神一定也是「萬物」的一部分。

這個論證導致有些人採取各種扭曲的方法和邏輯來解釋：一個神如何是心靈的卻又不是「萬物」的一部分，儘管我們屬於心靈的那部分是萬物的一部分。

神的靈大概是一種不同的靈，一種不同的**類型**。不僅比較崇高、比較大、比較有影響力，而且完全是不同的**類型**——不落入「存在的一切」之內。

新靈性的第一個大挑戰，就是要勸導我們離開這個有漏洞的邏輯，輕柔地指引我們思考，生命的本質能量（Essential Energy，有些人，包括我在內，稱之為「神」）可能有一種模式，讓它得以**同時**以物質與心靈的方式來表達，即使我們清楚看到的是身為人的我們在行動。

換言之，我們要思考一下這個可能性：我們可以做什麼，神便可以做什麼，以及既然我們既是心靈的又是物質的，那麼凡是神的（That Which Is Divine）也是。

這個可能性會讓人性與神性（Humanity and Divinity）變成完全一樣，除了比例不同。神是全部一切（All of It），而我們是**組成**全部一切的一部分。

這聽起來很沒有道理嗎？

況且主要宗教不都宣稱說，我們是「照著神的形象及模樣造的」？

我們的故事怎麼告訴我們

過去，透過神話與故事，人類的文化告訴我們，神把我們和神格分離（separate）。並不是神和我們分開（divide）（在此情況下，我們是同一物的部分），而是祂和我們分離。想一想這個不同。

一間公司在不同城市設有分公司，但依然還是同一間公司。然而，一間公司若**解散**並且賣掉其中一兩間分公司，就產生出**分離的實體**，它們不再是原始公司的一部分。

這就是神做的事嗎？確實如此，大部分的宗教都這麼說。他們告訴我們，神是一回事，而我們人類是另外一回事。他們還告訴我們，這種分離的發生是因為我們讓神不高興了。他們甚且還告訴我們，神的不滿是我們違逆祂的結果。（或者，至少是我們最早的祖先違逆了神。）

因此，分離的故事就在人類心理播了種。這個故事對世界各宗教而言是基本且重要的，因為如果我們完全信奉神，如果我們渴求神的安穩、神的愛、神的意義，那麼返回神的身邊就成為我們的第一要務，而那就是宗教的作用。他們給了我們方向。

為了確保我們理解這項任務的迫切性，宗教加了一個警示：如果我們**不**返回神的身邊，我們就非得到另外一個地方去……

必須走向通往救贖之路？

如果我們沒有找到返回神身邊的路，神不會原諒我們在地球期間一切不好與不當的行為，我們無法消除我們的罪，而且為了懲罰我們的罪行，我們將被送到一個充滿無止盡且難以描繪的苦難之地，有各式用來稱呼這個地方的名稱，地獄、黃泉、劫難（Gahannam）、火（Nār；譯注：阿拉伯語）、冥府、幽冥之地、陰間、冥河、煉獄、灼熱地獄（Tophet）、深淵、地府等等。

讓這個過程更加複雜的事實是，根據至少一個宗教的說法，返回神身邊並且得到赦免只有一條路，那就是透過耶穌基督。沒有其他人有赦免我們的力量，可能包括神自身在內，所以我們必須要走這條通往救贖之路。

甚至，根據這條教義，一個人可以過著一種德性完美的生活，在生活中無時不展現仁慈、關心、憐憫、慷慨，以及其他各種神聖的美德，卻依然無法「上天堂」（返回神身邊的旅程）。換言之，一個人無法「賺得」到天堂之路，唯有接受基督作為自己的救主（Lord and Savior），才能去到那裡。只有基督能夠提供救贖，而不是神本身，因為基督透過他願意接受折磨與死亡而「為我們世人受罪」，因此安撫了一位否則就要我們為自己受罪的「公義」的神（別人可能把祂視為一個憤怒的、復仇心重的神）。

這個宗教主張，就算一個人在出生後就死亡，就算是無法犯下任何違逆神的行為的無辜嬰兒，還是帶有原罪（Original Sin）。那是由第一對靈魂（他們一開始就被拋出天堂之外）所犯下的罪，他們的擔子經世代傳承而由我們來承擔。

這就是繼承瑕疵的教條（Doctrine of Inherited Imperfection）。這個教條宣稱，除非一個靈魂完美無缺，否則就回不去神那裡。但沒有靈魂是完美無缺的，即便是嬰兒。

我們生來就是不完美的。然而，我們可以得到赦免，並且透過宣告基督是我們的救主而返回完美無缺。以嬰兒來說，是透過洗禮來完成，在儀式中由一個成人代表嬰兒接受基督為救主。

（這個小孩之後可以透過堅信禮〔sacrament of Confirmation〕的方式再次接受基督，在這個儀式中，達到法定年齡的他或她，確認並更新洗禮時的承諾，據說因此也就能夠領受聖靈〔Holy Spirit〕。這個儀式通常是在當事人七到十四歲間舉行，視當地習俗而定。）

聽說這些都不是小事，因為如果我們不接受基督為我們贖罪的恩賜，我們將要無止無休地償還自己的罪。也就是說，永恆地償還。我們對神所做出的違逆是如此之大……而最大的違逆行為，就是不接受神所賜予的這位受苦並犧牲生命的基督。

用這個標準來看，猶太人、印度人、穆斯林、佛教徒，以及其他信仰的人，還有那些完全沒有宗教信仰的人，都要下地獄。

擴充我們對於神與實相的概念

真實情況就是這樣嗎？

新靈性邀請我們仔細檢驗這個教義思想，並且自己決定它是否符合我們心目中一位愛世人的神的概念，這個愛世人的神是萬物的源頭，因此也無所求。

與神對話的二十五個核心訊息中，第一個以及最後一個訊息擴充了我們對於神（以及終極實相本身）的概念。它描繪的實相是，沒有任何一物是與他物分離的，神表現於存有的萬物、表現為存有的萬物，並且透過存有的萬物而表現出來。

在本書最後談論到第一個核心訊息時，我將針對這個推論再詳加探討。現在，讓我們回到第二十五個核心訊息，來看看這個訊息的後半部。它說：**我們的方式不是一種比較好的方式，只是另一種方式**。

如同這個新福音的前半部一樣，這個陳述承載了比字面意義還要大的神學意含。這不只是一個寬容或謙虛的說法，它擴充了我們對於神的思維——我們認為有一條通往神的道路，而且只有這一條道路是比較好的，這種強調唯一的教條形塑了唯一真正信仰（One True Faith）的基礎。

神要告訴我們所有人的訊息是，每個信仰對於信者來說都是唯一的真正信仰，因為「只要你信，就會給你成全」。也就是說，純粹的信仰便給了它自己力量，產生出它所召喚的結果。而這是因為你是誰以及生命運作的本質（我們將在本書後半部再來探討這一點）。

所以如果你相信追隨先知穆罕默德的教導，稱他的名為聖，將引你走上通往極樂世界之路，它就會是如此。如果你相信接受基督為你的救主將保證你在天堂有一個位置，它就會是如此。如果你相信模仿佛陀的行為會帶給你平安，它就會如此。無論你相信什麼，你的經驗就會應驗。

這就意味著，通往山頂之路不只一條。它也表示，沒有一條路比另一條路「更好」。所有道路都通往同一個終點。的確，與神對話說，沒有任何道路不是通往我們所稱的「神的國」（Kingdom of God），因為無別處去。（這個觀念將在第二十三章加以探討。）

神的國同樣有許多名稱。有些人稱它為極樂世界、天堂、涅槃、錫安、來世、來生、樂園、福地、英靈殿、九天，或者，簡單來說就是，天堂。

移除一個致命弱點的靈修手術

這個新福音的第二句話，是要從宗教裡面萃取公義，如此就能除去在許多方面看來都很好的內容當中不太好的部分。

返回神的身邊只有一條正確的道路，這個觀念已經造成更多的死亡與毀滅，而且與其他任何主張相比，也造成更多人從神那裡逃走。

而這個新福音就像是靈修手術，伸進多數人對宗教和神所抱持的思維，把其中的毒素割掉；這些思維在其他方面來說是令人愉快且健康的。

我相信大部分人內心深處都明白，如果真有一個神，那不會是一個品牌至上的主（Lord of the Brand Name），認為所有的面紙一定都得是可麗舒，所有的透明膠帶一定都得是史考屈（Scotch Tape），所有上天堂的人一定都是基督徒（或是穆斯林、印度教徒、摩門教徒，或任何你的神在祂的名牌上所顯示的標誌）。

來自與神對話的新福音提供的是一個機會，讓我們的神學趕上二十一世紀的意識。那是討論一個重要問題的機會：「有沒有可能我們先前關於神的國以及關於誰有『資格』到那裡去的種種資訊，是不完整的？」

對於認為靈魂要回到神身邊只有一條特定道路的數億人而言，所有道路都通往天堂的這個信念，是一種邀請，邀請他們擴充對神的概念，讓神聖存有擴大，大到足以讓任何道路都可通達。或者，如同幾年前我聽到有人高興地說：「如果神是你的目標，你不會錯過的！」

如果這個「只給我們」（Only For Us）的天堂觀念，在幾世紀前就從人類的靈性意識中除去，或許就可以拯救好幾萬因為不接受也不履行這個「對的信仰」而受難的生命。

即使今日，世界各地還是有人因為沒有擁抱這個「唯一真教」（One True Religion）而受到羞辱與排斥、非難與指責，甚且是遭到迫害。

把這個訊息應用到日常生活中 CWG CORE MESSAGE 25

這個非凡的訊息提供我們所有人一個機會，參與人類的療癒。

害怕遭受天譴不再是吸引入信的一種好方式，即使人們說他們是出於「關心」所愛的人才這麼做。而修復「不好」或「錯誤」也不再是一種讓人同意你看法的方式。

新福音的應用超越了宗教的範圍。實行於政治領域，它能讓禮節重回公民論述。在經濟領域中擁抱這個新福音，協力合作將取代殘酷的競爭。用於教育領域，我們就能不再只是教導我們所同意的事情。

「我們的方式不是一種比較好的方式，只是另一種方式」，把這個觀念應用到我們的生活中，就能夠以一種我們現在只能想像的方式，改變整個社會景貌，而那將會改善全部人類的生命。

這裡是關於把這個洞見應用到日常生活的一些建議：

◆如果你有宗教信仰，就在這一天（如果你尚未如此做過），下定決心絕對不再對他人說，你的信仰是上天堂的唯一方式，也不要說不奉行你的宗教的人就得下地獄。以神的愛而非神的恐懼，鼓勵他人進一步看看是否有可能把你的信仰當成靈性的依歸。

◆如果你涉入政治甚深，你要尊敬他人的政治觀點與想法。歡迎他們和你進行討論。不要混淆了情緒與熱情。對於你的觀點充滿熱情是一回事，因為它而情緒化（好比憤怒）又是另一回事。如果你覺得自己快要發火了，如果你發現自己開始使用辱罵或毀謗的語言來表達看法，請退一步，讓交流降溫。為對話失控負責，為引發負面能量道歉，放慢說話速度，多點沉默。這麼做會有意想不到的效果。

◆當你覺得你的方式不只是一個「比較好」的方式，而且是看事情或做事情的「唯一」方式時，想想看你是否曾經覺得自己找到某件事唯一的好答案，結果生命卻向你證明了那個想法並不完全正確。問問你自己，現在是不是這樣。

◆從他人的角度去看，有意地尋找其中值得或有價值的**任何事**。看看你是否能夠找到彼此的共同點，即便只有一小點，就從那裡開始討論。

◆想想你和他人共同想要的結果。專注於你們都想尋求的這些結果，而非達到結果的途徑或方法。往往當我們看到結果的共通性時，就會明白互相尊重讓我們得以分享並創造出合作的方法，以消除歧見並解決問題。

◆這裡有個神奇的句子，我發現它極有助於讓不和諧的對話繼續下去：「我可以理解你可能有那樣的感受。」這並不是說我同意你的感受，而是說我並不認為你那樣想是完全荒謬或瘋狂的。我尊重你的背景、人生經驗，以及那條把你帶到這裡的路。有些時候打破僵局的方式，就是讓對方感受到他們的話被聽進去了。甚至不須同意，只要持平地傾聽。

◆這個新福音的第一部分是「我們都是一體的」，要實踐與他人和諧一致，你可以回想一段當你與對方擁有相同感受的時光。不只是用他們的觀點去看，還要從你們可能有相同或接近的感受的時刻去看。請記得，感受並不是一種觀點。感受是用來**支持**觀點的。例如，遭受背叛的感受、憤怒的感受、孤寂的感受，或被誤解的感受。我們都曾經在某個時刻有過感受。努力去連結另一個人的感受，而不是他們的看法或特定言語，這個合一（oneness）的實踐將開始成為你生命的經驗。

◆讓你自己去感受與他人（其他形式的生命）的自然合一感，每天都要這麼練習。挑選兩位你每天或經常互動的人，觀察他們是否有你曾經經歷過的某種感受。

這些簡單的步驟對你和他人的關係，以及你和周遭整個世界連結的方式，具有神奇的效果。如果你想讓自己的生命變得更好，你需要的就是這個新福音。令人興奮的是，接下來我們還有二十四則訊息要探討。

07 與神對話核心訊息二十四

二〇〇一年九月十二日，我收到來自世界各地的讀者的電子郵件，他們都想知道與神對話的訊息如何幫助這個世界避免前一天的恐怖事件再度發生。我也想知道。九一一事件發生的當天晚上我無法成眠，我來到鍵盤前，與神展開一段緊急交談。以下是那場對話開頭的逐字稿……

神，請來這裡。我們需要幫助。

我在這裡。

我們需要幫助。

我知道。

就是現在。

我了解。

世界正瀕臨災難。我說的不是自然災害；我說的是人禍。

我知道。而且你說的沒錯。

我是說，人類以前也有過意見不和，嚴重的不和，可是現在我們的分裂與不和不只會導致戰爭（那已經夠糟了），還會造成文明的終結。

沒錯。你對情況的評估很正確。

你了解問題的嚴重性，你只是不了解問題的本質。你不知道造成問題的原因是什麼。所以你不斷嘗試要在每一個層次上去解決它，除了問題存在的那個層次。

那個層次是？

信念的層次。

今日世界所面臨的問題是一個靈性的問題。

你們有關靈性的觀念正在扼殺你們。

你們不斷嘗試要解決這個世界的問題，彷彿它是一個政治問題，或是一個經濟問題，甚或是一個軍事問題，但問題都不是這些。它是一個靈性的問題。那也是一個人類似乎不知要如何解決的問題。

當然，我求神：「那麼**告訴**我們要如何解決它！」那個請求的結果就是一整本書，書名是《與神對話之新啟示》（*The New Revelations*），我認為那整本書裡最重要的段落就是……

CWG CORE MESSAGE 24

你認為你受到他人的恐怖威脅，但其實你是被自己的信念給恐嚇了。如果你們集體採納和平的五個步驟，你自己以及你的世界將經歷顯著的轉變：

- **允許你自己承認，關於神與生命，你的一些舊信念已不再適用。**
- **想想是否有可能你並不完全了解神與生命，而了解之後就會改變一切。**
- **大聲說你願意現在就對神與生命有新的了解，這樣的了解將為地球帶來一種新的生活方式。**
- **勇於檢驗這些新的了解，如果它們與你個人內在的真理與知曉是一致的，擴大你的信仰體系容納它們。**
- **讓你的生命成為你的最高信念的一個示現，而不是一種否定。**

這個訊息很清楚。它說的就是它想要表達的，沒有模糊地帶。然而，這個訊息不只是為了預防更多九一一事件的處方。它是一個激勵人心的行動召喚。是對全人類的一項挑戰，也是一個邀請：找出一種新的存在方式。探索改變自己基要信仰（fundamental belief）的可能性。

這是必要的嗎？為什麼改變、甚或挑戰我們的信仰，是這個所謂的「和平步驟」的一部分呢？為什麼不能就把我們的信仰擺到一邊？就好像說我們的信仰並不是引起世界動盪的原因。

或者它是……？

我刻意在上面的段落使用「基要信仰」一詞。因為正是宗教與政治領域裡的基要派運動（fundamentalist movement，拒絕對某一個信仰讓步，甚至毫不考慮任何新觀念），讓人類面臨持續且無盡的自我傷害。

在宗教和政治領域裡，這都是事實。把兩者擺在一起時，更是如此。

需要一些例子嗎？

一位名叫理查．默達克（Richard Mourdock）的紳士，在二〇一二年競選印第安那州的參議員時，說了一段知名的話。他說，如果一位婦女因為被強暴而懷孕，「那是神故意要讓它發生的事情」，因此我們應該反對墮胎並視其為違法，即使是強暴或亂倫的例子。

當他落選後（在他說出這話的前一週，普遍預測他會贏），在他的落選演說上，默達克並不是說：「好，我的言論或許太超過了。」反之，他說：「回顧一切，我知道我是因為捍衛自己的原則而受到攻擊。」

他只是無法承認自己對於神與生命的舊信念，有些已經不再適用了。

他並不孤單。

我舉這個例子只是要顯示，人們對於自己的信念有多麼不可思議的僵固，即使在面對一般常識的挑戰時，尤其是涉及信念中最神聖的部分——許多這些信念都是來自於所謂的宗教經典。

《聖經．申命記》說：「人若有頑梗悖逆的兒子，不聽從父母的話，他們雖懲治他、他仍不聽從。父母就要抓住他，將他帶到本地的城門，本城的長老那裡。「他們對長老說：『我們這兒子頑梗悖逆，不聽從我們的話，是貪食好酒的人。』本城的眾人就要用石頭將他打死。你們一定要把惡從你們中間除掉。」

當然，今日沒有人會把一個叛逆青少年偶爾多喝了幾杯的行為，當真地看成是一種「惡行」，對嗎？

錯。

社會公民秩序的維護建立在家庭紀律的基礎上。因此，一個不尊重父母的兒童，一定要從社會中永遠除去，以此為誡，讓其他兒童了解尊重父母的重要性。我們不要輕看悖逆兒童的死刑這件事。實施悖逆兒童死刑的準則就在〈申命記〉第二十一章十八至二十一節。

——《神的律法：政治的唯一解決之道》（*God's Law: The Only Political Solution*），查理．弗庫（Charlie Fugua），二〇一二年阿肯色州眾議員候選人

查理．弗庫先生也落選了。

顯然某些人是能夠承認，我們對於神與生命的某些舊信念已經不再適用。然而，薩伊德．蓋斯丁（Syed Ghaisuddin）這位中東地區塔利班政權的教育部長，可能不在此列。新聞記者問他，為何塔利班宣稱婦女必須待在家裡，他回答說：「那就像是一朵花或是玫瑰。你給它澆水並把它放在家裡，為的是要讓你自己欣賞它及聞香。不應該把它拿出去讓別人聞香。」換言之，女性是一種財產。男人的財產。

你或許會說，這些都是來自於政治人物的陳腐思想，現在具有神職身分的人（我們希望在我們努力創造更好的生活時，能夠領導並指引我們的人）當然都知道舊觀念已經不再適用了，不是嗎？

呃，並不盡然……

> 婦女無法處理權力。權力並不在她們之內……真正且真實的權力從神而來，而且是神賜給男人高於妻子的權力與權威。
>
> ——傑西．李．彼得森（Jesse Lee Peterson）牧師，基督教基要教派牧師，引自他的禮拜服事網路直播，〈自由婦女如何建造一個傷風敗俗的社會〉

他所要傳達的訊息就是，婦女必須待在家裡洗碗、照顧孩子、把晚餐端上桌、料理家事，並且讓洗衣籃保持淨空。喔，當然，還要為丈夫善盡為人妻的「義務」。

所以我們看到，即使在這個應該算現代的社會裡，在這個應當已經啟蒙的時期，我們還是要持續下定決心：關於神與生命，我們的舊觀念是否不再適用？或者這些觀念在今日真的能夠運作並提供解決之道，就如同它們在一四一二年、一〇一二年，或一二年時那樣？

和平五步驟提供我們回答這些問題的一種方式。

步驟一

第一步無疑是最大的一步，也就是要留心我們對於神與生命的舊信念，有些已經不再適用。要全人類都接受這一步是如此困難，即便是一小群人這麼做都會引起一場革命。

這一步為何如此困難？那就要看人類一開始的信仰來自何處。

我生命中最好的靈修導師泰瑞・寇爾・維特克（Terry Cole-Whittaker）博士，多年前曾在一場晨間禮拜聚會時，問了會眾（我有幸是其中一員）一個又棒又有智慧的問題：「你必須讓誰『錯』了，才能讓生命變『對』呢？」我聽了心頭一驚。

我們往往會持守父母、師長、神聖的靈性使者告訴我們的話，即使他們的話顯然不再適用（假設它們曾經有用），而泰瑞提出這樣的觀察，是為了要讓我們避免陷入這樣的困境。

接著她邀請我們大家鼓起勇氣，踏出舒適圈，考慮一個可能性：我們視為理所當然的事可能完全不是真的，或者至少是**不完整的**，儘管它們顯然來自權威。也就是說，可能還有更多我們得知道的事。

泰瑞博士的話讓我不禁思考：進化停止了嗎？人類何時停止成長且不再進一步了解生命？是在我父母親的時代？還是在他們父母親的時代？還是在我們最早的教師與使者那時候？若真是如此，我們要回溯到多久之前，才能找到那個停滯點？

靈性進化究竟是何時停止的？

或者，有沒有可能（只是可能）每一個新的世代，都會產生獲取新的理解及更多理解的能力？簡單來說，智慧是靜止的，還是活的？

像泰瑞博士這樣的人，牽著我們的手，引領我們來到舒適圈的邊緣，向我們許諾，在我們恐懼的時刻，他們將在那裡陪著我們。這些**新**教師們，以及舊教師們，都令我們相當尊敬，因為他們引領我們走向許多人尚未走過的道路，為了我們而踏入未知，並且回來向我們報告他們發現了什麼。

這些人就是明日的發現者（Finders of Tomorrow）……而且你總是能夠分辨出他們的真偽，因為真正的發現者在這場人生最壯麗的探險中，也就是在靈魂的旅程上，會邀請我們加入他們，而不是要我們追隨他們。

（你可以在 www.TerryColeWhittaker.com 的網站上取得泰瑞博士的研究。她所提供的課程就稱為「開悟的冒險」。）

步驟二

一旦我們至少能夠接納並承認人類關於神與生命的某些舊信仰（甚至某些最神聖的信仰）已經不再適用，接下來的第二步將邀請我們去探索一個可能性：關於神與生命，還有你並不完全了解的，而了解它們就會改變一切。也就是說，我們在這個領域的知識可能是不完整的。

我要再說一次，問題並不在於舊的教義是「錯」或「對」。我認為問題是，在某些情況下，它們是不夠的。或許是我們探究得還不夠，尚未深入理解它們。

或許兩者皆有。

對許多人來說，承認某些教義思想或是我們的探尋可能是**不完整的**，已經是一大步了。但承認我們的古老故事可能不再適用，是一回事；認為這可能是因為我們從一開始就未曾了解故事全貌，又是另外一回事。那種坦承需要靈性的謙卑。我們必須同意的是，在神與生命的主題上，我們**並非無所不知**，而且我們**從未無所不知**。

順道一提，在我們前進到一個可能對集體的靈性小我（spiritual ego）有害的領域時，我想要指出，在和平五步驟的第一個步驟中，「一些」是非常重要的限定詞，閱讀時最好不要略過。

顯然，神的這個啟示是為了要讓人知道，並不是人類所有關於神與生命的古老故事都不夠完整，可以從擴展中受益，只是有部分的故事不完整。在此**刻意地**重複這一點，這樣就不會讓人誤以為與神對話是要取代它所說的「完全迷途聖典」（Utterly Errant Scripture）。

正好相反，我想要再次指出，與神對話要說的是，世界各宗教的聖典中，許多都具有很大的價值，我們可以信賴它們的文字提供了智慧、關懷、深刻且有益的觀察。它們提供我們美好的指引。然而，是不是在某些情況下，人類的理解進展可以為歷史悠久的古老故事添加有用的擴展？

當然。

擴展進入新的領域就是和平的第二步驟邀請我們做的事。

它的說法也吸引我們（假定如此），若我們敢於超越我們目前的感知去看，就有機會遇見更深的靈性真理，而對此的理解將會改變一切。

這並不是一個小小的誘惑。

✍ **一個簡短註記：**

請讓我暫停敘事，簡短解釋一下本書的風格好嗎？

你們應該已經注意到了，本書以顯而易見的方式在繞圈子。那是刻意的，不是重複與贅述，而是一種謹慎的寫作方式。之所以使用這種方式是因為本書所依據的與神對話，它的敘事也是繞圈的方式，在循環論述中重複地提出論點，直到這些論點對讀者而言如直線邏輯般一眼可辨。

現在，讓我們再回到這個敘事……

步驟二

即使承認了我們對於神與生命還有需要學習之處，但我們的任務並未結束。我們必須宣告：**我們願意讓對神與生命的新理解現在就出現，這個理解可以在這個星球上產生一種新的生活方式**。

如果你明知道自己的車鑰匙不見了，卻不願意去尋找的話，那麼知道它不見了有什麼好處呢？

看看今日地球上各個社會的情況，就知道我們已經動彈不得，我們無法讓引擎在缺乏某些重要零件的情況下再度運轉。然而，倘若我們不願意去尋找鑰匙，我們絕對哪裡都去不了。

那就是我們今日的處境。我們正站在一個重要的岔路口，一個面對著昨日、今日、明日的三岔路口，而我們的汽車引擎不巧拋錨了，引來一場大車禍。我們得離開這個岔路口，繼續上路。

我們得找到那些鑰匙！但如果我們不願意到處去尋找，只是在它們過去所在但現在已經不在的位置上尋找的話，我們是不會找到的。

最近我買了一本舊書，興致勃勃地翻閱。可是當我讀到結尾時，才發現有幾頁不見了。那曾是一本很熱門的書，我是在一家二手書店找到的，它一定被許多人珍藏過且讀過。少了結尾篇幅令我很挫折，可是我沒有只是坐在那裡嘆氣說：「唉，好吧，希望不見的那幾頁不重要，也希望所有該知道的內容都已經包含在我讀過的篇幅裡。」我去了一間賣**新**書的書店，找到它的新版，看到了缺漏的那幾頁！

人類已經「買了」許多有關於人類自身、生命及神的觀念，但是我們現在才發現，我們一直在讀的書少了好些頁。我們需要一本新書，一本沒有缺頁的書。

這並不是說我們要把舊的書**丟掉**，只是表示當我們發現有部分內容明顯缺漏時，我們願意**不停留**在原地，而是選擇閱讀其他書籍，用額外的資訊來擴展我們已知的內容。

你要永遠卡住，還是得到自由？

所以，現在的關鍵問題是：我們是否願意讓對神與生命的新理解出現？我們是否抱持開放的心態去尋找我們的車鑰匙，即使它們不在我們以為它們會在的地方？如果答案持續是否定的，我們可能就會永遠卡在有缺頁的舊故事裡。

當然，這就帶出了其他造成人類停留在原地的問題。首先是：什麼樣的新觀念、出自什麼樣的來源，是我們應當認真考慮的？這是一個好問題。我們要聽任何一位背著廣告牌站在肥皂箱上宣講末日近了的人說的話嗎？

我不會這樣做。我不會只是讀讀書、買捲錄音帶、出席演講、參加任何工作坊或研修活動。我會想要認識我正在思索的資料是從哪裡來的，我也會想要知道是否有誰覺得那個資料夠好而推薦它。

如果一本書裡的訊息已經被幾百萬人以三十七種語言讀過，或許我就會想要去看看它。我可能不會就這樣附和它，但是我會想要知道，為什麼有這麼多人發現它的價值，讓它成為一本暢銷書。

我的經驗是，之所以有這麼多人閱讀那份資料，大多不是因為它帶給人們什麼新鮮事，而是因為它讓人們**認得並記起**他們已經知道的事。而這種馬上就認出來的感覺，正是靈魂在對心智說：「這是你一直以來就知道的純粹與深層的真理，只不過你可能已經忘了。」

感受到那股衝動，探究它會將我帶往何處之後，我會傾聽我自己。我絕對不會人云亦云。我寧可轉向自己內在的指引，看看它對於我正在探索的事物有何看法。那也是為什麼和平的第四步驟邀請你去擁抱關於神與生命的新觀念，但唯有在「它們與你個人內在的真理與知曉一致」時。

不過我當然不會因為一個新觀念好像很激進就不去加以探討。我會給一切事物一個機會。因為我說過：唯有當我們對所有**觀念**保持開放的態度，所有的**可能**才會向我們打開。

步驟四

好，是需要**勇氣**的時候了。

一旦你願意認真地去思考關於神與生命的新理解時，下一步你將需要靈性的勇定（spiritual stoutheartedness），因為你要勇敢地去檢驗這些新的理解，如果它們與你內在的真理與知曉一致，你就要擴大你的信仰體系，把它們容納進來。

這絕對不是一小步。你們奉為最神聖的一些古老靈性故事，以及這些故事的出處，無疑都將受到質疑，你需要勇氣，知識與靈性的勇氣，才能經得起因為這種內在質疑而產生的心理衝擊。

這還不包括如果你勇敢面對你的質疑，將遭遇的公開嘲弄與邊緣化（你可以預見），更不用說是膽敢提供違逆正統的答案。

然而，如果我們真的想要生活與世界和平，我們就會好好檢視那些古老的故事在我們生活中所產生的結果，我們也會問，可不可能有其他方式來達成我們想要完成的事。

要在二十一世紀的現在做這件事，我們需要的將是靈性版的伊格納茲．塞梅爾維斯（Ignaz Semmelweis）。誰會是這個靈性版的塞梅爾維斯呢？會不會不只一個？可不可能有幾千個？甚至幾百萬個？

那就是靈魂的民權運動所發出的邀請：數百萬個塞梅爾維斯。

觀念英雄主義

一八四七年的時候，伊格納茲．塞梅爾維斯醫生在維也納總醫院的婦產科病房工作，當時他提出一個令人驚異且無疑也令人害怕的觀察：至少有一個正在執行的醫療方式，實際上是在殺人。

當時在維也納，就如其他歐美的醫院一樣，產褥熱（婦女在分娩過程中所引發的一種致命感染）變得像瘟疫一樣，有時超過百分之四十以上的住院病人都受到感染。塞梅爾維斯醫生推論，做過屍體解剖的醫生沒多久又為孕婦做內診，因此把屍體的腐敗物質傳播到婦女的生殖器官。他提出一種新的洗手程序，使用氯化石灰水來消毒雙手，此後這就成為一種眾所周知的消毒方式。

塞梅爾維斯醫生有勇氣去探究他的觀念（那個觀念在當時很少見），他發現實踐他的觀念之後，致命的產褥熱發生率降低了十倍。

儘管所有這些證據，但塞梅爾維斯醫生的想法牴觸了當時的醫學信念與實務，因此他的觀點被認為是可笑的而受到排斥，他也被當時維也納醫學社群給驅逐，一八六五年在一間精神病院過世。

一直到了二十世紀，他的觀念才被接受，此後也拯救了無以計數的嬰兒性命。

我稱這個故事為觀念英雄主義，而且無疑地，如果有幾百位塞梅爾維斯展現出這種英雄主義，並且支持此種顯然有益的改變，結果就會更快出現，他的生命也不會以那樣的方式結束。

可是人們（不只是這裡或那裡的零星個體，而是成百成千的人）要花多久時間，才會願意挑戰我們人類最大的信仰，也就是我們的**宗教信仰**，並且提倡明顯有益的改變呢？將由誰發起？

說得更直接一點：如果不是現在，那是什麼時候呢？如果不是你，還有誰呢？

步驟五

最後一步就是實踐。當我們接受了對於神與生命的一些舊觀念已經不再適用，也明白在這些主題上可能還有更多我們需要知道的事，並且我們也願意讓新理解現在就出現，擴大我們的信仰體系，容納那些與我們內在真理與知曉一致的新理解，接下來則是**讓我們的生命成為我們的最高信念的一個示現，而不是一種否定**。

「言行一致」並不容易。我很快就領悟到了這一點。在出版了二十七本關於我所經歷到的體驗，並且說那是與神的對話之後，人們（理所當然）期望我要遵守我自己寫的內容。當然，那完全不是我自己的寫作，而當人們（理所當然）指出我沒做到時，這也是我唯一能提出的辯護。「你不是你書中所宣揚的訊息的一個好典範，」他們在認識我之後這樣說，他們說的一點也沒錯。

「你甚至不懂你書裡那些從神而來的觀念，」他們說：「你怎麼敢這樣說？神不是直接對人說話，祂當然也不會給人們這整套書！」

好，讓我先針對最後那句話來說明。

有個人曾說神直接和他說話，然後那些啟示產生了五本書。人們似乎完全接受這件事。這五部作品分別是〈創世記〉、〈出埃及記〉、〈利未記〉、〈民數記〉、〈申命記〉。這個人的名字叫摩西。一整個宗教就繞著這些文本而出現。

有個人宣稱一位天使指引他來到一個埋有金牌且上面刻有啟示訊息的地方，他把牌子上所記載的內容翻譯成英文出版，稱為《摩門經》。他的名字是約瑟夫・史密斯（Joseph Smith）。一整個宗教就繞著那個文本而出現。

這樣的名單可以繼續列下去。但我從來不認為與神對話系列書籍應該衍生出一個宗教。我要建議的是，我們也許可以探討一下那些書所透露的訊息，而不是因為把這些內容抄寫下來的人還活著，或是因為這個意外發生才不到二十年時間而不是兩千年前，就棄之不理。

身為一位就書裡那些訊息來看不是太好的範例，至少這一點有助於證明來源的真實性。想想看，如果這些書裡的觀念、主張、說法與聲明都是我編出來的，我至少會編造出我能夠實踐的內容！（沒有人喜歡被稱為偽君子或騙子，這還是我聽過比較溫和的咒罵。）

所以沒有人比我更清楚，和平五步驟的最後一步是非常具有挑戰性的。然而，在我看來，這也是最發人深省的一步。每一天，它召喚我許下承諾，要我抱持更深的決心，喚醒我要重新創造我自己，讓它成為我對我是誰、我選擇在這個世界上成為什麼的最偉大的意象最恢弘的版本。

這就是機會。我的機會、你的機會，以及整個人類的機會。事實上，在某個意義上，它和與神對話或新靈性一點關係也沒有。這個世界的每一個組織化宗教的每一位信徒，以及沒有任何宗教信仰的人，都可以採行和平的五步驟。

和平五步驟的重點，只是去看看我們的世界以及我們個人生活的情況，如果我們想要某些事情變得更好，就以持平的方式去探討，我們對於生命和神是否有可能不是完全理解，而理解之後就可以改變這整個經驗。所以，它是關於把我們探索的結果融入日常生活中。

它就是那麼簡單，那麼勇敢。

把這個訊息應用到日常生活中 CWG CORE MESSAGE 24

如果你問我一般人可以做些什麼，以便快速地把和平帶入他們的生活和世界裡，我會選擇這個訊息所提出的邀請。

這裡是把這個智慧應用到日常經驗的一些建議：

◆列印一份和平五步驟的清單，把它貼在家裡某處，不論是冰箱門上或浴室鏡子上，反正就是你每天會看到的地方。每天讀讀這個訊息，彷彿未曾見過一樣。就算你對於這些訊息已經熟悉到可以背誦了，請再讀一次。把它擺在心智的最前線，也就是你如何回應日常生活並做決定的地方。

◆在你家裡的客房內、客房浴室、訪客會看到的其他地方，都貼上和平五步驟。這會讓你和讀到這些訊息的朋友之間產生對話，他們可能會問你訊息的意義及出處。

◆多列印幾份和平五步驟，把它們放在你輕易可以找到的地方，如果有人說：「我希望有一份這個訊息的影本，」你可以說：「馬上來。」然後拿一份給對方。

◆展開和平步驟的日記，寫下你何時感受到這些步驟的挑戰，尤其是步驟五。以書寫的方式問你自己：「關於神與生命，有哪些是我相信但目前難以接受的？如果有的話，我明天能夠做些什麼去擁抱並實踐這個信仰？」然後，在日記中以簡短的論述回答你自己提出的問題。

◆在你的社區中建立一個進化革命團體，邀請成員每週聚會一次或每個月兩次，討論彼此的和平步驟日記。設計一些方法，讓成員們互相支持，擁抱你們對於神與生命的最高信仰，並且讓這些信仰展現於日常生活中。

◆把和平五步驟貼在社區教堂的門上，就像馬丁．路德在一五一七年時把他的九十五條論綱（Ninety-Five Theses）貼在德國威登堡萬聖會教堂的門上。他的行動引發了新教改革。你的行動可能引發靈魂的民權運動。請教會牧師允許你張貼。如果得不到允許，問對方為什麼不能？和平五步驟的內容有哪些是無法被接受的？無論你是否得到張貼許可，在你的教會裡組一個進化革命小組來討論這些步驟。

◆把和平五步驟的訊息傳給朋友看、把它們夾在購物中心停車場每輛車的雨刷上、寫在你給報社編輯的信裡、購買報紙的小型廣告、張貼在教堂布告欄上等等。

◆打電話進電台節目，討論和平五步驟。

◆以和平五步驟為基礎，展開行動，在你的社區、城市、國家裡當一位靈魂民權運動的鼓吹者。在網路上發起連署請願。讓圍繞著這個觀念的能量往前邁進。

08 與神對話核心訊息二十三

我在《寧靜前的風雨》（*The Storm Before the Calm*）一書中清楚指出，二十世紀的最後幾年以及二十一世紀最初的二十五年，我們人類已經經歷且將持續進行所謂的「人類大翻修」（Overhaul of Humanity）。

這個過程並不是要把全球的社群和我們的生活方式給毀滅，而是有意地將它一片片拆解，用**新的零件**把它重新組裝起來，就像是翻修一架引擎好讓它運作得更好。這個過程和我們有關，即便我們所做的只是觀察。這是一個所有人類共同合作的過程。多數人只是不知道而已，因為我們的參與是在無意識而非意識的層次。

如果這個世界的人在這個過程中知道正在發生什麼事，並且清楚知道他們希望產生的結果，我們就會無所畏懼。

無論如何，這個過程即將開始（事實上，它此刻正在發生），不論我們以怎樣的方式參與其中。有沒有我們，生命都即將要改變。問題不是我們人類的經驗是否將有所不同，而是會有怎麼樣的不同，以及做決定的人是誰？

與神對話和其他書籍、電影、課程及社會計畫，都是要來協助我們檢視這架社會引擎拆解後的零件，讓我們決定哪些零件已經失靈而必須更換。在與神對話中，對這一點的主要探討是在：

CWG CORE MESSAGE 23

有五種關於生命的錯誤觀念，創造了危機、暴力、殺戮及戰爭。一，人類彼此是分離的。二，人類想要追求快樂但資源不足。三，為了要得到這些不足的資源，人類必須相互競爭。四，某些人比其他人更好。五，人類為了解決由其他錯誤觀念所造成的嚴重差異而彼此殘殺是適當的。

與神對話的第二十三個核心訊息，目的是要以非常明確的用詞（沒有泛論或空談，沒有模稜兩可或不著邊際），指出引發人類持續的憤怒與暴力行為的根本原因。

請記得，這則訊息是神針對我在九一一事件隔天所提出的緊急問題而給予的回答。我和世界其他人一樣，渴望想要知道：**人類怎麼會對彼此做出這種行為**？

神簡要地告訴我們，問題在於那些我們當成真理來擁抱，卻對地球上的生命具有極大傷害的一些錯誤觀念。

本章將探討五個明顯的錯誤觀念，下一章則將討論另外五個更加要緊的錯誤。為什麼要費心檢視這些錯誤的想法呢？這就好像檢查一具應該運作卻不再運作的引擎。如果你不知道問題在哪裡，你就無法修正問題。當然，如果一個人對於修正問題沒興趣，或者如果一個人對於現狀非常滿意，甚至不同意有所謂的問題存在，那麼他就不會想要去檢視我們目前的環境。

你知道自己落在哪個刻度，它決定了你會把即將聽到的內容視為重要的訊息，用以幫助你以及你的世界變得更健康、更快樂，還是你根本毫無興趣。

關於生命的第一個錯誤觀念

人類所犯的第一個錯誤，就是把我們的成員想像成是彼此分離的。

這個想法源自於人與神是分離的觀念。

當然，並不是每個人都相信有一個神。但是到目前為止，在那些真的信仰神的人裡頭，多數人都相信神把我們和祂分開，而且是基於祂並不完全清楚的理由。

因此，我們知道神把我們從天堂放逐，送到地球上來，但我們可能並不是很清楚為什麼神要這麼做，而現在我們在這裡努力地要回去天堂。

以上是一個簡化的描述，但基本上這就是我們大部分有關神的信仰體系所使用的方式。有些信仰體系甚至試圖說明原因。他們說，神把我們逐出伊甸園是因為我們屬靈的「父母」（據推測是亞當和夏娃）犯了罪。他們的罪是他們大膽偷看善惡的知識——而且因此變得像諸神一樣。

故事的發展是，神不會容忍這樣的傲慢，所以第一個人類（以及他們世世代代的子孫）就被懲罰要住在一個善惡並存的環境，直到我們改過自新，為我們所參與的惡行尋求原諒，並得以回到那個王國，或說終極實相，也就是善存在的地方。

✍ 真實的情況

好，那麼我們現在來看看真相究竟是怎麼一回事。以下的討論並不是在繞圈子或轉移話題。弄清楚我們與神的關係是非常重要的一件事，因為那個故事形塑了我們有關自己和彼此的觀念。

由於我們認為我們與神分離，於是我們想像自己住在一個**分離的宇宙**（universe of Separation）；事實上，這就是事物的基本建構，也是宇宙的基本構造、組織與本質。

這也是我們人類思想中最普遍也最有害的觀念。而那正是為什麼神花了這麼多的時間向我解釋我稱之為實相的真實情況（Actuality of Reality）。

神說得很清楚，神的國有三界。多數人相信神和這樣一個「國」的存在，他們想像它包含兩個領域：「天堂」與「地獄」。多數信徒不把地球和這個已知宇宙的任何部分納入神的國。他們把這一切稱為「物質」界，由神所造，而神的國則是「靈界」或「他世」或「彼岸」等等。

這就是我剛才提到的分離結構。就是這種對事物本質的強烈誤解，製造出我們的「故事」，我們認為神把我們丟出靈界，那是我們曾經以靈性存有（spiritual beings）住過的地方，而現在我們被迫以肉身存有（physical beings）的形式住在物質界，直到死亡為止，然後我們才能返回靈界（我們希望那個地方是「天堂」，而不是「地獄」），在那裡度過其餘的永生。

如我先前提到，人類究竟為何被「丟出」天堂樂園，靈界究竟為何也包括我們稱為地獄或黃泉的地方，以及我們要怎麼做才能確定我們最終的所在是天堂而不是地獄，是大多數宗教的主題與重點。

經歷了與神對話之後，我對於所有這一切的理解有了劇烈改變。神告訴我，神並未把我們從樂園踢出去，雖然我們確實已經離開靈界並進入物質界。我們的靈魂這麼做是出於自願（事實上，是快樂的），這是生命過程本身的一部分。

以下就是神以比喻的方式解釋給我聽的計畫和過程，如此一來人類心智就能夠理解。讓我們逐條來看看這個敘事。

一個新的理解

一、神的國有三界，不是兩界，而我們稱為「地獄」的地方不在此列。事實上，這種地方並不存在。

二、神的國與物質宇宙和我們的世界並不是分離的，而是包含在內。

三、這三界是靈界、物質界，以及純粹存有界（Realm of Pure Being）。第三界可能被寬鬆地描述為前兩界的混合。

四、這三界的目的是要提供生命本身（讀為：神）三種讓它可以顯現以及經歷自身的方式，藉由三合一的過程（triad process），它會完全理解並表達它自己。

生命最大的祕密，就是它是一種三合一（triad）。我們大部分人都以為生命是一種對數或二元性。在我們的物質界，我們傾向於把事物想成非黑即白，但事實上還有灰色地帶，也就是兩者都有的部分。

當我們不再把一切視為絕對的，也就是不再只有黑與白、對與錯、是與否、停與走、此處與彼處、現在與未來等等，我們就將邁入成熟的階段。（稍後我們會再更仔細地探究這一點。）

觀想終極實相的一種方式

把終極實相想像成是一個三角形，會有助於理解它。也許此刻你心裡正浮現一個三角形。想像三角形的頂端是純粹存有界。接著把右下角想為靈界，左下角為物質界。

很好。現在把你自己視為是一個靈魂（或許想像成是一點微光），在這個三角形的永恆之旅中移動。

你從三角形的頂端開始，接著移到三角形的右下角，在那裡停留並發光一段時間，接著移到左下角，在那裡停留並發光一段時間，接著再度往上移到頂端，像煙火般發出燦爛光芒，然後那個煙火中的一道微光如灰燼般，落入三角形的右下角，再度開始靈魂的旅程。

當然，我說過這是一個比喻。你是否能把這個過程想像成是靈魂的神聖旅程，在某些宗教稱為神聖三位一體的三角關係中行進。

現在，回到我們逐條的敘事：

五、在靈界中，所有事物都以它們絕對的形式而存在。因此，這一界也被稱為絕對界（Realm of the Absolute）。在這一界裡，除了絕對的愛之外無他，而且永遠都是此時此地。這就是神的永恆元素（Eternal Essence）的本質，也是神的存在的本質。

六、然而，神希望做的不只是存在。它希望去**經歷**它自己。為了做到這一點，神需要去經歷**不是它**的事物，因為要經歷各種元素就必須有對比。

沒有「慢」,「快」就不是「快」。

沒有「小」,「大」就不是「大」。

沒有「黑暗」,「光明」就不是「光明」。

你懂這個意思。一件事物要被經歷，它的相對面就必須存在。這就是相反律。它是物質界裡的一個幻相。

一切不是神的事物都能存在，這個觀念也是幻相的一部分。當然，這樣的事物是不可能的，因為沒有事物是存在於存在（That Which Is）之外的——而存在不過是神的另一個名字。神**能夠**在任何以及每一個神聖顯現中創造並產生遺忘（forgetfulness）的經驗。它已經透過意識層面的創造來完成這件事。

每一個生命的意識程度就是它在個體層次上對終極實相的覺知。

以這個方式，神能夠再次認識它自己，並且以它認識自己的方式去**經驗它自己**。這就是所有生命在它所有顯現中的目的與功能。

✍ 再一次，如果你願意的話

我了解我剛才所說的內容可能有點挑戰性或難以理解。當我在與神的對話中第一次聽到這個訊息時，我就是這麼想的。所以，請保持耐心，允許我用稍微不同的方式再回顧一次，因為反覆述說有時會讓事情更清楚。

在靈界層次，一切萬有（All That Is）即所有一切，此外無他。如果神想要**經歷**神的樣子，它就必須找到用來對比它自己的他物（Something Else）。然而，這是不可能的事，因為**從來**就沒有別的東西。神是所有一切。

由於神找不到與它分離的物，神就做了次好的事。神把它自己**分**成幾個部分，接著在這些部分注入各種層次的本質能量（我們稱它為意識），所以神的每個元素就可以回顧這個整體，並且透過經歷所有部分之間的關係（它們是整體的不同程度的展現）而知道神的偉大。換句話說，意識是看見幻相世界（World of Illusion）的能力，也是了解唯一終極實相（Ultimate and Only Reality）的能力。

✍ 事實上，對立並不存在

事實是，在終極實相中沒有對立（opposites）。有的只是看似對立的情況。我們**所稱**看似對立的事物，其實只是一件事物的不同表達。

舉個實例，我們所說的「熱」和「冷」並不是「對立」的，它們並不是兩件不同的事物，而只是同一物的不同程度，也就是我們稱為溫度的東西。

同理，神（唯一真正的存在）藉著把自己分成比整體更小的不同部分，以各種不同的程度來表達它自己。這是透過物質化（physicalization）的過程來完成的，或者也可以說是整體從靈性到物性（Physicality）的一種運動。這個運動從一個界域通往另一個界域（請記得，這是一種隱喻），造成整體的分割，就像白色的光穿透一面稜鏡而被切割成好幾部分，而我們稱之為顏色。

我們所描述的這個物質宇宙的各種及無數的元素，只不過是神的調色盤上不同的顏色。物質界就是神要去經歷它自己的地方。

所以我們明白，分離並不是事物的本質結構（Essential Configuration），那只是分開。分開與分離並不一樣。

要體會這一點，請看看你的手。雖然你的手指是彼此分開的，但每根手指都有個別的特色與用途，它們絕對沒有和你的手分離，就像你的手和你的身體也不是分離的。

你和神的身體（Body of God）也不是分離的。

你無法用肉眼看見你和神的連結，好比你看不見紅外線一樣，但是你們在能量層次上是相連結的，而且你能夠感覺到那個連結，如同你感覺得到紅外線發出的熱。你和一個紅外線電暖器之間的能量傳遞，不需要身體接觸或媒介。紅外線電暖器可以在真空狀態或大氣間操作。這便是有關神的完美隱喻。

同理，神的能量能夠在沒有身體接觸的情況下傳遞且貫穿宇宙的真空狀態。所以如果你認為紅外線是個奇蹟，一旦你更加認識神（更不用說當你更充分感覺到神的時候），你才會知道什麼是奇蹟！

如同稍早的承諾，當我們在本書結尾處檢視與神對話的第一個核心訊息時，我們將進一步探討萬物的合一。屆時我們將看看早期人類究竟如何以及為什麼會發展出分離（以及「神」）的觀念。基於當時所能獲取的訊息以及我們早期在分析與理解周遭世界時有限的能力，那樣的觀念很迷人，而且有助於我們理解我們為何以及如何擁抱我們的原始故事。不幸的是，我們沒有修改就繼續重述那個故事。

在二十一世紀的此時，我們終於明白，我們所犯的錯誤就是以為神把我們和神**分離了**，但神所做的其實只是**分開**它自己（divide Itself）。

關於生命的第二個錯誤觀念

我們完全（誤解地）接受了我們與神分離的這個觀念，並且因此活在一個分離的宇宙觀裡，認為我們彼此是分離的，我們也為自己創造出一種經驗，認為要讓每個人都覺得快樂，所需的資源是「不夠」的。

只要我們認為我們只有一個（One），我們就不會出現不足的想法。如果接下來二十年你都不必與其他人互動（例如一個孤獨禁閉的人），那麼時間永遠都足夠。如果你不必與其他人分享，那麼無論你生存所需的「東西」是什麼，永遠都夠用。如果你生存所需的東西不夠，你就不會存在。因此，你存在的這個事實就證明了你無所欠缺。

然而，如果你們認為你們不只有一個，你們可能會想像別人將拿走或使用你們生存所需要的資源，你們覺得生存受到了威脅。

於是生命就變成一種與他人之間的生存鬥爭。

這是我們所創造出來的對於地球生命的描述。這就是我們一直在經歷的事，而且這個經歷會持續下去，無論我們的科技成就如何，無論有什麼醫學奇蹟和科學發現。

我們的發展有多好一點都不重要，只要我們想像快樂或生存所需的資源是不足的，我們就會永遠與彼此競爭，有時候甚至是殘酷的、至死方休的競爭。只要我們堅持分離的故事，我們永遠都會想像資源是不足的。

慶宴的比喻

想想你在特別的日子時為了慶祝所準備的餐點。在美國和加拿大，這個日子可能是感恩節。在義大利，可能是慶祝聖誕夜的七魚宴。在韓國，可能是元旦新年。幾乎每個文化都有自己的慶宴。

現在想像一下，當大家齊聚在一起時，有人敲了門。來者是失聯許久的親戚，一位親愛的叔叔和他的妻子與六位可愛的子女。他們已經多年未參加這種聚會了。他得知這個慶宴，在最後一刻決定要結束和親人之間的距離。他謙卑地問說是否允許他們加入。

身為主人的你，準備的餐點就只夠那麼多人享用。有沒有足夠的食物給大家呢？你只是考慮了一下。當然夠用。只要分享。你敞開雙臂迎接他們。人人都很高興見到他們。餐桌上的美食分成比較小份。但沒有人真的注意到，而且事實上也沒有人會在意。畢竟，這就是家人。

現在重新想像這個畫面。還是同一個慶宴。同樣有人敲門。但是門外是一位衣衫襤褸的陌生人，帶著他同樣衣著破舊的妻子與六位子女。他說他看到屋內溫暖的燈光，於是謙卑地問說是否能讓他們加入這個慶宴。

你的回答呢？

當然，你邀請他們所有人進來。你敞開雙臂歡迎他們。畢竟，這就是家人……除非不是。除非你當他們是闖入者、干擾者、不速之客、侵略者、局外人、異族人。在這樣的情況下，你可能覺得食物不夠分配給陌生人。你可能出於善心，給他們一點食物，就請他們離開。你不會讓他們坐到餐桌前，因為你甚至不認識他們，而且他們也不是「家人」。

在這個星球上，我們對彼此做過更糟糕的事。這一切都是出於一個想法：資源不足，而且我們彼此是分離的，不是一家人，除非我們有血緣關係。

關於生命的第三個錯誤觀念

由於我們相信生存及快樂所需的資源是不足的，於是我們必須設計出一個方法，盡可能公平地分配不足的東西。

我們發明出來的方法就叫做競爭。我們設定了一個過程，可以公平地決定誰值得擁有什麼。我們宣稱這是**贏得**（earning）的問題。物質不應當只是因為個人的存在就分配給他們。一個人的存在並不足以證明他有**持續存在**的價值。人必須證明自己的價值是正當的。孩童是例外。孩童有價值是因為他們是孩子，我們無法期待他們透過貢獻某件有價值的事並因此創造出資源來使得他們自己有價值。他們自動就得到部分質源。

（這是真的嗎？看看地球上每個小時大概有七百名兒童因為缺乏食物而死亡。）

然而，從什麼時候開始，自動的價值（Automatic Worthiness）結束，而賺取的價值（Earned Worthiness）開始？無家可歸的七歲孤兒必須日復一日打掃煙囪，若不爬上去把它擦乾淨，他們就沒飯吃。今日的童工甚至更為普遍，超過你以為的進步文明所能夠允許的程度。

也因此，我們很早就學會，我們必須為創造資源做出貢獻，我們必須為我們所創造出來的重要東西而競爭。因為這樣，許多工廠的勞工只賺取老闆收入的百分之一。

我們的競爭不只停留在物質與獲利。事實上，我們告訴自己，我們必須為神而競爭。我們把那些特殊的競爭稱為「宗教」。

如同所有其他的競爭，規則是：**勝者為王**。

凡是看似不符合社會設定的價值標準的人，就被貼上「輸家」的標籤。所以人類把自己給分成兩類：贏家與輸家。

今日這個世界有將近百分之五的人口擁有或控制世界上約百分之九十五的財富與資源。而**這百分之五的人裡面，大多數都認為這個情形是絕對正確的**。畢竟這是他們贏來的。

骨牌如何倒下

當然，認為我們必須競爭以賺取我們的價值、分享這個世界的資源，這樣的觀念是基於「沒有足夠的資源以滿足需求」這個錯誤前提。沒有富足，只有缺乏、不足、稀少。而資源不足的概念則是來自於認為我們與彼此是分離的，並非一家人，並非一個本質，並非一個存在。

如果我們拒絕了分離的概念，不足的概念就會倒下。如果我們拋開不足的概念，需要競爭的錯誤觀念就會倒下。

我稱這些錯誤觀念是人類的骨牌。它們一個推倒一個，造成全面的瓦解。

關於生命的第四個錯誤觀念

當社會分裂成為贏家與輸家兩邊，它就創造出一個團體比另一個團體更好的觀念。然後，透過循環邏輯的推演，結論就是身為「更好」便是個理由，讓贏的人一開始就是贏家。他們應當如此。

與有色人種相比，白人應當是贏家，因為他們更好。與女性相比，男性應當是贏家，因為他們更好。與同志相比，異性戀者應當是贏家，因為他們更好。而這些團體更好並不是因為人類的理由，而是因為他們在**神的眼中看起來更好**。

我們就是用這個方式來合理化我們對資格與價值所做的顯然是粗暴的論斷。

白人比黑人優越，是神說的。問問摩門教徒，他們的創教主在十九世紀中期建立耶穌基督末世聖徒教會的時候就宣告，黑人沒有資格成為平信徒牧師（lay priests），因為他們屬於較差的種族。（值得稱許的是，摩門教在一九七八年廢棄並修改了這個教條。）

男人比女人優越，是神說的。問問這個世界上數以千計的神職人員，他們至今仍然相信並鼓吹這個信條。（值得稱許的是，有更多的人已經拋棄並拒絕此種想法。）

異性戀者比同志優越，是神說的，因為神宣布，同性交媾是可憎的行為。這一點可以問問地球上幾乎每一個宗教的基本教義派人士。（值得稱許的是，有許多宗教人士已經拋棄並拒絕那些想法。）

在某個時期（還不是幾千年前，而是在我小時候），人們以為左撇子是惡魔的徵兆；跨族通婚與跨宗派婚姻應當禁止；天主教徒認為只有天主教徒才會上天堂。

另一方面，耶和華見證會則說，他們的信徒中有十四萬四千人將上天堂與神相會，其餘信耶穌且過著善良生活並宣傳這個信仰的人將享受地上樂園。與此同時，許多猶太人宣稱，他們自己才是神的選民。

所以我們見到，許多人都有「在地球上比較優越的人，在天堂也是一樣」這種想法——在神的眼中，某些人就是比較好。

少數觀念卻對人類造成了許多的傷害。事實上，這個觀念已經讓道德權威變成關於生命的最大錯誤觀念……

關於生命的第五個錯誤觀念

有比你想像的還要多的人都相信，要解決人們之間因為所有其他錯誤觀念所製造的分歧……可以彼此殘殺。

這樣的想法是從哪裡來的呢？請準備一台計算機，然後翻開聖經。這本宗教經典告訴我們，一百多萬人死在神的命令或手裡。或者仔細看看以真主阿拉為名所建立起來的暴力帝國的穆斯林傳統。

我們知道教宗烏爾班二世（Pope Urban II）在西元一〇九五年發動了歷時兩百年的戰爭，也就是著名的十字軍東征，這場戰爭殺害了幾十萬人，多數是穆斯林。

同樣的，許多人死於著名的伊斯蘭征服（Islamic Conquests），這場征服從西元六三四年到十九世紀早期在全球各地進行，致力於打造有史以來最大的宗教和政治帝國。

✍ 擴張道德律

在近現代時期，基於個人的為所欲為或為了建造一個帝國，而由群體或國家所行的殺戮，已經被大多數人類所揚棄。結果是，近來所有這類的攻擊都被稱為自我防衛。這允許人類在一個多數人都接受的道德律（moral code）下去為暴行辯護，這個道德律是：為了保衛自己而殺害另一個人，在倫理或靈性上並無不當。

而如今，部分人類就這個觀念採取更進一步的行動。他們宣稱，先發制人的攻擊是一種可以接受的自我防衛手段。也就是說，在其他國家攻擊並殺害你的國家人民之前，先攻擊並殺害其他國家的人民是完全可以容許的事，因為其他國家**好像**打算要這麼做，只是在等待適當的時機。

這是人類較晚近的道德律的一種擴張，把殺戮的可容許程度擴展得超出先前的範圍。

除了自我防衛的概念，人類文化中也充斥著大量的訊息，從電影到電視節目再到電玩遊戲，把暴力與殺戮描繪成不只是一種自我防衛的工具，還是憤怒與報復、恐嚇與威脅、魄力與反抗的工具。

殺戮作為解決個人問題或不滿的一種手段，如今更加普遍了。它已經逐漸被視為不是一種恐怖的最後手段，而是充滿力量的第一步行動。

罪魁禍首

再一次，我們退一步來看看這個骨牌效應。「我們彼此是分離的」這個觀念，使得我們產生暴力相向的念頭，即使這個念頭只是一瞬間。這就是禍首，而我們不是不知道，就是拒絕承認。

如果我們認為「我們都是一體的」，我們對他人所做的就是我們對自己所做的，那麼我們就絕對不會想要透過暴力與殺戮來解決差異。我們不會想要看到分離觀點的循環效應，以及它所產生的行動。但我們對於「種什麼因，得什麼果」這個事實視而不見。或者，更糟的是，我們知道這個道理，卻不在意。

愛因斯坦發現，我們無法使用產生問題的同樣能量來解決問題。然而，我們持續試著以暴力來結束暴力，以殺戮來結束殺戮，以不義的行為來結束不義的行為。我們用仇恨來對付仇恨，用憤怒來對付憤怒，用輕蔑來對付輕蔑。

這個循環一定要停止。這並不是關於「以眼還眼，以牙還牙」，而是另一套劇本：「愛你的敵人，並為那些迫害你的人禱告。」

或者，也許，是一個新的福音：「我們都是一體的。我們的方式不是一種比較好的方式，只是另一種方式。」

把這個訊息應用到日常生活中 CWG CORE MESSAGE 23

任何人都可以克服這五種關於生命的錯誤觀念，但需要耐心、勇氣，以及真正的決心，因為這些關於地球「現狀」的錯誤觀念已經深植在人類文化中。總之，**我們認為這些觀念都是真的**。

再者，可見的人類經驗都支持著那些想法。所以你現在要做的事，就是把這一整套目前少有人贊同的觀念奉為我們的真理。

以下是把這則核心訊息應用到生活中的第一步：

◆立刻去尋找那些了解你對生命的看法並且贊同你的人；或者他們即使不表贊同，還是會支持你對你希望擁抱的真理所做的抉擇。

你說它是真理，它就是真理，而不是別人怎麼說，了解這一點非常重要。這是改變你生命的一個關鍵。一個重要的關鍵。當我和致力於從根本上改變自己日常經驗的團體及個人一起工作，希望為生活帶來巨大的改善時，我一再強調這一點。

我們根據其他人的那套規則來生活已經夠久了。如果那些規則行得通，情況也不會這麼糟糕。偏偏它們就是行不通。

我說過不只一次，這些規則沒有一條是行得通的。政治規則行不通，經濟規則行不通，教育規則行不通，社會規則行不通，宗教規則也行不通。沒有一個領域的規則產生出制定規則的人所說的結果。情況反而更糟。可悲的是，那些規則產生了完全相反的結果。更加可悲的是，我們繼續按照那些規則行事。

我們現在明白，必須有人來改變規則。那個人似乎就是你。是我。是我們。

我們在討論與神對話的第十七個核心訊息時，將會再深入探討這一點，那個訊息告訴我們，沒有所謂的絕對真理。（我們面臨了一個循環的問題：那麼，那個訊息是絕對的真理嗎？）此刻，你只要知道，重要的是讓自己沉浸在與你的能量保持和諧的能量振動中。

請注意，這個能量不一定要與你的能量相符，但是它得去調和，它們要能夠同時存在於同一空間中而不會引起分裂或巨大的阻礙。

全部的生命都是由能量組成。能量創生萬物，產生萬物，包含萬物，表達萬物，能量就是萬物。能量也影響能量自身。也就是說，能量影響能量，並且改變它。

能量如何改變取決於與它互動的能量。一切都是關於它正在和哪些能量互動。這可能是你接收過最棒的消息，因為這是你可以掌控的事。你無法完全掌控在你之外的能量，但是你可以掌控在你之內的能量——而那就是力量的所在。

而且……在某種程度上，你可以掌控在你之外的能量。稍後我會再多談談這一點，所以請和我一起堅持下去。本書的討論範圍很廣。現在你就可以對你周遭的能量展現你所能行使的掌控權。

如果在你目前的生活中缺乏和諧的能量，那麼你有三個選擇：一、適應或「重組」你目前大部分時間所身處的環境；二、創造一個新的或替代的環境，在那裡度過寶貴時光；三、完全離開你目前的環境，搬到另一個環境。

這裡是一些相關的建議：

◆邀請和你同住的某人（或某一群人）一起定期探索並討論你對生命的想法，而不只是當偶爾他們表達和你不同意見的時候才做這樣的探討。

◆請你周圍的人支持你的旅程以及你所信奉的真理，為了讓他們比較容易做到，建議一些他們能夠做得到的特定的支持方式。

◆在你日常生活之外找一些人組成一個討論與探索小組，這些人同意你對生命的看法，並且也正在實踐這些看法，定期和他們聚會以給予並獲得情緒與靈性的支持。（可能是在社群中組一個新思潮教會，或者只是一群朋友定期在家裡聚會，或兩者兼具。）

◆使用網際網路和具有同樣想法的人聯繫，分享你們對於放下這些錯誤觀念的看法，擁抱解決分離、不足、競爭、優越、衝突的新真理。請記住這句話：「分享有助於讓看法更清楚。」在意見交流的網路平台上，如 www.TheGlobalConversation.com，表達你的看法並與他人討論，這麼做有助於釐清你的想法。

◆寫一張「不足」的清單，每當你認為你有什麼東西是不「夠」的，就記在清單上。仔細且公平地檢視一下你為什麼認為你需要再多一點那個東西，以及「滿足」之後會如何。問問你自己，在那個東西不足的情況下你是如何度過的，接著再問：「擁有足夠的這個東西，和我生存在地球上的真正原因之間有何關連？」

◆確定你非常清楚自己生存在地球上的真正原因。你可能會想要讀讀《與人對話》第二冊以及與神對話系列中有關宇宙觀的內容，以幫助你對於這一點有更深的理解。

◆製作一本「優越感筆記」，記錄你感到比別人優越的時刻。用一個段落寫下你對於某個人或某個團體（例如基要主義者、共和黨員、時下年輕人、先生的家人等等）的看法，並且解釋你為何感到比對方優越，以及什麼原因讓你對這件事的想法有所改變。或者，如果你的想法並沒有改變，問問你自己，如果你放下自己比對方「更好」的想法，可能會出現什麼改變。對自己誠實。沒有人會看你的筆記。

◆列出你在你不喜歡的人身上看到、同時也在你自己身上看到的事情。在思考你不喜歡的這些人時（或者至少是你不想花太多時間和他相處的人；如果你對自己誠實的話，這可能指的是同一件事），一個一個來。

◆邀請你的討論與探索小組的組員一起設計出至少五種方法，是你們相信當國家與國家，或國內人民之間有重大歧見時，可以用來防止暴力或戰爭的方法。看看這些方法有多少可以應用到你自己的生活中。

◆請你的討論與探索小組成員寫出關於下列領域的新故事：政治、經濟、生態、教育、社會、靈性。在小組討論時分享這些段落，看看大家對內容是否能達成共識。注意看看小組本身如何處理與解決差異。把你們定稿的新故事上傳到www.TheGlobalConversation.com。

09 與神對話核心訊息二十二

與神對話的觀點很清楚：人類之所以製造出這麼多大問題，主要原因就在於人對神的概念。

我們不知道神是誰、神是什麼、神想要什麼，以及如果我們不滿足它的話會怎麼樣，如果我們滿足它的話又會怎麼樣，還有這些問題與生命有什麼關係。

幾千年來，我們一直都想要釐清這些問題，但是與老子、馬哈維拉（Mahāvīra，譯注：耆那教創始人）、佛陀、摩西、基督、穆罕默德、巴哈歐拉（Bahá'u'lláh，譯注：巴哈伊教創始人）、約瑟夫．史密斯（譯注：摩門教創始人）的時代相比，今日我們似乎並沒有離答案更近。自從這些人提供我們答案以來，我們仍然無法就這些問題達成任何協議或共識。

這就是這個世界落入今日處境的原因：政治上無法自我治理、經濟上無法自我支持、生態上無法自我維持、教育上無法自我改善、社會上無法自我團結、靈性上也無法自我成長。

我們生活的這個星球充滿了匱乏與苦難、憤怒與暴力、殺伐與戰爭，而我們悲傷地搖著頭，宣稱我們不知道為什麼。我們不知道要怎麼做才能夠改變情況。我們找不到處方，我們沒有答案，我們無法為我們最古老和最大的問題找到解決方法，終究，我們完全沒有能力去創造我們說我們想要的和平、繁榮、機會、安全、尊嚴、健康、快樂、幸福，以及給所有人的愛。

這並不是因為我們沒有獲得解決之道或建議。我們有過。不斷重複。而我們現在再次得到答案。然而，這些答案和我們以前經常聽到的答案不一樣。甚至，在某些情況下，它們與那些早先的教義是對立的。不過這不是新的答案，不是新的觀念，只是這些思想以往都被拒絕了。

或許現在是重新考慮這些被我們拒絕過的思想的時候，也就是去拒絕那個拒絕。如果我們一向堅定擁護並且拒絕調整、適應或修改的教義，已經完全且絕對無法產生出它們所許諾的結果，或許現在是重新探討這些觀念的時候。

或許現在是擴展我們概念的時候，去形塑一個更細膩的關於神的故事。

關於神的概念為什麼如此重要？我們所談的這些為什麼要緊？我之前已經說過了，現在再說一次。那是因為我們關於神的觀念與想法形塑了我們對自己及生命的想法與概念。後者是從前者而來的，甚且對完全不相信神的人來說也是如此。

只要看看法律和民德（mores），看看任何地區的社會規則與習俗，看看這當中有多少是以公民相信真的是**神的所願**為根基。

CWG CORE MESSAGE 22

有五種關於神的錯誤觀念，創造了危機、暴力、殺戮及戰爭。一，神有某種需求。二，神會得不到祂的需求。三，神把你和祂分離開來，是因為你沒有滿足祂所需。四，神的需求如此強烈，於是神要求你（從你的位置）滿足祂的需求。五，如果你無法滿足神的要求，祂將會毀滅你。

這就是為何我誠懇又急切地邀請所有人類想一想……

與人類對於生命的錯誤觀念相比，關於神的錯誤觀念對我們的傷害甚至更大，因為我們至少願意去思考我們對生命的看法有些可能是不對的；然而，要我們考慮有關神的觀念是否有誤，是絕對無法被接受的，因此要產生一個遠離這些錯誤觀念的運動是極為困難。

除非不是這樣。除非我們下定決心，是時候我們要仔細想想，有沒有可能我們目前的知識體，並不包含**認識神的所有一切**。

我們能不能承認，關於神，我們的資料可能有缺，或是有所誤解？

那是個大哉問。有沒有**任何**關於神的看法，是我們誤解了？

基本上，這個問題是神的信徒一直不願意去問的。那簡直是個禁忌。因為大多數神的信徒都相信他們擁有關於神的正確答案，而且他們會告訴你必須以某種方式來信仰神。如果你不以這個方式（就是他們的方式）來信奉神，你根本就不是相信神，而是抱持異教的觀念，那麼神就會因此懲罰你。

當然，還有數百萬不接受此種教義與教條的人們，但他們在現實生活中還是持有神性的意識與經驗。然而，大多數人堅持以上述的方式來理解神，並宣稱我們必須以某種方式來理解與擁抱神，否則就會迷失道途，失去與神在天堂相會的機會。這群人宣稱，以某種特定的方式來接近神，是神的要求。這個說法帶我們來到……

關於神的第一個錯誤觀念

我們就從**神有所需**這個錯誤的觀念開始。

這個觀念與新靈性所擴展的觀念背道而馳，新靈性主張神就是一切，沒有什麼**不是**神。根據這樣的觀點，神並不是一個創造出非神的生命元素或生命表現的存有，應該說神既是造物主也是受造物。

因此，神不需要什麼，因為神就是祂一切所需。或者，如同與神對話所說：萬物就是一物，而且那個一物自身是無所匱乏的。

除去**神有所需**這個想法，實際上你就除去了世界所有主要宗教的基礎。如果神無所需，那麼為什麼神還會有所要求、有所需求、有所命令呢？這樣做的目的何在？動機是什麼？

神有什麼需要加以滿足的欠缺？神的願望或指示來自何處？

隨後討論到關於神的第三種錯誤觀念時，我們將會揭開神無所需這個觀念另外一個重要的意含。

關於神的第二個錯誤觀念

人們認為神需要某種東西，而跟這個觀念一樣奇特、甚至更加奇特的是，我們還認定說，這個神不知怎的會得不到祂的需求——這是人類對於神的第二個錯誤觀念。這也是大多數人類神學的基礎。

那些神學告訴我們，因為神無法滿足祂的需求（服從、榮耀、臣服、排他等等），所以神才會對我們採取行動。如果神無所需，神就無所求，也就沒有什麼事會讓祂發怒。這個觀念將摧毀這個星球上每一個神學的根基。這樣一來，也會去除了人類多數的選擇、行動及決定中的道德權威。我們多數的法理體系都是以神若無法滿足祂的需求時會做出怎樣的反應來作為它的道德權威。我們的政治體系同樣如此。（看看美國有關同志婚姻的爭議，或如先前我提到在亂倫或強暴例子裡有關墮胎的政治衝突等等。）我們的社會選擇也是如此。（有太多例子都是關於宗教告訴我們什麼事會令神生氣。）

關於神的第三個錯誤觀念

這個錯誤觀念認為神把你和祂**分離**開來，因為你沒有給予祂所需。和神分離表示一種**懲罰**，或者說是我們沒有滿足神的需求所造成的後果。

根據這個迷思，神**需要**我們順服祂，而我們無法滿足這個需求是造成神尋求懲罰的原因。（因為神顯然也有復仇的需求——雖然某些宗教會把神的懲罰說成是一種「完全公義」的需求。）

這第三個錯誤觀念是來自於人類需要對自己解釋說，假如真有一個神的話，為什麼我們會和祂分離。我們無法理解為什麼，但是我們當然知道我們為什麼要分離彼此！那是因為我們得罪了彼此。所以我們就認為神一定是為了相同的原因而把我們逐出祂的國度。於是我們以人的形象和樣子造了我們的神。

認為神和我們分離是因為我們無法給予神所需要的東西，這是一個錯誤的觀念，因為神不會得不到祂所需要的東西，因為神無所需。

如果神和我們並沒有分離，那麼神和我們就是一體的。如果神和我們是一體的，如果神無所需，那麼我們就無所需——這個想法的含意深遠。

那是事物的真實狀態，也是生命最大的祕密之一。

現在大部分人都認為我們**需要**什麼東西。（在探討第十八個與神對話的核心訊息時，我們會更廣泛地檢視這個想法。）這個想法主宰了一切。它是我們做出的每個選擇與決定的基礎。而我們現在可以看到我先前說過的骨牌效應如何影響全人類的經驗。

關於神的第四個錯誤觀念

接下來是這個錯誤觀念：神需要祂極其需要的東西，所以神現在**要求**你，從你與祂**分離後**的位置，給予祂所需。

從「分離是一種懲罰」到「我們現在必須滿足神的需求，儘管我們已經因為沒有這樣做而受罰」，正是一種連續犯錯的例子。

我們圍繞著神而建構出來的整個想法很吸引人，而且沒有什麼比以下這個觀念更吸引人：雖然神因為我們沒有滿足祂的需求而把我們逐出天堂，但神還是希望在天堂之外的我們滿足祂的需求。

這就像是某種神界離婚（celestial divorce），神在此下令，我們要滿足神的需求，即使神已經因為當我們和祂在一起的時候做不到這一點而和我們分離。就像是如今我們被要求支付靈性配偶贍養費一樣。

我們要在地球上做我們（或是我們「屬靈的父母」）在天堂時沒有做到的事：我們要順服神，我們要榮耀神，我們要取悅神且絕不得罪神，我們要找到唯一的正確道路回到神的身邊，而且只能走這條路。如果我們都一一做到了，神就會接納我們，讓我們回到祂把我們驅逐出去的地方。

如果我們不做神現在命令我們做的事……

關於神的第五個錯誤觀念

我們被告知說，神不只會懲罰你，還會把你徹底毀滅。這就是關於神的最後一個錯誤觀念：如果你無法滿足神的要求，祂將會**毀滅**你。

許多宗教和它們幾億的信徒都相信這一點。他們會告訴你，如果你無法滿足神的要求，結果就是你將會被燒毀，在地獄的永火中無盡且無情地受折磨。

這就是我所稱的神的第二懲罰（Second Punishment of God）。第一懲罰是你被逐出伊甸園。第二懲罰則是你被拒絕了返家的資格，而且被處以無盡的折磨。

假設第一懲罰是一種預警，有點像是交通警察開了一張警告單給你。第二懲罰就是罰金，是你再次違規之後的裁決結果。如今你將要進入一切監獄之母（Mother of All Jails），一個極度痛苦的監獄。

根據某些教條，你將在這裡被毀滅，但永遠不會完全毀滅。也就是說，懲罰不會結束。你將永遠地受罰，即使相對之下你只有少數幾刻的不順服，你也要永遠受罰。在這個宇宙的生命中，你在地球上的生命只是一聲嗶，比一眨眼還短，但你的懲罰卻是永遠的。因此，罪與罰不相稱，懲罰遠超過罪行。某些宗教說，這就是神對於公平與正義的見解。

那麼現在，我們就來看看你是否懂了……

你有一個有所需求的神，祂無法得到祂所需，而祂把你送走只因為祂在一百億年前無法從你的祖先那裡得到他所需要的，現在祂命令你在此刻要滿足祂的需求，如果你不這麼做，祂就會永遠地懲罰你。

懂了嗎？

此時不做，更待何時

你是否認為，現在是我們放棄這些與神有關的看法的時候了？現在是不是一個好時機，宣告說我們發現這些概念太過簡化且受限？

可不可能這是一個永恆的美好延伸，我們會說顯然我們對於神是不完全了解的，而了解就會改變一切？說得更戲劇化一點，有沒有可能除非我們在接下來的幾十年裡擴展我們關於神與生命的最初想法，否則我們將會發現自己無處可逃？

與神對話告訴我們，人類過去曾差點讓自己滅絕。我們差點無法繁衍下去。我們是不是再一次來到同樣的轉捩點？我們是否再次來到了這個岔路口，神學、宇宙論、社會學、病理學在此交會？

此刻我們擁抱的還是一個分離神學（Separation Theology）。我們主張我們是「在此岸」，而神是「在彼岸」。

分離神學的問題在於它產生一種分離宇宙觀（Separation Cosmology）；它是一種看待所有生命的角度，認為一切事物和其他一切事物是分離的。

而一個分離宇宙觀就產生一個分離心理學（Separation Psychology）；它是一種心理學角度，認為我是在這裡，而你是在那裡。

而一個分離心理學就產生一個分離社會學（Separation Sociology）；它是一種彼此交流的方式，鼓勵整個人類社會要以分別的實體來行動，服膺他們個別的利益。

而一個分離社會學就產生一個分離病理學（Separation Pathology）；它是一種個人和集體都參與的自我毀滅的病態行為，藉著我們自己的雙手製造出痛苦、暴力及死亡，如同整個人類歷史中在世界各處所看到的證明。

唯有當我們以一體神學（Oneness Theology）取代分離神學，我們的病狀才會得到療癒。我們與神有區別，而不是與神分離；你的手指頭與手有所區別，卻不是與手分離。我們必須了解，所有生命都是一體的。這是第一步。這是個起點。這是結束現狀的開端。這是一個新創造的開始。這是人類的新文化故事。

一體性並不是生命的特徵。生命是一體性的特徵。生命是一體性自身的表達。神是生命自身的表達。神與生命是一體的。因此你就是神的一部分。這是一個循環。這個循環不能被打破。

把這個訊息應用到日常生活中 CWG CORE MESSAGE 22

沒有什麼比這五個關於神的錯誤觀念對人類造成更多傷害。一旦我們理解這一點，我們就能在生活中證明這些錯誤觀念，並且驗證真理（truth）。

再一次，我們遇見那個重要的字：真理。事實上，並沒有所謂的真理。沒錯，當我們在第十四章探討與神對話的第十七個核心訊息時，我們會談到更多。現在，讓我們使用「我們的真理」一詞。

如我的體驗，真實（TRUE）一字是一個縮寫。當我們說某件事是「真實」時，我們想要表達的是，那件事是存在上理解的實相（The Reality Understood Existentially）。

所以在我的世界裡，在我自身內在的經驗裡（在其中我得以自由地為自己決定什麼是「真的」），大部分人類所抱持的對於神的想法多數都是錯誤的，而「真實」就是，神無所需，如果神真的需要什麼，祂不會得不到；神也沒有和人類分離，神也不需要我們給祂什麼，而且神絕對不會因為我們沒有滿足神所不存在的需求就把我們給毀了。

體會到這個真理，我的生命就會反映出這個真理。字典上對「反映」的定義是，指出、呈現、展現、舉例說明、提供……的證據、顯示、透露、揭露、表達、溝通，以及表明。當我的人生反映出我自由選擇的內在經驗，我的外在世界就成為我內在世界的一個鏡像，內在世界成為外在世界的一面鏡子，外在世界又成為內在世界更大的鏡子，每一個都持續映照出另一個，創造出一整個深層反映的人生。

當人生的幻相終被破除時，此種不斷的反映便產生了極大的歡樂。或者，更正確來說，是**其他人的幻相**終於被丟棄，只剩下我自己的幻相。

人生的一切都是幻相。這是我們要承認並接受的事。我們正在經歷的物質生命並不是真的。我們的生命經驗只是我們所認為的生命經驗。每一個時刻都是我們經歷的時刻，它是以內在決定的整個過程為基礎（這一點在《與改變對話》一書的〈心靈的機制〉一節有詳細的說明）。

正如莎士比亞所寫：「事本無惡，唯有想法使然。」笛卡兒用另一個角度來說：「我思故我在。」

要如何在你的日常生活中應用這些觀念呢？這就是問題所在。在此我有一些建議：

◆做一本「關於神的信念」的筆記本。（你看得出來我非常喜歡筆記本。在本子裡記錄你的感受、你相信的事、你的人生經歷，以及如果你認為你做得到的話，你會怎麼做，這是一種很有價值的練習。我常建議人們用不同的筆記本來記錄生活的各個面向，這與流水帳式的日記不同。這個方式讓你可以很快地翻閱你對於某個特定事件所記載下來的想法與經驗，你也可以追蹤那些想法與經驗，如此一來你就能看見過往的經歷、現在的處境及前方的道路。）在這本筆記本裡，列出你目前對於神的所有想法。如果你對於神的某個觀點不夠清楚或未知，同樣把它記錄下來。

◆在筆記中寫下，你認為神需要的、神要求的、神命令的、神譴責的是什麼。

◆在筆記中載明，你相信你做的哪些事是神所譴責的（如果有的話）。

◆在筆記中回答以下問題：你認為在你生命中的終極權威是什麼？「對」是什麼？「錯」是什麼？「善」是什麼？「惡」是什麼？「恰當的」是什麼？「不恰當的」是什麼？真實的你是什麼？不真實的你是什麼？（以上都只要列舉。）當然，這些問題開啟的是巨大的主題，別想要寫一本全人類的論文，只要把你心中想到的事情寫出來即可。然後，闔上你的筆記本，稍後再回來。

◆過了一段時間之後，翻開筆記本，再次看看這些問題，回顧一下你的回答。問問你自己：是誰說這是「對的」，那是「錯的」？是誰說這是「善的」，那是「惡的」？是誰說這是「恰當的」，那是「不恰當的」？是誰說這是「真實的你」，那是「不真實的你」？在每一項都問……為什麼？你使用這些標籤的理由是什麼？看看這樣的思考會告訴你什麼。

◆在筆記本中央做一個「我的每日報告」的區塊，連續三十天的晚上，在這個區塊上記錄你當天對於前述主題（或是你經驗中的類似面向）的各種判斷或評估。連續一個月的時間，每天結束前寫下這個報告。看看自己的改變。

◆利用線上百科查看各主要宗教（以及一些少數宗教）的教義思想。這是一項長期計畫，所以每週做一點。花一小時在這個宗教、一小時在那個宗教，給你自己機會去探索不同宗教與不同信仰的人相信什麼。當你明白這些教義思想之後，問問你自己（並且把你的回答記錄在筆記本裡），哪個宗教或傳統思想符合你的信仰體系。

對你的身心靈來說，最後這項計畫是一個很棒的活動。它給你機會去充分感受「神」這個生命中最重要的主題，找出你認為是「真實」的部分。讓我們一起來做做下面三個宗教的練習，幫助你展開第一步。

基督復臨安息日會

基督復臨安息日會相信聖經的真理，並且教導信徒，唯有透過信奉耶穌基督才能得救。安息日會相信有條件的永生。他們相信人類沒有不朽的靈魂，生命只能夠透過神的力量而永遠延續下去。如果人不信神，就無法存在，因為他否定了神的存在與力量。不過他們認為沒有地獄這樣的地方。人不會受到折磨，只會不存在。

安息日會也相信「思想默示」（thought inspiration）：神啟發聖經作者的思想，接著這些作者就以自己的話語來表達這些思想。

這些觀念與你的信念有多相符？你是否想過這些事情呢？如果想過，你的想法與結論是什麼？把它們寫在你的筆記本裡。如果你對於這個宗教有其他問題，查查百科全書中的基督復臨安息日會，或是任何宗教參考書，或是上網搜尋。

耶和華見證人

耶和華見證人相信神很快就會結束人類現階段的存在。由耶穌基督所建立的一個天堂政府將治理地球，取代現存的人類政府，而所有非見證人將會被摧毀，創造出一個由真正信眾組成的社會。

耶和華見證人以字面意義來詮釋聖經的多數內容，而且他們所有的信念都以聖經為基礎，由治理方（Governing Body）提供詮釋。耶和華見證人相信神是造物主，也是至高的存在。他們相信神的名字是耶和華，是「無限，但可接近的」；祂住在天堂，祂不是無所不在的；人有可能與神建立個人的關係；祂很親切且慈悲，也不會在一個稱為地獄的地方無盡地折磨惡人。祂不會把自己的無上權威強加在人的身上，而只保留給那些想要服事祂的人。

耶和華見證人相信，撒旦最初是個天使，後來變得自大，想要人把他當神般崇拜。撒旦說服亞當與夏娃信服他，而不是信服神。神沒有毀滅撒旦，反而決定要試探其他人類的忠誠度，要看看人類在自由意志下，在受到誘惑與迫害的情況下，是否仍會信服神。耶和華見證人相信，撒旦是神的敵人，也是這個世界的隱形統治者。

他們相信，惡魔一開始是背叛神的天使，並且在爭執時站在撒旦那一邊。

耶和華見證人教導說，神的國是一個在天堂的真實政府，建立於一九一四年，由耶穌基督統治，而且有十四萬四千人上了天堂。神將以這個王國來讓地球成為一個沒有犯罪、疾病、死亡及貧窮的世界，地球最終將轉化成為一個天堂樂園。見證人相信人死後靈魂就不存在，也認為死亡是一種非存在的狀態。他們相信，生命在死後的唯一盼望就是得救，此時神將為同一個人重新造出新的身體。他們相信，十四萬四千人將會得救而進入天堂，成為基督之下的祭司統治者（priestly rulers），其餘「信徒」將會居於次要位置，以肉體生命的形式待在地球上的天堂樂園。

耶和華見證人宣稱他們是唯一真正的宗教，並且認為其他所有的宗教都是受到撒旦的控制。

這些觀念與你的信念有多相符？你是否想過這些事情呢？如果想過，你的想法與結論是什麼？把它們寫在你的筆記本裡。如果你對於這個宗教有其他問題，查查百科全書中的耶和華見證人，或是任何宗教參考書，或是上網搜尋。

✍ 巴哈伊信仰

巴哈伊信仰（Bahá'í Faith）是十九世紀由巴哈歐拉於波斯所創立的，強調全人類的靈性統一。巴哈伊信仰承認歷史中的「神聖使者」（divine messenger，包括摩西、佛陀、耶穌及穆罕默德）建立了適合他們那個時代所需的宗教。

在巴哈伊信仰看來，最晚近的使者是巴孛（Báb）與巴哈歐拉，他們相信巴哈歐拉的生命與教導實現了先前宗教經典的末世應許。

巴哈伊信仰相信，今日的我們在召喚下，要建立全球的和平、正義及統一。

巴哈伊信仰的教義是基於三個核心原則：神的統一、宗教的統一，以及人類的統一。他們相信，神定期透過神聖使者來昭示他的意志，目的是要轉化人類。宗教因此被視為是隨時代不同而循序統一與進步。

在巴哈伊信仰的作品中，人類是一種「理性的靈魂」，所以我們能夠認出神的身分，以及人類與造物主之間的關係。每個人都有責任要透過神的使者而認出神，並確認其教誨。透過承認與順服、為人類服務，並且規律祈禱與靈修，靈魂就會變得更加接近神；信徒們相信神是他們靈性的楷模。

巴哈伊信仰相信當人死後，靈魂就會過渡到下一個世界，並根據它在物質世界的靈性發展及在靈性世界的進展程度，在那裡接受審判。天堂與地獄分別是接近神的靈性狀態以及遠離神的靈性狀態，而非靈魂在死後根據其在世的表現而來的酬賞與懲罰。

守基·阿芬第（Shoghi Effendi）是一九二一至一九五七年巴哈伊信仰的領導人，他寫了以下關於他認為巴哈歐拉教誨的主要原則以及巴哈伊信仰的基礎：

獨立追尋真理，不受迷信或傳統的約束；全人類的合一，巴哈伊信仰的重要原則與根本教義；所有宗教的基本統一；譴責所有形式的偏見，無論是宗教上的、種族的、階級的或國家的；宗教與科學之間必須保持和諧；男女平等，人類羽翼就能夠翱翔。引進義務教育；採行通用的輔助語言；廢止極端的財富與貧窮；處理國與國之間訴訟判決的世界法庭機構；把工作提升到事奉的層級，以服務的精神來執行；宣揚正義作為人類社會的管理原則；宣揚宗教作為保護所有人民與國家的屏障；把建立永久而普世的和平，視為全人類至高的目標——這些是巴哈歐拉所宣告的基本元素。

這些觀念與你的信念有多相符？你是否想過這些事情？如果想過，你的想法與結論是什麼？把它們寫在你的筆記本裡。如果你對於這個宗教有其他問題，查查百科全書中的巴哈伊信仰，或是任何宗教參考書，或是上網搜尋。

比較神學

此處令人覺得有趣的是，把這三個宗教信仰的某些教義和與神對話的核心訊息做個比較。

與神對話是一個宗教嗎？不是。斷然且明確的……不是。它是一個神學嗎？是的。斷然且明確的……是。

定典上對神學的定義是：「對於神的研究與分析，以及對於神的屬性及其和這個宇宙的關係的研究與分析。」

若從比較廣義且更加接近原始用法的角度來看，我們從 www.eHow.com 這個網頁上得知，「神學」一詞可以溯及古法文及拉丁文到希臘文的 *theologos* 這個字，由神（theos; God）和語言（logos; words）兩字組成，意指「對神祇進行論述的人」。

根據這些參考資料，與神對話絕對是一個神學，或是對神的研究。

除此之外，與神對話認為，來自神或有關神的經典並非沒有錯誤或絕對正確的。宗教經書如聖經、薄伽梵歌、古蘭經、奧義書、塔木德經、摩門經、吠陀等等，都只是經書，是人類在靈思泉湧的時刻書寫而成，儘管如此，仍是由人類所寫的。因此，這些經書包含偉大智慧也包含錯誤。最有益的方式是，不要一字不漏地接受這些經書的內容。

與神對話清楚地建議人們，不應當也絕對不要把它的話當成「神的真理」；反之，問問你自己，與神對話對你的價值是什麼，把它當成是人們在生命中找到的其他具有見解及智慧的資料，但是永遠要以人們對這些資料的回應、對自己深層的知曉、自己內在的指引、自己個人的經驗，作為一切靈性事物的唯一終極權威。

就像是懷愛倫（Ellen G. White）的話，瑪麗・貝克・艾迪（Mary Baker Eddy）的作品，查爾斯和麥蒂爾・費爾摩（Charles and Myrtle Fillmore）的見解，荷姆斯（Ernest Holmes）的思想，威廉・米勒（William Miller）或查爾斯・泰茲・羅素（Charles Taze

Russell）或小約瑟夫・史密斯或巴哈歐拉或其他任何人類信使的宣言，我們應當把與神對話的訊息，看成是具有類似經歷的人所分享的言語，他們在神的啟發下，帶來並闡明靈性的智慧與見解，這些訊息並非來自他們自己，而是他們在盡可能純粹地記錄與傳遞的情況下，經由他們不完美的人類濾網所接收而來的。

然而，與上列其他人不同的是，我不希望也不想要、不期待也不要求、不建議也不推薦，以這些透過我而出現的訊息來創立一個宗教。我只希望，這些訊息被深入檢驗與探討，受到同樣公平的考量及認真的思考。最後，如果人們認為與神對話的訊息在他們生活中是行得通且有益的，這些訊息就會被接收，並且有效地應用到日常生活中。作為形塑一個更美好、更喜悅、更和平、更榮耀的團體經驗的工具來說，它也會相當有益——這些全都是靈魂永恆旅程的一部分，以及神的無止盡表達。

10 與神對話核心訊息二十一

談論靈魂的旅程是一件非常好的事，可是大部分人類關心的是生命的旅程。理當如此。我們在地球上的生命目的並不是要忽略我們在地球的生活，而是要充分地享受從出生到死亡的這段旅程，讓它充滿歡樂，充滿奇妙且有創造力的表現，以及達成自我實現的目標，沒有痛苦，也不造成他人的痛苦。我相信如果這是我們關注的重點，我們都會得到最好的對待。

《比神更快樂》（*Happier Than God*）一書以這個令人驚奇的觀察展開……

人生注定要快樂。

你相信嗎？

這是真的。我知道當你環顧四周時，情況似乎不然，可是這是真的。人生注定要快樂。你注定要快樂。如果你是快樂的，你就注定會更快樂。即使你非常快樂了，你甚至可以更快樂。

多快樂呢？你可以多快樂？好吧……你可以**比神更快樂**。

我曾經聽過一位女士這樣形容一位非常富有的男士。她說：「他得到的錢比神還多！」我就是要那樣說。我就是要用這個終極的最高級形式……

碰巧，有一個**公式**可以讓你比神更快樂。所有神話都知道這個公式，多數的神秘智慧導師也知道，一些當代的靈修使者也知道，但是過去幾個世紀以來，它已經變成某種「神祕公式」……因為很少有人談論。非常少。

為什麼呢？很簡單。靈修導師與使者們談話的對象中，少有人相信所謂的「神祕公式」能夠產生的結果。而且當你談論無人相信的事情時，你會變得非常不受歡迎。

所以即使在今日，在一個應該是知識與靈性啟蒙的時代，並沒有許多導師及靈性使者透露這個公式，即便他們都知道。或者就算他們談論這個公式，也只是談一半。他們大部分人都保留了另一半，不透露這個公式當中最驚人的部分。所以我們在這裡要講的就是這個驚人的真相，而你對它並不了解。

那本書裡繼續以相當仔細的方式描述了面對人生的一種態度，它真的保證你會快樂，無論你目前的處境如何。我把那本書當成電影《祕密》（*The Secret*）所傳達的訊息的一個擴展，這部電影告訴我們，正面的想法對我們的生活有相當大的影響，在諾曼·文森特·皮爾（Norman Vincent Peale）博士的《正面思考的力量》（*The Power of Positive Thinking*）中說了更多。然而，《祕密》幾乎忽略了在個人創造過程中，神所扮演的角色。《比神更快樂》一書填補了這個巨大的空隙，顯著地改變了「祕密」。

我找不到把神排除在生命過程之外的好處，因為神就是生命，生命就是神。神和生命這兩個詞是可以互換的。在沒有神的情況下度過我的人生，就像是想要呼吸卻不用肺，或是想要看卻不把眼睛張開，或是想要思考卻不讓心智參與。沒有神的參與，我怎麼能活？

當然，我不能。這是不可能的。然而，要**想像**我正在這樣做，並非不可能。而這就是許多人今日所做的事。他們想像他們在過**沒有神的人生**。

意外的是，那樣的想法並沒有錯。我是說，它並不是一種道德墮落的行為；它也不是一種對至高無上的冒犯（要「冒犯」神是不可能的事）。它有點像是打算開一輛車，卻沒有發動引擎。

確實，你現在是可以那樣做……只要你是沿著下坡滑行。但是有時候人生是一條上坡路，而且就在那個時候你可能會發現，運用這個力量會使得你的旅程輕鬆許多。

當然，你**一直**「在使用這個力量」，因為人生就是「這個力量」，但是有意識地這麼做則大不相同。無意識地這麼做，就像是在黑暗中帶著一只手電筒，卻只是把它放在口袋裡，因為你忘了（或者不知道）它就在口袋裡。

關於神的力量，訣竅就在於**覺知它在那裡**。這一點就把我們帶到……

覺知有三個層次：希望、信心、知曉。靈性掌握就是從第三個層次來生活。

與神對話不只是提出一個新的神學，為人類提供一個新的靈性範本，它也提供了實用的工具給所有人，讓我們用它來重新打造我們的生活——這一次是用我們一直想要的方式。與神對話系列九本書提供的是一張名符其實的地圖，幫助我們穿越人間際遇有時變化莫測的地帶。

總之，清楚明瞭神說了什麼能夠幫助我們改變日復一日的經驗，甚且讓我們採取行動掌握生活。那就是為何我花時間仔細搜尋三千多頁與神對話的內容，從這九本書中萃取出最重要的二十五個核心訊息。那些訊息告訴我們如何在靈魂旅程中到達我們想去的地方。那些訊息也告訴我們這趟旅程為何重要——以及如何不要在旅途上跌倒了。

大部分人所尋求的是達到覺知（Awareness）的境界，所以現在讓我們來看一看。

有些導師談的是「擴展」（expanding）你的覺知。但你做不到的。從最嚴格的角度來說，你的覺知是不可能「成長」（growth）的。明尼亞波利斯（Minneapolis）不會因為你到那裡去而變得更大，覺知也不會只因為你觸及它而擴展。

你的覺知正如它所是；它不會「成長」得越來越大。因為你的覺知位在你的靈魂之內，而你的靈魂不會變大，或者以某種角度來說，它不會變得比過去或現在「更多」。擴展的是你的**心智**。為了更容易了解，我們可以說覺知是位在靈魂裡，而注意力（Attention）則位在心智。

因此，我們或許可以說，此刻在你生命中正在發生的事，是你更加注意到你的覺知。但有所「覺察」（aware）是一回事，注意你的靈魂覺察到什麼（而不是忽略它，大部分人多數時候都是如此）又是另一回事。

這兩種情況的混合可能被稱為意識。當你的心智專注於你的靈魂，你的心智與靈魂承載了相同的資料，抱持相同的觀念，持有相同的看法，你就可以說是具有充分意識的。

實質而言，當靈魂的覺知成為心智的專注對象時，你的意識就在擴展。

這條路途上有三個停靠站，你的心智可能經由這條路而經驗到一種更高的覺知狀態，而與神對話對此一一做了討論。

希望的境界

希望是一個人致力於達到覺知時所抵達的第一個地方。我聽過「希望」被人們開心地描述為在一條狗的雙眼與尾巴之間流動的能量。希望是一種美妙的能量，而我也期盼你絕對不要放棄希望，因為它產生、啟動、支持各種正面的行動、選擇與決定，而且沿途創造熱情與刺激。

無論如何，希望只是到達覺知之路的第一站。為什麼希望不是最後一站呢？因為我們在希望之地似乎承認有一種高度的可能性：某件事可能發生，或可能不會發生。如果我們**肯定**它即將要發生，我們就無須希望它會發生了。如果我們**肯定**某件事就是如此，我們就無須希望它會如此了。

所以，希望是承認某一種特定情況、處境或環境可能會也可能不會發生。一個有所希望的人，就是一個想知道他或她所盼望的事情是否會發生的人。並不是感覺有把握，而是感覺充滿希望，一種樂觀的感覺，因為它可能會發生。那是好事。那表示他並不是對自己說：「沒有機會。」然而，希望在個人創造的過程中是最弱的能量。

這並不表示希望是一種無效或無用的能量，只是在我們走向覺知以及覺知所帶來的靈性掌握的路上，神給了我們其他更強的能量去運作。

覺知的能量最終產生了一個人生命中的內在經驗及外在顯現。因為覺知讓我們明白**結果已經發生**；它**已是如此**，它只是等待我們去覺察它。（稍後對此有更多討論。）

因此，希望讓我們抵達覺知狀態的邊界。它並不是完全處在那個神聖狀態內，但是比遠離神聖狀態好得多。

信心的境界

信心是覺知之路的第二站。當一個人來到信心的境界時，會更加接近那個神聖狀態。

信心並不是去猜想某件事是否將要發生，也不是認為它可能會發生，而是確切**感覺**它將要發生。這是從希望而來的一種大躍進。它是一種較高的能量，力量也更為強大。

如果我們把能量想成是一塊磁鐵，一個為我們招來某種結果和經驗的工具，那麼與希望相比，信心的力量要大上十倍。它從脈絡場（Contextual Field）把結果強烈地吸引過來，所有結果都存在於那個場域——我的友人狄巴克．喬布拉（Deepak Chopra）稱它為「無限可能的場域」（the field of infinite possibilities）。（稍後也會對此有更多討論。）

信心位於覺知的狀態內，但不在它的中心。不過我們已經跨過了懷疑的邊界，這是非常好的事。我們已經走了一段長路，而且我們早就離開了對結果感到懷疑、推測或推論的地方。我們有信心某些結果一定會到來，我們相信它們會來，我們確信它們會來，我們有信心它們會來，而這就產生了一種對於結果的**高度樂觀**。

儘管如此，信心是一種宣告，因為仍然有可能某個特定的結果不會實現。重要的是明白「信賴」（trust，信心的不同名稱）不必然是在確實（certainty）的空間裡。

「信心」的定義是「完全信賴」某人或某事，而「信賴」的定義是對某人或某事有「堅定的信念」。然而，一個「信念」仍是一個信念，並非絕對覺知（Absolute Awareness）。相信某件事是一回事，知曉它又是另一回事。

一個人不必「信賴」或「相信」某個特定事件的結果將變「好」。他應該要很確定，「相信」不是這個公式的一部分，而「信念」在很久以前就被拋下，他們知曉無論結果是什麼，都是個人演化中完美的下一步。

知曉的境界

覺知之路的最後一站，是一個最有力的地方。它是絕對知曉的境界。這裡找得到平安。這裡找得到溫柔的喜悅。這裡找得到一種深層的把握，孕育出徹底的寧靜與神聖的平靜。

這並不是關於「感覺確定」（feeling sure），而是「肯定」（being positive）。兩者有所不同。

新入門者有希望，學生有信心，上師有知曉。上師所知道的是，生命中發生的任何結果，對當事人來說都是最高及最好的。在上師的世界，不會有其他結果。因此，上師並不希望特別的結果，對於某一個結果的顯現也不會有信心。上師確實知道所有結果都是完美的——正如其所是；正如它們的出現；確如它們呈現自己的方式。

上師知道這一點，他們明白所有在物質界的結果都是共同創造出來的，是在共同合作下顯現的，是聯合產生出來的，以便服務每個靈魂在每個處境、每個時刻、每個地方、「所有存在的時間／地點」（借用羅伯特・海萊恩〔Robert Heinlein〕的絕妙名句）要做的事。

達到覺知

在覺知之路上的追尋者，現在可能會問說：「好的，我明白。但我有些問題：我要如何到達這三個境界？我是否可以跳過其中一個或兩個境界，還是我一定得一步步經歷它們？」

對於第一個問題，回答是：要到達這三個境界，你必須找一張有用的地圖。我說過，與神對話提供的就是這個地圖。它是一本使用說明書。（或者是一系列的使用說明書，共九本。）它是給不斷追根究柢的心靈的一本指南。它為內心提供一個藍圖、一個模式、一個試金石、一個樣板。一條到那裡的路。

然而，那不是唯一到達覺知的路。它反覆說得很清楚——正如我們在這裡做的一樣。但它是一條單行道，而且對全球各地的大眾而言，它一直是一條非常有效的路。

而且，沒錯，一個人能夠直接走到知曉。不一定要停在希望與信心兩站，不一定要一步步踏上每個階梯才能到達頂端。但是有時候按部就班會容易一些。如果你還沒有處在絕對覺知的位置，沒關係——或者如果你發現自己已經在那裡了，接著又發現你不在那裡，接著又在那裡，然後又不在那裡，也沒關係。

在我自己的人生裡，我在全知（Total Knowing）的境界進進出出，而且到目前為止，我還無法讓自己能夠在那個境界裡停留一段長時間（比我的餘生還要短上很多）。但是有些人做到了。不只古代上師們、聖人們、賢人們如此，此刻還活在這個星球上的人也做到了。我認識的某些人就做到了。所以我可以向你保證，達到這個境界是可能的。

我正在努力去到那裡，並且打算永久停留在那裡。如果你想要和我一起努力，我邀請你加入與神對話的社群。感謝今日的美妙科技，全世界各地的人們如今都能互相連繫，彼此分享、互相鼓勵、互相支持、互相提醒，並且在靈魂的旅程上同行。這個全球社群由一群可愛的人們所組成，他們發現了與神對話是通往覺知的一條美好道路。加入這個社群會讓你得到支持，只要登入 www.CWGConnect.com。

把這個訊息應用到日常生活中 CWG CORE MESSAGE 21

我把希望、信心、知曉三個境界視為生命的工具，或者說是抵達覺知的跳板，它們全都具有強大的力量。希望很有力量，信心更有力量，而知曉的力量則是最強大的。在日復一日的生活中，我建議幾個使用這些工具的方法。

◆在日常生活中，開始觀察你自己在各種情境與環境中所使用的語言。你不必（也不建議）為了確定自己「說話得當」（「靈性正確」是「政治正確」的親戚，兩者有時都會是這塊土地上的禍害）而留意說出口的每一句話，但是知道言語確實承載著能量（它們的確是由能量組成）

還是有所助益的。一再被重述的話語會形成一種思想，對人的思維造成長期的影響，從而影響個人的創造過程。

◆把「我希望」一詞改為「我感到很確定」或「我有信心」。當你慢慢地把「我希望」從你的字典中消除後，再把「我確定」或「我有信心」換成「我知道」。

◆在從事個人創造的過程時（有別於只是在講話或是和朋友聊天），試著有意地喚起「我知道」的能量，讓自己越來越不要求特定的結果，同時越來越放鬆地面對無論會發生什麼結果的想法。讓「我知道一切都將變得美好」取代「我希望」或「我確定」這個或那個結果將會出現。如果你想知道更多個人的創造過程，看看《比神更快樂》這本書。

◆當你說話（甚或思考）的時候，加入情感（feeling）——尤其若你正在運用語言與思想，刻意要經歷某件事時。與神對話說：「情感是靈魂的語言。」若你想要經歷到什麼，運用情感的語言和宇宙溝通。如果真的有某個特定而明確的結果是你深切渴望在你生命中出現的，使用情感的語言。在腦海中想像一個特定結果，然後讓你自己確切地感受一下，**如果你在想像的事正在發生，你會有何感受**。我發現這個思想／觀想／情感的黃金三角是最強大的結合，從無限可能的脈絡場中喚起、吸引明確的結果與經驗。

◆從事個人的創造過程時，請放下期待或要求。一旦你設定了目的並說出你的想望，就拋開有關這件事只能以某個方式發生的念頭。說：「謝謝你，神，因為這件事或某個更好的事。」而且要當真！

◆接下來三十天內，每天至少做一次覺知練習。練習的時間點各有不同。比如，星期一早上十點，星期二中午，星期三下午三點，星期四傍晚六點，星期五晚上。在手機上設定時程表，當鬧鈴響起，停下你手邊的工作，拿起一份覺知清單。問問自己：「此時此刻，我覺察到什麼？我在一兩個鐘頭前覺察到什麼？如果我在當時沒有任何特定的覺察，現在當我回顧那個時候，我有覺察到什麼嗎？」停下來，深呼吸。環顧四周。看看在這個當下，當你注視著每一件你注意到的東西時，你看見了什麼。傾聽你所聽見的。感受你在此刻所感受到的。知道你的所知——知道你知道。

覺知是可以培養的。讓你自己進入覺知狀態，接著離開那個狀態，進入一個你覺察出你的覺察的地方。

這就像是看到你自己在鏡中的影像，一個鏡像，再一個鏡像。我們所有人都有過那個經驗。你可以用你的心智來做這個練習。讓你自己召喚你自己，邀請你自己去覺察出你所覺察的，並且覺察你覺察出你所覺察的。

這是擴展意識的重要工具。請記得，覺知是無法被擴展的，而意識可以。讓自己盡可能在多數時候都保持完全有意識的。日常事務、待辦清單、一時的娛樂、生活壓力及各種需求，都會引人注意與分神。沒有關係。只要留意。不久你就會學到如何運用這些事件、壓力與需求，引導你進入而非遠離你內在的覺知，並且充分感受到你的高等意識（Higher

Consciousness）。

◆請讀讀《高等意識手冊》（*A Handbook To Higher Consciousness*）這本書，作者是小肯恩・凱耶斯（Ken Keyes Jr.），他在多年前曾慶祝過他的交割期限日（Continuation Day），他為我們所有人留下一份無價的禮物。這本書改變了我的人生方向。我認為它會成為你生命中最重要的一本書。

11 與神對話核心訊息二十

從孩提時代到年過五十的這段期間，我試著要搞清楚人生是如何運作的。那是用超過半個世紀的時間在想同一個問題。我以隨性又專注、簡單又複雜的方式來想這個問題。你可能以為所有這一切努力會為我帶來某些智慧，或者某些洞見，可是沒有，我沒有經歷到那些智慧。到了五十歲的時候，我覺得自己對人生的體會和十五歲的時候差不多。

我不是誇大其詞。

我沒有關於神的經驗，我感覺我不懂愛，我不明白關係是怎麼回事，人生的奧祕依然還是奧祕。我不知道我為何在這裡，也不知道這一切究竟是什麼意思。我只知道我在這裡，在這個我們稱為塵世生活中付出，並且盡力而為。

當然一定有某種**理由**，或至少有某種**方法**來應付這種瘋狂（如我母親曾經說的）。但就算有的話，我也一無所知，絲毫沒有概念。所以，我每天早上起床後，就算不是為了我的生活，我也會努力讓自己去追求當天、當週或當月的某種目標、希望或欲望，某種活動、經驗或計畫，某種目的、功能或方向。

如果這些你都不熟悉的話，你就是個幸運兒。你已經知道你是誰、你為什麼是、你是什麼、你要往何處去、你為何往那裡去，以及到那裡去的路。

這些都不是小問題，而如果你已經有了滿意的答案，那很好，神保佑你。我快六十歲的時候，還找不到任何答案。

接著，突然間，我有了一切的答案。

你可以想像我有多吃驚。我能相信我收到的這個答案嗎？它在日常生活中是否實用或可以應用呢？它究竟有沒有實際的價值呢？

對於這三個問題，答案都是肯定的。顯然，是的！但是我首先必須真正「了解」且擁抱和運用我從與神對話中聽到的內容，否則拼圖就無法歸位，人生的所有奧祕也無法解開。

這絕對是我人生中聽過最重要的事情。它是我看過關於生命最重要的資料。它敲開——終於敲開了——這道門。它並未回答我所有的問題，但是它解決了我的難題。它讓人生變得容易許多。我在這裡要談的是……

——CWG CORE MESSAGE 20

生命是在一種「是—做—有」（Be-Do-Have）的模式中運作。但大多數人都反其道而行，他們認為要「做」什麼必須先「有」什麼，然後他們才能「是」他

們想要成為的人。把這個過程顛倒過來，才是掌握人生的最快方式。

當我說大多數人把這個公式顛倒過來時，我可不是在開玩笑。我自己的人生前五十三年就是這樣過的。

《與神對話》第一冊及第三冊，讓我看清楚這一點。第三冊提醒了我，多數人相信人生是沿著「有——做——是」的路線運行。

人們相信，如果他們「有」一件東西（更多的時間、金錢、愛等等），他們就能夠「做」一件事（寫本書、從事一項嗜好、渡假、買房子、開始一段關係），然後他們就會「是」一個快樂的、平和的、滿足的或戀愛中的人。

事實上，他們把「是——做——有」的順序給顛倒了。我以前也是如此。過去我聽說人生就是那樣。

把事物按正確順序排好

在宇宙的真相裡（和我們所認為的樣子相反），「擁有的狀態」（havingness）並不產生「存在的狀態」（beingness），剛好相反。首先你必須「是」快樂的（或溫和的、滿足的、戀愛中的）人，然後你從這個存在的狀態中去「做」，很快你就會發現，你正在做的事帶給你一直想擁「有」的事物。

因此這個公式是「是——做——有」，而非「有——做——是」。要啟動這個創造的過程（個人的創造過程），你要知道你想要「有」什麼東西，問問你自己，如果你「有」了它，你認為你會「是」什麼，然後馬上就讓它存在（being）。從那裡開始，而不是努力要去那裡。

這樣一來，你就翻轉了「有——做——是」的模式，事實上是校正它，而且你是和宇宙的創造力量一起運作，而不是抗拒它。

簡單來說，這個原則就是：你的人生行不行得通，和你的存在狀態以及你如何存在有關。

《與神對話》第三冊舉了一個例子讓我們理解這個道理。有一個人認為，要是他的時間能夠再多一點、金錢再多一點、愛也再多一點，他才會真正快樂。他認為他目前「不太快樂」的狀態，是因為他沒有擁有他想要的時間、金錢、愛情。

現在，想像有一個人，她在每一刻都「是」快樂的。我們看到她似乎有時間去做一切真正重要的事，她擁有所需的金錢，以及足夠的愛去度過一生，這不是很有意思嗎？她發現她擁有一切讓她「是快樂的」的東西……就從「快樂的狀態」開始吧！

你所想要的，你已經擁有

你**決定**了你選擇什麼樣的狀態，然後那個狀態往往就會出現在**你的經驗中**。如莎士比亞所說：「存在，還是不存在。這是個問題。」幸福是一種心態（a state of mind）。而就像所有的心態一樣，它以物質形式複製它自己。

這裡也是一樣，《與神對話》第三冊裡有一句話，適合寫下來貼在冰箱門上：「所有的心態會複製它們自己。」

你可能會問，如果你缺乏你認為要變成「是」那樣的人所需要的東西，你怎麼能「是」快樂的，或者你怎麼能是你努力要成為的那種人，例如更多財富或是更多愛？

答案就是，要表現出彷彿你已經是那樣的人，因為你確實就是，**只是你不知道**。這就是「神祕公式」最重要的部分。你已經擁有幸福，你已經心滿意足，你已經擁有愛，你已經擁有財富、平安、喜悅、智慧，神性的所有其他面向，全都儲存在你之內。那就是你。這些事物就是你。你不必到別的地方尋找；你只要把它們從你的大我（Self）中取出。你只是必須是**真正的你**。

這就是所謂從你一直希望自己「最終能夠到達」的地方「開始」。這是一種知曉的狀態，你就是這些事物的源頭，不是探索者。這是關於覺知。

這並非試著用一種所謂的「弄假直到成真」的方式來欺騙自己。當你確實「身在」某個狀態時，你真的「假裝」不了。你的行動一定要出於真誠。**你的所作所為都要發自真誠，否則就喪失了行動的益處**。自然律要求身心靈在思想、語言及行為上都要合一與和諧，個人的創造過程才得以運作。

由衷體會真誠

如果你不是由衷地感到快樂，你如何能夠「是」快樂的？如果你不是由衷地感到富足，你如何能夠「是」富足的？如果你不是由衷地感到被愛，你如何能夠「是」被愛的？

你必須**由衷體會你就是如此**。你必須體會你就是所有這些你並不由衷感受到的狀態。而讓你體會到自己還感受不到的那種狀態的最快方式，就是**讓另一個人因為你而體會到那個狀態**。

這是一個大祕密。它可能是人生最大的祕密。讓另一個人體會到你希望體會到的狀態，會讓你覺察到你就是那個經驗的源頭，而不是探索者。這一點會轉變你的人生模式：你不是試著找出你想要的，而是想辦法把你想要的送出去。

然而，你如何能夠把你還沒有的東西送出去呢？

透過知道你**真的**擁有它。

你如何能夠知道呢？

啊，循環邏輯：透過把它送出去！

因此，如果你選擇快樂，就讓另一個人快樂。如果你選擇富足，就讓另一個人富足。如果你選擇被愛，就讓另一個人覺得被愛。

就是如此簡單。就是如此有力量。

由衷地去做，不是因為你想要尋求個人的收穫，而是因為你真的想要另一個人擁有一個特別的經驗，而所有你送出去的東西，都將被你所經驗。

最後再問一次：怎麼做？為什麼這麼做？因為把某個東西送出去的行動讓你體會到，擁有是為了要付出。這個原理在與神對話系列中以四個字來表達：成為源頭。

哪一個先出現？

既然你不能把你現在沒有的東西送給另一個人，當你是另一個人生活中你所想要的一切的源頭時，你的心就會得出一個新的結論，一個新的想法，那就是：你一定要擁有這個，否則你無法付出。

可是，你可能會說，如果你能夠成為另一個人生活中某件事物的源頭，你為何不能讓它在你自己的生活中出現呢？

你可以的，我這就要告訴你這個過程。

你可能會說，我為何必須先為另一個人付出？我為何不能先為我自己付出？

答案與人類的心理有關，還有我們被灌輸的關於我們自己的故事。簡言之，我們一直被灌輸的想法是，我們是不值得的。因此我們很難讓自己為自己付出。另一方面，我們很容易看見並承認，別人是值得的，無論我們能夠提供他們何種幫助，他們都是應得的。於是，訣竅就是，經常並且有意地為他人付出。

可是你不能把付出當成一個手段或方法，好讓你自己得到相同的事物，或是獲得你所缺乏的某樣東西，因為隱藏在這個過程背後的重要動機會創造出一個支持的念頭，持續產生你的實相。

當你為他人付出時，你必須從一個知曉的境界去做，你必須知道你已經擁有你付出的事物。如果你做不到，那麼就不要去想。別分析或計算。當你發現有人需要你所想要的東西，就送給他們。出乎你的意料，拿出你的皮夾，就把那二十美元送出去。下個月你就會明白，這對你一點都無傷。事實上，那讓你感覺很棒。而且更棒的是，一個星期之後你得到了一筆業務獎金，或是退稅支票，或是一筆意外的遺產。

然後你就會想：哪一個先出現，雞還是蛋？

一切都是關於心智的鍛鍊

你可以鍛鍊你的心智，正如你滋養你的頭髮。當你再三地向心智展現一個關於你的新思想，它就會成為你的經驗。你變得越來越是那個狀態。而一旦你開始「是」一個狀態，你就啟動了這個宇宙間最強大的創造機器——你的覺知。藉著**展現**真實是什麼（儘管表面相反），你**知道**真正的是什麼，以及真正的你究竟是什麼。

當你思索這一切，就會發現這個過程簡單明瞭。你非常清楚，當你讓某人快樂時，沒有什麼比這令人更快樂了。你的人生教導你，唯有當你與他人分享的時候，才會經歷到最大的富足。而且你非常明白，最深刻的愛及最受到祝福的愛，就是當另一個人因為你而感受到被愛。

這個世界所有偉大宗教的使者都以各自的方式教導過這個道理。我最熟悉的訊息是：「你們願意人怎樣待你們，你們也要怎樣待人。」

這並非只是一句格言或箴言，而是一句關於人生如何運作的明確指導。這不是關於道德，而是關於技巧。

當你懂得這個道理，你就準備好要掌握人生了。

把這個訊息應用到日常生活中 CWG CORE MESSAGE 20

我還沒有找到比這個「是——做——有」的典範更強大、更實用、更容易使用的靈修與快樂生活的工具。

它是一個靈修工具，因為它召喚出住在我們每個人內心的靈性覺知，讓我們清楚明白自己的靈性身分。生命中沒有什麼比經歷到從你身上流出的神性更加靈性的事了。

它是一個實用工具，因為它「實地」運作在生活中，而且是立即運作。不是一星期或兩星期或一個月，而是在使用的當下。

這裡有一些建議，讓你可以在自己的日常生活中運用這個公式：

◆對於你知道一定會在你生活中重複發生的每一件事，事先選擇你想要如何自處。例如：如果你是一個常旅行的人，你一定知道終究會遇上班機延誤的情況。如果你的配偶有遲到的習慣，你一定知道他會在某一次你真的需要他的時候又遲到了。在那些情況中，你決定要怎麼做？

◆如果你的生活中發生了意想不到的事，停下來問問你自己：「在這件事情上，我希望『是』怎樣的情況？然後，走進那樣的存在狀態。這是一個創造的過程，不是一個反應的過程。請記得，人生是一個創造的過程，不是一個反應的過程。你受到人生的邀請，在每個當下要做的就是去重新創造你自己，用你對你是誰最偉大的意象最恢弘的版本。所以，如果你發現自己處在一個充滿壓力的處境，像是一場車禍、把自家的鑰匙給弄掉了、一個朋友做了你料想不到的事而讓你失望，你可以把這個處境視為一個機會，問問你自己，你希望與那個處境有關的時刻「是」怎麼樣的，然後走進那個狀態。

◆列出此刻生活中你希望再多一點的五樣東西。可以是物質，也可以是經驗。然後留意似乎比你還缺乏這些東西的人。把這些東西送給它們。立刻就做，不要思考或算計或分析。只要把它送出去。看著他們面露笑容，體會一下擁有是為了給予的感受有多麼棒。讓那個感受充實你的大我感（sense of Self）。

現在你可能會說：「好吧，我明白這個方式或許可以運用在富足或愛上面，但是它要如何運用在物質方面，像是一個更好的住處？如果我真正想要的是一個更好的房子，那我如何透過給別人一個更好的房子來顯現我想要的呢？」

我記得多年前在我教授實用形上學的課程中，有一位女士就提出這個問題。我們暫且稱她為蘇。

蘇和她丈夫多年來一直住在一間小公寓裡，兩人拚命工作存錢，希望有一天能夠買下夢寐以求的房子。

「你的論點對我怎麼可能行得通呢？」她說得很不客氣。我知道她是在充滿挫折感下才說出這些話。

「妳願意讓它行得通嗎？」我問：「妳願意讓這個理論運作嗎？」

「瞧，」她說：「我不可能成為另一個人的源頭，給他一個更好的房子。我們甚至都無法為自己做到了。你的這個『過程』是行不通的。」

「妳願意讓它行得通嗎？」我再問。

她直直盯著我的眼睛。

「好吧，」她說：「我願意。但是在這樣的事情上是行不通的。」

「妳說了算，」我說。

「你是什麼意思？」她問。

「意思就是，妳怎麼說，它就會怎麼待妳。」

「沒錯。但那不過是老生常談罷了。」

「親愛的，我知道妳對自己的人生感到挫折。我懂。可是這個宇宙不能給妳妳說它不能給的東西。這就是法則。這就是……他們在電視節目上是怎麼說的？……這就是最高指導原則。所以如果妳說這個過程行不通，妳猜怎麼著？它就行不通。妳在路上設了許多障礙。妳的能量不是創造障礙，就是創造機會。看妳怎麼選擇。」

蘇沉默了一下，然後說：「好吧，你說的對。我先生也說我是悲觀的人。所以我要丟掉這個想法。」

「太棒了。現在，妳願意讓我一直在說的這個過程運作嗎？」

「是的，我真的願意。我真的希望它運作。」

「妳覺得它能嗎？」

「往好處想的話，我覺得可以。」

「很好。祕訣就是，別問怎麼做。只要進入願意的狀態。」

「好。我明白了。」

一星期之後……

現在，準備好了嗎？蘇來到下一堂課時滿臉興奮。她迫不及待要和團體分享。

「那是星期四的晚上，」她開始講起：「我正在看報紙，看到一個計畫在徵求週末志工，他們要在三天內讓因為房屋被燒毀的一家人搬進一間新房子！一個叫做仁人家園（Habitat for Humanity）的團體在做這件事。他們正在召募志工。他們歡迎任何人加入。

「你去到一個工地，他們會告訴你要做什麼事。只要你能用鎚子，或是搬木頭，或是擦亮一個剛裝好的水龍頭，你就幫得上忙。我心想：『天啊，這不就是把我所想要的東西送給其他人，也就是一個更好的房子！』所以我先生和我在週六就去幫忙了。

「來了有一百個人吧。我們在三天之內就把一間房子蓋好。然後他們拿著夾板走過來，上頭有一張單子，他們問我們是否願意每個月做點小額捐獻，幫助仁人家園的類似計畫。我們表示沒問題。於是我們就找到一個方式，成為他人的源頭。」

大家對於這樣的巧合都感到驚奇，但是蘇的故事還沒講完。

「等等！還有呢，」她大聲說：「星期一晚上，我們接到我舅舅打來的電話。他說他升職了，一個高階經理的位置突然出缺，但這個工作需要外派，不過機會不容錯過，所以他和家人決定一起搬過去，他們正在想要怎麼處理那棟有四個房間的屋子。

「他問我們願不願意在他把一切都處理妥當的這段期間替他『照顧房子』，或者更好的是，我們有沒有興趣承租他的房子。我跟他說，我們負擔不起承租那樣一棟房子，何況還要支付我們原本的貸款！

「他說：『要是你們先租再買呢？如果你們喜歡這棟房子且想要買下來的話，我會給你們一個好價錢，每一分租金都會算進買價裡。再說，我會處理好過戶的事。你們就不用向銀行辦貸款了。你們是我的家人，而且我知道你們是適合的人選。此外，我們寧願把房子交給我們認識而且也愛的人，而不是交給陌生人。』」

蘇說這句話的時候興奮不已：「我們下個月就要搬進去了！」

課堂上所有人都為她歡呼。

天使也在歌唱。

而神呢？

嗯……神只是笑得很開心。

12 與神對話核心訊息十九

對我而言，每個人的生命都是一個持續開展的奧祕。一直以來，真正的上師們都是活在一種持續的平靜與和諧的狀態（無論過去或現在發生了什麼事）。所以我們知道，要到達此種個人與靈性的發展層次是有可能的。然而，「立刻」達成的人很少。

對我們大多數人來說，生命是一層層地顯露它自身。我個人的經驗顯然就是如此。甚至我與神的對話就進行了好多年時間。

我看到這個世界依然充滿求道者。儘管所有的智慧都在那裡，儘管百科全書裡的資料完備，儘管世界各宗教的經卷裡有一切靈性訊息，儘管這個世界的各種哲學提供我們所有深層見解——儘管如此，我們對於人生的許多事依然一無所知。所以我們尋找路標。我們尋找智慧。對於如何經歷所有一切，對於如何過下去，對於如何出人頭地，我們尋求各種建議。並且，如果我們幸運的話，就會擁有一份與神的（個人）關係。

如果我們幸運的話，就能連結上這個存在於宇宙間的智慧源頭（Source of Wisdom）。如果我們非常幸運的話，就能夠與這個源頭互動，把它當成朋友般對待，把它當成一種資源來運用。

我很幸運能夠這樣做，我得到了靈性地圖與許多指引，一路上幫助我，在我邁入第七個十年時，對於自己以及整個人生經驗感到前所未有的自在。

我有機會觀察與記憶許多很棒的事情，我也有勇氣去整理自己過去十五年來的這些體會，並創造出一種全人的方式來經營我的生活。

整理「破碎的自我」

過去數十年來，我們聽過許多有關「全人生活」（holistic living）的訊息。二十五年前，我曾擔任聖地牙哥市《全人生活周刊》（*Holistic Living News*）的總編輯。字典定義「全人」的特徵是：事物的各部分緊密相連，並且只能夠透過參照整體才得以理解。

什麼意思？

那個定義不曉得是誰寫的。如果要我來界定這個詞，我會簡單的說它是：「處理各種事物的一套完整體系。」

在我看來，全人生活是指，我是誰這個整體是透過我和每個人以及其他一切事物互動時所表達與經驗到的，而不是用部分的我和部分的某人或某物進行互動——後者是我和大部分人在大部分時候的生活寫照。

我們許多人都曾在短暫的某一刻有過一種**合一的感受**，無論是和另一個人，或是和每一個有關的人，甚至是和每個他物。

如果你曾經有過一兩次這種時刻，你可能會記得那是一種瞬間的純粹的極樂經驗。這個合一的經驗往往令人驚訝。心智不曉得它究竟是什麼造成的，或跟著這個經驗要往哪裡去。（這就是為什麼心智會盡快把我們推回到分離的狀態。你必須明白，當我們經驗到合一的感受時，我們的自我會認為我們的存在受到了威脅。）

我一直想要知道的是，如何以全人的方式來生活。這是所有生命要經歷合一的第一步。過去我所經驗到的自己，在某個意義上，是「破碎的」存在狀態。一部分的我往一個方向走，另一部分的我往另一個方向去，而第三個部分的我則想要同時走兩條路！我在自己的人生中多次感受到「被撕裂」。

正是這樣的破碎感受，讓我過去幾乎都過著一種不平坦、不輕鬆，也毫不平靜的生活的。並不是說我的生活特別糟糕，但是我顯然遭遇到很多的挑戰、很多的失望，以及很多不必要的極度不快樂。並且，我必須很遺憾地說，很多時候我對他人造成的極度不快樂是超乎我想像的。

然而，我先前提過，人生注定要快樂，而且多數時候真的也沒有理由不快樂。人生沒有理由要變成一種持續不快樂的體驗。可是當我們以一種破碎的方式來生活，為兩個上司工作、處理三個問題、有四種不同的想法、想要成為別人認為我們應當成為的人時，人生確實就會變得充滿壓力與不快樂。

所以生命邀請我們去「重組」（unfracture）我們自己，讓我們自己再度變得完整。

極棒的指導方針

我們以一個完整與完美的存在狀態進入這個肉身體驗，但是我們卻讓生命把我們給弄散了，在某些情況下甚至把我們給撕裂了。

現在是回到那個原始完整（Original Wholeness）狀態的時候了，然後從那裡開始我們所有的關係。我並不認識你，但是我有我需要的指引，如我剛才所說，它幫助我回到那個狀態，並且在生活中支持我。因此我很開心聽到神說……

CWG CORE MESSAGE 19

全人生活的三大核心概念是：誠實、覺知、責任。根據這些準則生活，自我憤怒將從你的生命中消失。

我甚至沒有發現，憤怒已經變成我生命的一部分，直到我的人生過了大半輩子。在我三十五歲到四十歲之間，我才明白我對自己真的不太滿意了，而且我其實在很多事情上都對自己感到生氣。

我生氣主要是因為我成為這樣的一個人。也不是說我有多糟糕、可怕或沒用，而是我很確定別人知道的我和我以為的我很不一樣。事實上，我對於自己是誰的想法，**完全不同於**我身邊的人對我的看法。

「沒有人了解我，」我這麼告訴自己，偶爾也向朋友抱怨。「我可能是最被誤解的人。」

你或許覺得這些情況對你來說很陌生，或是你可能覺得很熟悉。但是我可以向你保證，我所描述的這些經驗並不獨特。所以我開始尋找指引、建議、智慧，看看怎樣才能完全把自己整頓好。老實說，我拒絕大部分的宗教、哲學及心理學的說法，因為我覺得它們都太過簡化了。

然後我有了與神對話的經驗。而神說的話同樣讓我覺得太過簡化了。甚至，在某些例子裡，是簡單而天真。但是我決定要傾聽，因為這個經驗本身是如此令人驚奇，靈性上是如此開放。所以我允許自己接受它的訊息，也開始思考事情可能比眼前所見的還要複雜，表面上看起來非常簡單的道理，事實上提供我一個機會，讓我深入檢視人生及體驗我自己，並且領會訊息的深度。

這個道理對與神對話的第十九個核心訊息來說，尤其為真。乍看之下，這則訊息似乎是如此顯而易懂，天真到令人難為情。誠實、覺知以及責任當然是每個人生命中的重要特性。那是非常容易理解的。

但是當我探究這個表面上看起來簡單的訊息的含意之後，我的體會與發現比我原先想像的還要多。就讓我們一一來檢視這三個核心概念。

✍誠實

根據我自己的人生體驗，誠實並不容易。我以為很容易，可是我錯了。我發現其他人顯然也有同樣的領悟。

我們已經變成破碎的自我，因為我們學會了把自己打散成小碎片。在那些碎片中，有些是生活真實的一面，有些則是我們築起的防護罩，用來阻擋人們，不讓他們知道真相。有時候則是用來阻止我們自己知道真相。（或是讓我們不必向自己承認。）

人類經驗的諷刺之處在於，許多父母教導子女要說實話，他們說誠實是一個非常重要的特質，然而他們自己的表現卻不誠實——不只表現在他們與子女的互動中，也表現在子女看到的其他生活層面。孩子聽見母親撒謊說她已經排了其他行程，為的是不想去參加某個無聊的派對；孩子聽到父親打電話向公司請病假，而其實他是要去看一場棒球賽。

父母就是這樣教他們的子女，為了避開責難或懲罰或某件不想要做的事，他們應該要不誠實。不消多久，孩子就知道這是怎麼一回事了。

所以對許多人來說，誠實變成一個真實的挑戰，因為我們已經學會（和我們聽說的相反）誠實不是永遠都有利的。但願這不是用在極其重要或真正的大事上。可是有時候，對，偶爾，甚至在那些事情上，也是如此。

人們的意圖並不是要誠實或不誠實，而是要度過當下那個時刻——那就是我們的生存本能開始行動的時候，就是那個本能驅動著人類的經驗。我們學到，如果或當誠實有利於我們的生存時，我們就會誠實；而不誠實也是基於相同的理由。

所以「誠實」其實比我們想的還要複雜。它涉及了勇氣，而且還不是只有一點點。它也涉及了決心，而且也不算少量。它還涉及了意願，而且不是以分鐘來衡量。如果我們決定要對任何人、任何事始終都保持誠實的話，我們得願意去承受我們肯定會收到的攻擊。

我們必須斷然地說實話，無論在任何情況下。這需要決心。我們得有耐力去承受不惜任何代價而決心誠實所可能引來的各種後果。

再過兩章，我們將檢視說真理的五個層次，屆時我們會更加深入探討誠實的議題。現在我們只要知道，如果你認為全人生活是一個簡化的想法，一個天真的指導，你就錯了。它絕對不是。

所以就讓我們誠實以對。**誠實不是軟弱**。它需要對個人的成長許下高度的承諾。

我們非得永遠誠實嗎？

讓我們來探討一下。誠實真的與成長有關嗎？對每一件事都保持誠實很重要嗎？誰在意呢？如果誠實的好處跟壞處一樣多，我們怎麼證明在每個情況下都保持誠實是好的呢？可能有時候不誠實是最好的策略。有沒有這樣的可能呢？

如果你和大多數人一樣有這些疑問，我想要推薦你看看布來德．布蘭登（Brad Blanton）的作品。他是一位優秀的非傳統心理學家，寫了一本書叫做《生命從說實話開始》（*Radical Honesty*）。幾年前，我和他合寫過一本書《對神誠實》（*Honest to God*）。我們在書裡討論（或說辯論可能比較貼切），就每個人的每個情況來說，誠實是否都是最好的策略。你可能會覺得我們的對話很有趣。

此處我不打算多談這個主題，因為已經有整本書的內容在那裡了。但是我要讓你知道，我同意布蘭登博士的看法，在此世，很少有比誠實更有助益的做法。（其實我相信布蘭登說的是沒有比誠實更好的做法了。）

這並不是說，我在每一分鐘都要對每個人保持完全誠實，而是說誠實沒有好處的情況相當少見。即使我那樣說了，但往往在「自我保護」的情況下，我還是沒有說出「事實，完整的事實，純粹的事實，所以神啊，請幫幫我」。我發現別人也是這樣做。很多人。

所以我現在明白了，要以全人的方式活著，要終結我們持續地用破碎的自我來表達，只要更用心地運用一個似乎相當簡單的做法：說、實、話。

請容許我再說一件事。關於說實話，我可以找到比較容易的方式，就是想像自己無論如何都不會受傷。而且我把我不會受傷的想法放在「我是誰」這個更大的概念裡。如果我把自己看成是這個神的一個面向或一種個別化，我就會帶著一種深層覺知來經歷人生，包括對我的身分以及這個身分所具有的意含的覺知。這一點就把我們帶到接下來的探討。

覺知

我們在本書稍早已經討論過覺知。覺知是一種存在的狀態，最後會變成一種心態。到達覺知的路上有三個停靠站：希望、信心、知曉。就我們目前的討論而言，我現在的覺知狀態讓我「希望」我說的實話不會傷害我，或是「有信心」它將不會傷害我，不然就是「曉得」我無論如何都不會受傷。

如果我處在一種對於我真正是誰完全的覺知狀態，並且也完全覺知其他人真正是誰，那麼我將不會因為要說實話而退縮。沒有理由會讓我退縮。所以覺知是全人生活的一個關鍵，比我原先想像的更重要。覺知也被運用在這個討論的脈絡裡，亦即要覺知到他人的經驗，尤其是我可能正激發出他人去創造的經驗。

在我看來，如果我們採取全人生活，就是「接受」了眼前這一刻的全部，以及我們置身的每一刻。我們不只傾聽人們在說的話，我們也注意到他們的感受。我們觀看的不只是我們在說的話，還包括我們有什麼感受。我們也理解一個事實，那就是不要以為我們能夠對他人隱藏我們的感受。

所以覺知就是進入當下，以及你和其他人在這當下的所有經歷。這需要勇氣、決心及意願，因為在我們生命的每一刻裡，有許多元素與層面是我們寧願忽略的。它們讓我們覺得不自在，或是透露了太多有關我們的事，或是透露了太多有關別人的事。我們並不想知道有關他人或是有關我們眼前這一刻的「過多訊息」。

如果完全的覺知帶給我們過多的訊息，我們要如何經歷完全的覺知？這是一個迷人的探問。而且它清楚地提出我們大部分人在人生過程中所面臨的挑戰。

在我自己的例子裡，我決定讓自己以開放的態度來面對所有資料、所有經驗、所有情緒、所有感受、所有資訊、我生命所有時刻所承載的所有一切。但是坦白說，大部分時候我並不是如此生活。但是我知道那就是我要走的路。

我也要坦白說，覺知比我原先想的複雜許多。因為當我知道的越多，覺察的越多，我就更加要為此時此地所發生的事情負責，為事情是怎麼發生的負責，為我在其中所扮演的角色負責，為因此而產生的結果負責。所有這一切都帶領我們來到看似簡單的最後一個重點。

✍ 責任

除非我們願意為我們生活中的一切負完全的、絕對的、完整的責任，並且為我們可能激起他人在他們生活中創造出來的經驗而負責，否則我們無法過全人的生活。我們能夠假裝做到，我們能夠表現出彷彿我們是如此在生活，但是除非我們可以負起責任，否則我們無法真正做到。我們必須接受一個事實：我們是我們生命問題的起因。

當人們學著要為他們的生活負起完全而完整的責任時，他們的人生就改變了。他們所做的決定和選擇改變了。他們所擁抱的行動與從事的活動改變了。甚至他們的想法也改變了。

與神對話告訴我們，沒有受害者，也沒有惡人。這句話的含意就是，我們要為一切發生在我們身上的事情負責，也要為透過我們而在我們生活中發生的事負責。

當我在課堂上分享這句話時，人們的第一個反應就是從這句話開始延伸。他們立刻想要從生活中舉出一些不是他們應該負責的情況。然而，我們在此談的不是物質層次，而是形而上的層次

在形而上的層次，也就是我們生活中唯一可以採行全人生活的層次，我們對於自己生活中的每一個事件、每一個處境、每一個環境、每一個結果，都要負責，而且一定要負責。我們是在一個巨大的合作計畫裡和所有其他靈魂共同創造，但是那樣的夥伴關係並沒有消除我們在每個事件與情境中所扮演的角色責任。在形而上的層次，由我們自己吸引而來的人、地方及環境，讓我們得以重新再創造我們自己。

我可以想得到的最生動的實例就是耶穌。當我們探討他的生命與死亡時，我們必須問我們自己，在何種層次上他要為他所經歷的一切負責呢？他是他自己的十字架酷刑的受害者嗎？還是，在某種非常高度的靈性與形上學的層次，他是這件事的起因呢？

如果我們接受他是這件事的起因（沒有事情發生在他身上，一切事都是透過他而發生），那麼我們就得問問自己：在一個非常高度的靈性或形上學的層次，我們是自己生命中每一個大小磨難的原因嗎？

如果我們說耶穌要為他的受難負責，但是我們不必為我們自己的受難負責，那麼我們就是在宣告一個形上學的謊言。我們就是在說我們並非全是一體的，我們當中有些人比其他人優越，而且我們當中有些人也許是神，其他人則「只是人」。

這些陳述等於否定了關於你我個人身分的終極實相。我們別無選擇，我們要為我們的人生帶給我們的一切以及從我們這邊傳遞給他人的一切負責。

所以我們明白，誠實、覺知、責任作為全人生活的準則聽起來可能很簡單，但是它們絕對不簡單。儘管如此，它們不會是負擔。

在上師的體會中，全人生活這三個元素並不是負擔，而是寶石——一個美好的機會，讓我們所有來到塵世的人完全進入豐富的生命表達。

的確，在我的經驗中，當我誠實的時候，當我盡我所能地充分覺察的時候，以及當我願意去體會我自己最高層次的責任，為一切曾經發生、正在發生與即將發生的事情負責的時候，我感覺自己比以往更自由、更快樂、更有力量，並且對於活著感到更加興奮。所以這些元素並不是負擔。它們是一份禮物與絕妙的工具。

把這個訊息應用到日常生活中 CWG CORE MESSAGE 19

這裡有一些建議，是關於如何把第十九個核心訊息應用到你的日常生活中：

◆列出你記得的四件有關你對人不誠實的事。想看看，你若去找那個人或那些人把事情解釋清楚，要付出什麼代價。問問你自己，你為什麼不這麼做。然後打電話或聯絡那些人，跟他們說你正在從事一項個人的靈性擴展過程，你想要告訴他們過去你在某件事情上並沒有對他們完全坦白。請容許你自己做這件事。別擔心後果。最後你會感到好過許多，你將看到誠實的奇蹟。

◆回想看看，是否你或誰所說或所做的某件事傷了人或造成負面影響，你卻漠視它。當你看著事情發生卻沒有對於你所覺知到的情況做出任何回應時，你心底有何感受。下定決心，不要在你的生活中再度創造出同樣的經驗。

◆想想在你生活中，是否有過你拒絕負責的事，因為你當時真的覺得你不須負責。重新檢視那些回憶，探討一下，在靈性或形上學的層次上，是否有任何方面你可能要為該事件或情況負責。以三到五段的文字來描述你在意識層面所做的探討。

◆在接下來三天的生活裡，思考一個問題：要是我得對我生命中所發生的一切事情，以及和我互動的那些人的生活，毫無保留地負起責任呢？有沒有什麼方法讓我可以改變或調整我經歷這一刻的方式？

◆問問你自己：若有的話，在何種層次上，我要對他人的感受與行動負責？在筆記上寫下你對這個問題的回答，幾個星期後，當你讀完這本書，你可以回頭看看自己的回答。

◆最後一個建議是，問一個值得思考的形上學問題：誰該要為你現在正在讀的這本書的內容負責呢？是我把書放在這裡嗎？還是你讓它藉著我而把它放在這裡，然後引起你的注意？誰在這裡做了什麼？魔術師是誰，這個把戲又是什麼？

13 與神對話核心訊息十八

邀請神為你解釋人生究竟是怎麼一回事的有趣結果，就是神**將會**解釋給你聽。

而那樣做的有趣結果，就是你看待人生的方式將不同以往，你的經驗將會全部改變。

與神對話的資料之所以令人驚奇與興奮，確實就在於：一本接著一本地讀，它們呈現了一個嶄新的宇宙觀。一個全新的建構。一個完全不同的結構，支撐著我們稱為人生的更大經驗。這個結構不只不同，也更加適合在這個有情眾生的宇宙社群中作為新興智慧實體的我們。我們不只是古老故事中所顯示的那樣。

最後這句話重要到足以重述一遍。我說……我們不只是古老故事中所顯示的那樣。

與神對話的資料提供我們一個新故事。它提供我們看待人生的另一種方式，這種方式支持我們，而不是在我們經歷並表達我們是誰的時候擊敗我們。它告訴我們我們來到地球所要完成的事。

在與神對話系列書籍中，對我影響最深的是《與神合一》。這本書是神以第一人稱的方式傳遞訊息，完全沒有提問或互動。基本上，它包含了在我們迎向未來之際，神給這個世界的訊息。

像我這樣的人並不孤單

我知道我非常厚顏無恥地暗示了，神透過我這個管道向世界說話，可是我沒有其他選擇。我只能與全球聽眾分享與神對話的訊息，那是我實際發生的經驗，以及我收到要帶給人類的訊息。

即便是「我收到要帶給人類的訊息」這句話聽起來都很放肆。當我看著電腦螢幕上出現這幾個字的時候，我得強迫自己把它們留在那裡。我得強迫自己不要按下刪除鍵，也不要改變我接收下來的一切內容，甚或是不要出版成書。每一次我都得和自己進行同樣的內心搏鬥。**要是這一切是我想像出來的呢**？

如果你讀過這些資料，你可能就知道我問過神這個問題。神的回答呢？

「**有什麼不同嗎**？你沒看見我可以輕易透過你的想像來進行嗎？我會給你確切無誤的想法、文字或感受，在任何特定時刻，完全適合當下的目的，透過一個或數個方式。你將知道這些文字是來自於我，因為你，在你自願的情況下，從未說得如此清楚。如果你對這些問題如此清楚，你就不會問了。」

「好，那麼，」我問：「神要溝通的對象是誰？有沒有特別的人？有沒有特別的時間？」

我收到的回答是：

「所有人都是特別的，所有時刻都是黃金時刻。沒有任何人或任何時間比其他人或其他時間更特別。許多人寧願相信神以特別的方式，而且只與特別的人溝通。這就撇除了大部分的人聽見我的訊息的責任，更不用說是接收它（那是另外一件事），甚且讓他們相信了另一個人的話。你不一定要聽我說，因為你相信別人聽見了我，而且你可以去聽他們說。藉著聽其他人認為他們聽見我所說的話，你就完全不必思考。

「這就是大部分人在個人層次上遠離我的訊息的主因。如果你承認你正在直接接收我的訊息，那麼你就有責任詮釋它們。接受他人的詮釋（即使是活在兩千年前的人）遠比致力於詮釋你在此刻所接收到的訊息來得安全與容易。

「然而，我邀請你進行一種與神溝通的新形式。一種雙向的溝通。事實上，是你邀請我。我來到你面前，以這個形式，在此刻，回應你的召喚。」

這個交流的重點是，神始終在對我們所有人說話。這個重點也出現在與神對話的其他資料裡。我希望這能免除對於我說神正在對我說話的這個宣告所招來的震驚與嘲諷。像我這樣的人並不孤單。每個人在人生過程中都有與神對話的經驗，或許你們只是以別的名稱來稱呼它。

你是裁判

這一切最棒之處在於你不必認為說與神對話的發生是為了要出版獲益。你甚至不必接受神是存在的這個想法。我邀請你做的事，就是閱讀已經出現的資料，並且讓訊息自身說話。幾百萬人已經這樣做了，而且有幾百萬人也認為與神對話的資料充滿非凡的見解，具有相當大的價值，對於他們的靈性成長有相當大的幫助。我對這個結果感到謙卑，因為我很清楚，我與它無關。我只是聽寫的人。

在這個脈絡下，我認為《與神合一》是人類接收過最具革命性的靈性訊息。這個訊息的概要就是：**人生的一切只是一個幻相**。

我們以前就聽過這個說法。你不會把它稱為嶄新的訊息。新的部分在於，我們現在，在這個文本裡，對於幻相有更深層且豐富的解釋。我們在這裡了解幻相運作的方式，以及它為什麼會出現。

那就彷彿我們被帶到了簾幕後面，進入這個宇宙最偉大的魔法師的舞台後面。我們現在明白魔法師的把戲，知道它們是怎麼完成的，以及我們為什麼如此喜歡這些把戲。

然而，在我們進一步解釋之前，我想要消除你可能有的一個念頭。你可能以為神在這裡所做的就是和我們玩一場遊戲，但我們並不是神的玩物，神也沒有玩弄我們。我們在地球上所做的事情比隨幻相起舞來得神聖。

我們**在這裡**是在做某件非常特別的事。我們是在做關於表達神性的事情。這一點在本書後面將做更多的探討。現在，讓我們來看看這一切背後的基本想法。那就是……

CWG CORE MESSAGE 18

人類活在一套明確的幻相裡。人類的十大幻相是：需求、失敗、分裂、不足、要求、審判、責難、制約、優越感、無知。這些幻相都是為了服務人類，但是我們一定要學習如何使用它們。

神在這裡告訴我們，我們所見的一切事物都和我們想的不一樣。我們確實住在一個物質實相的世界，但是它對我們所具有的一切意義都是我們創造出來的。再重複一次：每個人，每個地方，每個處境，每個環境，每個事件，都是**我們認為**它是什麼樣子的。我們在生命的旅程中創造我們的意義，為了一個特定而神聖的原因。

我們生活中的所有意義都是來自它們所在的脈絡場。脈絡創造一切，我們把自己放在一個脈絡場內，這個脈絡場巨大到含括了宇宙間的一個宇宙，它如此雄偉壯麗，以一隻令人驚奇的蝴蝶、一朵美麗的玫瑰，以及一個燦爛的夜空來表現它自己——更不用說身而為人的偉大。

所有這些，每一小部分，都是神性自身的物性的安排。神決心不只要在概念上認識它自己，也要在經驗上認識它自己，而且創造出物性作為工具來達成這件事。你以前已經聽過這種說法，但是現在讓我們來看看你尚未聽聞的一些事。讓我們探討神和我們所創造出來的一些幻相。

從這裡開始

人類的第一個幻相就是需求。我們必須創造需求這個幻相，以便讓我們去創造出創造本身的可能性。如果我們沒有任何需求，就沒有創造的必要。

事實是，我們沒有任何需求，因為我們就是神的本身。然而，神渴望要經驗它自己的每個層面，包括它最偉大的一面，這就是創造的力量，顯化的能力，製造出雙眼所見的奇景與壯麗，橫越並超越每個界線，通過最廣闊的想像力的限制與範圍。

我們想像自己正在觀看的這個物質「實相」，只不過是神的無限臨在（presence），臨在一切全部深不可測的擴展上。

現在讓我向你解釋幻相為什麼是必要的，以及為什麼需求這個幻相尤其為真。

想像你看了一部你從頭到尾都很喜愛的電影。從故事一開場到電影最後一幕，你都快樂無比且陶醉其中，驚嘆又興奮，喜悅與快樂超出你以前的任何經驗。

這是你所看過最壯觀、最特別的電影。它是如此美好，所以當電影結束時，你看著身邊的每一個人，說：「讓我們再看一次！」而你確實那樣做了。然後，接下來的日子，你又再看一次。隨著時光流逝，你看了更多遍，直到你能夠逐字逐句複誦電影對白，並且能夠精確地描述每一個場景。

現在想像一下，你對這部電影從來沒有感到厭倦，除了一件事。你知道情節，你知道結局，你知道每一句對白，你知道電影裡的每一幕。沒有什麼能讓你感到驚奇了，也沒有什麼能讓你感到訝異，沒有什麼能製造出你初次觀看時對你造成的那種衝擊。

所以即使是你最喜歡的電影，最終你還是會把它放到某個架子上，決定好一段時間不再看它。可能要好幾年的時間，你才會再度從架上取下它，抖落封面上的灰塵，把片子放進播放器，再看一遍。幸運的話，你可能已經忘了重要的情節。幸運的話，你在看影片時可能有許多時候都出現像第一次觀看時的感受。你對身邊的人說：「喔，對！我都忘了這個部分！你看了就知道！」

此時這部電影帶給你的快樂其實是加倍的。你迫不及待想要再看一次，**即使你完全知道劇情接下來的發展**。現在這些你還沒有忘記的情節讓你感到興奮，誘使你把電影整個再看一遍，再度經歷一切。

可是有那麼一會兒，你得忘記你以前已經看過了。有那麼一會兒，你心想至少有某些場景、某些對白、某些行動和結果是全新的。或者至少你的感受是全新的。我們都有過這種經驗。我們都曾在看一部喜愛的老片時有過這種感覺。

我剛向你解釋了人類的十個幻相存在的原因。

你屬於神性的那個部分再一次喜愛這個探險，再一次喜愛這個榮耀，再一次喜愛這個樂趣、這個激動與興奮、這個幸福感與戲劇化的表達，以及自我實現的經驗，這些你以前已經都遭遇過了，現在彷彿又像初次經歷一樣。

這個魔力從何而來

讓我們這麼做，讓我們能夠去創造這種魔力的，正是我們稱為愛的東西。這是一種不尋常的能量，要以完整而完全的文字來表達它，是不可能的。而且這種能量是如此神奇，能夠把舊的轉化成新的，把過去轉化成現在，把「去過那裡，做過那事」轉化成「我想知道接下來會怎麼樣」。

把這種力量用在生命自身的當下，它會讓一切如新，讓一切就像初次經歷一樣令人興奮。是愛在推動這件事，是愛在支持這件事，是愛讓這個力量成為可能，因為這個力量就是愛的本身，在一個人的生命過程中時時刻刻以奇妙的形式表達出來。

我經常說（這並不表示我對這個觀察已經無感），人類的性經驗就是生命自身的一個縮影。如果你和一個伴侶長期處在一段關係中，你可以知道也可以預測、你可以期待也可以覺察，對方即將表現出來的每個舉動。你們相處的時間越久，這種預期就越貼近事實。最後會變成沒有什麼是以前不曾發生過的。啊，但是**那並不代表不能有全新的感受**。

這就是愛進入的地方。

神愛這個世界，所以祂把製造魔力的能力給了我們。不只是在做愛的時候，也在我們充分活出並善用生命本身的每一刻。

當然，這一切可能是我捏造出來的。我可能想像事情就是這麼一回事。但是如果你知道一個更好的生活方式，請告訴我，因為我在尋覓了超過半個世紀之後，還是找不到，直到神告訴我，我正在告訴你的這些訊息。

祝福幻相，而不是詛咒它

所以，如今我們明白，人生的各種幻相的原因與目的。再次，第一個幻相是認為我們有所需求。當然，我們都知道神無所需。而且因為你是神的一種個體化，所以你也無所需。然而，你踏進這個幻相，認為需求是你的實相的一部分，這麼做是為了要讓你去經歷需求被滿足的美好，以及創造出你想像自己一直想要獲得的東西。

而上師就是見到這一切、明白這一切，以及覺察到這一切都與終極實相有關的人。他知道他無所需。他知道他可以非常快樂並且完全滿足於事實就是這樣，事情就是這樣，以及此時此地剛好正在發生的事。

從這個極度寧靜之處開始，上師們一次次踏進幻相，為的是要示範他們真正是誰的奇蹟以及榮耀，並且協助其他靈魂找出他們的真正身分，然後他們自己也會這麼做。這就是所有上師都做過的事。

所以需求這個幻相對我們是有益的，因為它給了我們一個平台去證實它不存在。而那就是有史以來最偉大的魔法把戲。

人類十大幻相中的其他幻相，都是從這第一個幻相中出現的。仔細檢視後，你就會發現每一個幻相都生出下一個幻相。《與神合一》對此有充分、完整且美妙的解釋。如果你尚未讀過那本書，你可能想要立刻去看看。但是現在，在這個空間裡，讓我們仔細地看看這幾個幻相——我認為這些幻相是最關鍵的。

我在此想要檢視的其他幻相是：失敗、優越感、無知。

根據先前的閱讀，你已經知道審判與譴責並不存在。你已經知道分裂並不存在。匱乏並不存在。所以此處我們不討論這幾項。

你也已經知道，要求是一種幻相。沒有人要求任何人什麼，其中最不可能的就是神對我們的要求，因為需求並不存在。如果無所需，就無所求。連神也不要求。

多麼不尋常的想法！你能想像一個完全沒有任何要求的神嗎？如果你能，你就已經踏入終極實相。

可是現在，讓我們來看看不是如此明顯的幻相。

你唯一會失敗的事

對人類日常經驗造成最負面衝擊的幻相，就是認為有失敗這種事。這個幻相讓超出你所能想像的許多人在他們的路上停滯不前。它剝奪了許多的努力，它切斷了許多的可能性，它比任何單一情境或環境更加能夠阻擾計畫與承諾。

然而，神已經在《與神合一》一書中告訴我們，沒有失敗這種事。事實上，你唯一做不到的事情就是「失敗」！（這就是我所謂的神聖二分法。）你所經歷的一切事情，你所做的一切事情，你所表達的一切事情，你所創造的一切事情，讓你在已經展開的旅程上前進。

對，沒錯，有個旅程。而有個原因讓這趟旅程超越了只是把幻相當幻相來經驗的喜悅。我們展開的這個旅程就是靈魂的旅程。它是一個被稱為進化的過程。

神過去一直都是、現在還是、未來也將一直都是神。因此，它不會進化。但是我們會。每一個靈魂都被賦予一個偉大的禮物：有能力去變得更加、更加、更加、更加的進化。

這個過程並不是一個實際進化的過程，而是讓人更加覺察到他過去一直都是、現在還是、未來也將是什麼。換言之，「在適當時機與神交會。」（羅伯特·海萊因晚期一個有名的說法，他的經典小說《異鄉異客》〔*Stranger in a Strange Land*〕非常引人入勝，對於生活經驗以及對神的理解，提供了智慧見解。）

因此，進化不完全是一個成長的過程，它是一個憶起的過程。

你無法發現任何事

我要再一次回到愛這個重要的人類經驗。當我們真正地與另一個人相愛時，我們會開心且驚訝地發現，要越來越愛某個人是可能的，縱使你以為你從一開始就已經以人所可能付出的所有愛那樣地去愛。

愛的奇蹟與榮耀就是它是可以擴展的。或者似乎是如此。但真正的情況是，你只是在經驗一直在那裡的大量的愛。擴展的並不是愛，而是你對它的覺知。而那就是為什麼我們可以對我們摯愛的人真心地說出：「每一天我都越來越愛你。」

生命的一切也是這個道理。神也是這個道理。因為神和生命是同一物。因此它就成為每個人類靈魂最美好的禱詞，以感恩的心情對造物主說：每一天我都越來越愛你。

而讓我們深深地與神相愛的一個理由，就是神所創造出來的生命讓失敗不可能會存在。我們不會到不了我們正要去的地方。我們不會經驗不到我們是誰。我們不會忘記什麼是真的，以及它如何是真的。

當然，有時候失敗好像發生了，但是這一切只是幻相。實驗室的科學家就明白這個道理。就算是失敗的實驗仍是成功的，因為它透露了讓科學家在更大發現的過程中，往前進所需要知道的事。

在實相中，沒有所謂發現這種事。那個以前一直都是、現在還是、永遠都將會是的東西，不可能會被「發現」。我們不是發現（discover），而是揭開（uncover）。我們揭開像寶石般的人生真相，像突然發現被埋藏已久的寶藏。但其實寶藏一直都在那裡，埋在生命自身之內。我們不是發現了它，只是揭開了它。

這是對我們都參與其中的這整個過程的一種美妙的解釋。神給我那個隱喻，讓我得以理解究竟是怎麼一回事。

我人生中一個巨大的轉捩點，就是當我明瞭失敗並不存在；沒有任何事是失敗的，從我生命一開始到最近這一刻。我現在可以不再為了我以為我所做過的一切「錯事」而懲罰我自己，也不必再為了我想像自己「失敗」的一切事情來打擊我自己。

一切事情完全如它所發生的，也明確如它所發生的，而且如它此刻所出現的那樣。上師們都能領會這個道理。

如果你想要知道更多關於如何在日常生活中應用這樣的理解，讀讀拜倫．凱蒂（Byron Katie）的任何作品，她寫的那本《一念之轉》（*Loving What Is*）是一份給人類的禮物。同樣的，讀讀艾克哈特．托勒（Eckhart Tolle）的著作，他是我認識的人當中最特別的一位，他完全了解我在這裡所說的一切，而且每一天都完全地實踐。拜倫．凱蒂也是如此。

當一切事情的發生完全就如它所應然的那樣，而且我們也完全沒有失敗，那是一種多麼自由的感受！這並不是面對過往的一種天真藉口，而是對過往的一種美妙解釋。

人生最大的誘惑

我已經學會與經歷到，在人類生活中沒有什麼比優越感的想法更加誘人。然而，如果失敗並不存在於任何人的生命中，那麼優越感同樣也是一種幻相。因為失敗不存在任何生命中，所以我們也就找不到任何一個人比另一個人「更好」。

我們所有人在神的眼中都是平等的——令人驚訝且令人震撼的一句真話，卻是這個世界的宗教無法接受、無法擁抱、無法背書，而且也不敢對任何人提出的一句話。對這個世界的所有宗教，以及這個世界的所有政治和政黨，當然還有這個世界所謂的上流階級而言，他們依靠這個概念而活，因為不曉得為什麼，在某方面而言，他們覺得自己比另一個宗教、政黨或階級「更好」。拿走優越感，你就拿走許多人和團體所感受到的他們自己的特別之處。

如果不是用來作為歧視他人的藉口，優越感不會如此糟糕，更不用說拿它作為開戰的理由。優越感的想法是如此醜陋，無法拯救任何醜陋的結果。一座花園的美麗並不在於一朵花比另外一朵花優越，而在於同等燦爛的美麗在乍看之下是顯而易見的。夜空也是同樣的道理。我才不信某一區的星空比另一區的星空更加燦爛。

我無法理解為何我們無法像看一座有美麗花朵的花園或是夜空那樣去看待人類。然而，如果我們以神看我們的方式來看人類，我們就會看到周遭世界裡輕易就能看到的令人震撼的美。有人說我們無法指望去知道並理解神所知道與理解的事。而這就把我們帶到人類的最後一個幻相：無知。

世界上最大的謊言

沒有什麼比這個想法對人類心理造成更大的傷害了：世上不但有我們不知道的事，而且我們也不可能知道那些事，永遠不可能會知道。

「神祕就是上主的方式」是有史以來最大的謊言。神一點都不神祕，生命一點都不神祕，你、你是誰、你為何在這裡，以及你要怎麼把你自己以最好的方式表達出來，一點都不神祕。

關於神性，沒有什麼是我們不能完全知道、完全理解，以及完全經驗的事。這是神最大的承諾：尋找，就尋見。扣門，就給你們開門。（譯注：《馬太福音》7:7）我們會稱神是個騙子嗎？

把無知、優越感、失敗的想法從你的宇宙觀裡排除，把它們從你內在的信念中排除，那些讓你無法到達最榮耀的最完整表達，以及你真正是誰最偉大的意象最恢弘的版本的最後障礙，也將因此得以除去。

把這個訊息應用到日常生活中　CWG CORE MESSAGE 18

要把「我們所理解的事大部分都是一種幻相」這個想法融入我們時時刻刻的經驗中，是很難的事。如果它只是一個從未被深入探討的有趣想法，那麼多加探討也無益處。這裡有一些你可以做的事，讓這個想法在你的日常生活中變得更加真實。

◆做一本幻相的筆記本。在筆記的第一部分，把你十年前以為自己絕對需要的東西列出來。然後在清單旁，指出哪些需求已經實現，然後把還沒有實現的需求以及你想像你今日依然需要的東西做個說明。

◆了解你依然在這裡，你依然有能力體驗幸福的最高層次，你依然能夠快樂地表達你自己（無論你目前是在任何處境）。你並不需要那些你以為你要成為什麼、要做到什麼、要擁有什麼所需要的東西。

◆在你的筆記本裡，列出三件你感覺在你人生當中完全失敗的事。在每一件事下面，用一段文字寫出你從那個「失敗」當中學到了什麼，或是失敗的結果讓你經驗到什麼。別驚訝，如果這讓你清楚看到，你的「失敗」一點都不是失敗，而只是一個跳板，正是它把你帶到你目前的所在：一個比你以前經歷過的都還要更有智慧、更有理解、更有能力、更有洞見，以及更有覺知的地方。把你帶到這裡來的事，怎麼會是一種失敗呢？

◆在筆記本裡列出你過去曾感覺比他們「優越」的任何人或團體。用一段文字寫出你為何有那樣的感受。那個優越感來自何處？再用第二段文字表達你現在對於那個人或團體有何感受，並解釋為什麼——即使（尤其是）你的感受並沒有改變。

◆列出你覺得他們自覺比你優越的人。用一段文字來描述這如何影響你，以及當你看見對方時，你會如何反應。

◆下次當你認為有件事是你不知道且不可能理解時，請允許你自己，無論要知道並充分理解那件事情需要付出什麼代價，你都要去做。把宇宙當成你的資源。把世界當成你的工具。此刻你將發現，網路上已經可以取得整個人類所累積的智慧。按一個鍵，點一下滑鼠，我們就能接近我們認為我們不知道的任何事。怎麼會有無知呢？

◆如果你覺得你對於生命有某種程度的無知，此刻就闔上這本書，也闔上雙眼，請神讓你理解，請祂帶你到一個有更大覺知的地方，並且對於你想像你不可能會理解的事情有完全的知曉。如果你還不知道要問什麼，神卻已經回答你了，請別太驚訝。「在你尚未求問之前，我已經回答了」，是神的一個著名的承諾。它之所以著名，是因為它是真的。

14 與神對話核心訊息十七

我們生活在一個建構出來的幻相中，這個事實是一種福賜，因為唯有在此種建構下，我們每個人才有可能成為我們自己實相的創造者。

如果「實相」是固定不變的，那麼個人就很難以任何方式去改變它、修正它、更動它，好適應靈魂想要做的事。唯有在具有彈性的實相內，才能有此種調節。可塑的實相是神賜給我們最大的禮物。

這並不表示在我們的環境中沒有不變。要創造出不變是相當容易的事。我們所要做的就是彼此都同意某件事，而這個我們所同意的事就成為我們不變的情況（Constant Condition）。

問題是，生命要如何能夠生活在一個同時創造出不變和變動的容器裡呢？

我們必須「同意接受」（agree to agree）許多事情。我們稱一隻湯匙為「一隻湯匙」，我們稱天空為「天空」，我們稱紅色為「紅色」，藍色為「藍色」，黃色為「黃色」。我們在夜晚指著繁星，說它們就在「上面那裡」。我們指著大地，稱它為「下面」。從一個語言到另一個語言，從一個文化到另一個文化，這些不變都一樣。它們幫助我們找出範圍。

我們認為我們經驗中的這些面向之所以維持不變，是因為它們都是「事實」（fact），可是那完全不是理由。我們所稱的「事實」，只是我們已經持續同意多年的物理環境和情緒經驗的組成。事實上，是同意了好幾世紀，千年之久。

（不過，一位繞行過地球的太空人，可能不同意「繁星」是「在上面那裡」的說法，而會說它們是在他的左邊或右邊，而且他可能覺得自己是往「上」看著地球，而不是往下看！所以你懂了吧。所有的同意都與脈絡有關。）

在這當中既有生命的驚奇，也有最大的挑戰。我們確實根據我們所見的脈絡「編造了一切」，而且我們最好是編得好一點，否則我們就會讓自己陷入大麻煩。

這正是我們做的事。

這裡有個問題：由於我們既想要也需要不變，所以我們以這個不變來維持不變，為的是要在生命的起起落落中去表達與經驗我們自己，我們極其不願去**改變**任何的不變。

因此我們想像的「已知的事實」已經難以改變，即便我們發現那些「事實」是完全不正確的。

你們無法想像，僅僅承認太陽並非繞著地球轉就為我們人類帶來多少麻煩！我們把一個聰明的人逐出他那個時代最有聲望的宗教，因為他敢於提出我們認為不變的事情當中，有一件事並非完全不變的，那件事只是我們的一個想法，根據的則是我們的想像。從某一個角度來看，那件事是我們精心編造的一個故事。

以前的醫生們也很難承認各種細菌的存在。或是要某些教會學校的老師接受左撇子不是魔鬼的徵兆，所以他們不必把左撇子學生的左手綁在背後，強迫他們學習用右手寫字。（你以為這是我編造的故事嗎？在我們祖父母的那個年代，這種情況真的發生在許多教會學校裡。）

即使眼前有無可辯駁的事實足以證明某件事不是真的（遑論是完全荒謬的），我們還是很難改變我們信以為真的想法。必須經過多年且再三地提醒，我們才會接受我們以為是不變的事其實只是一個幻相——某件我們以為是真的事情，顯然是假的。

今時今日的問題是：我們**現在**認為不變的事情，可不可能事實上不是真的？而且，有沒有可能那些事情是與神有關的？

我們稱為人生幻相的這個福賜所面臨的挑戰，是我們必須要更為樂意地去創造新的且更有益的幻相，而且速度要比過去更快。我們得加快腳步。我們必須要能夠「與時俱進」。

如果我們在生命中遇上了流沙，我們至少不能讓它們在眼前不斷堆積，變成像風塑的沙丘般無法搬移，而是要將之堆成我們隨時可以打散的美麗城堡。

總之，我們必須要有創造力，而不是被動反應。如果我們要活在幻相的世界中，就讓我們創造出有助於我們的幻相，而不是陷入幻相的困境。

你需要的是一個決心

如果我們不知道我們努力要做的是什麼，當然就無法創造有助於我們的幻相。在創造出有助於我們的幻相之前，一定要先了解我們是誰、我們的位置、我們為何在這裡，以及我們在「忙」什麼。

達成這樣的了解是我們次要的挑戰，因為這件事本身是神邀請我們用我們想要的方式去創造。所以重點不是了解，而是**決心**。

在此，我們發現自己身在一個鏡廳裡。我們看著第一個反射影像，也看見那個影像背後的多重影像。我們是自己的反射影像的一個反射影像——或者，如果你喜歡的話，我們是自己想法的反射。

如果我認為自己是「英勇的」，那麼我就會看見自己是一個英勇的人，接著我會表現得像一個英勇的人。同理，我的行動是我怎麼看待那些行動的一個反射，而這樣的行動奠基於我是怎麼想我自己的。（某人所稱的「英勇」，另一個人可能稱為「魯莽」。）我成為我自己的反射影像的一個反射影像。

如果我認為自己是「倒霉的」或是「輸家」，那麼當某些事情在我生命中發生時，我會說自己「輸了」——儘管同樣的事情發生在別人身上時，他們可能會認為是「贏了」。

所以在人生的鏡廳裡，我們是反射影像的反射影像的反射影像。

同理，我們對神的經驗，就是我們自己對神的想法的一個反射。或者，如與神對話中的簡潔說法：「生命是一個過程，它藉著生命本身的過程來告訴生命關於生命的事。」而生命如何告訴你關於生命的事，取決於你如何告訴你自己關於那個過程告訴了你什麼。

用另一種方式來表達：你認為人生是什麼，它就是什麼。

從《愛麗絲夢遊仙境》到《駭客任務》，這些故事都讓我們一窺事物的這種終極狀態。在所有故事中，主軸都一樣：一切都是我們編造出來的！你說一件事物是什麼，它就是什麼。

這些故事基本上都是隱喻性的，處理的是我們物質生活的奧祕，但它們顯少是神學的，也就是說沒有涉及靈性實相。我們滿足於生命的一切可能是一種隱喻這個想法，但是我們不願意把神學也作如是想。

我們告訴自己，我們對於神的認識絕對是完整且正確的，即使我們對其他事物的認識並非如此。

你可以想像，幾年前在美國國家廣播公司由麥特．勞爾（Matt Lauer）所主持的節目上，要眾人欣然接受神要我分享給世人的五字訊息是多麼困難。你回想一下本書一開始那個訊息的內容。

「你（們）誤會我了。」

這句話可能是神賜給人類最棒的禮物。對於創造我們最神聖的故事，它提供了我們「再來一次」的機會。它邀請我們重新創造我們自己，也以我們對於神最偉大的意象最恢弘的版本，重新創造我們的神。

我們敢這麼做嗎？

我們敢改變我們對於神的想法嗎？我們敢提出一個有關造物主的新故事嗎？如果我們不敢，我們現在的故事就不會有一個快樂的結局。或者，換句話說，如果我們不留心，我們就到不了我們真正要去的地方。

我們人類已經來到了可能是整個地球歷史上最大的抉擇點：透過決定我們的過去，來決定我們未來。明白昨日我們想像為真的事並非我們希望今日去經歷的事。用建設而非破壞的新方式建構出一個新的建構，讓我們終於得以經歷並表達我們真正是誰以及我們永遠是誰的全部潛能。

這是人類進入有情眾生的宇宙社群的誕生一刻，就如未來學家芭芭拉·馬克思·胡巴德（Barbara Marx Hubbard）所說。我完全同意她的寓言。

然而，我們要用什麼來作為這個新故事的建築磚呢？下一個不變是什麼呢（至少是暫時的）？關於我們周遭萬物以及一切萬有，有沒有任何新的訊息是我們希望告訴自己的？有沒有一種不同的方式，讓我們可以在這個星球上表達並經歷我們自己，由此能改變傳統，帶我們朝向我們一直想要去的地方？

將我們長期以來認為是神聖且確定為真的觀念重新加以建構，會不會對我們是有益的？

儘管我們終於放下左撇子是惡魔徵兆的這個想法，但現在我們是不是也能放下黑人不如白人的想法？放下同性之間不能以性的方式來展現他們對彼此的愛的想法？放下女人不如男人，所以不應掌權的主張？放下若放任不加限制，人們就無法控制自己的想法？放下神是暴力、憤怒、報復且愛懲罰人的，如果我們不明確且完全遵照祂的要求及方式去做，最後祂將「逮到我們」的想法？

也許最大膽的是，放下有所謂的絕對真理這個想法？

與神對話對於上述所有及其他更多問題的回答，都是肯定的。而是否要改變一切不再對我們有益的想法，因為這些想法顯然阻擋了我們實現我們所能想像的最高課題，只留給我們最低層次的課題？對於這個問題，它的回答也是肯定的。

與神對話的內容把二十五個令人驚嘆的革命性建言展示在世人面前，它改變我們的實相以及我們的神學，如果我們接受它，這個世界就會翻轉過來。或許對的那面朝上？

在這些新故事當中，有個振奮人心的觀念……

——CWG CORE MESSAGE 17

沒有所謂的絕對真理。所有真理都是主觀的。在這個架構中，訴說真理有五個層次：對你自己說有關你自己的真理；對你自己說有關另一個人的真理；對另一個人說有關你自己的真理；對另一個人說有關他的真理；對人人說有關一切

的真理。

如果我們接受來自神的這個訊息中所清楚表達的觀念，我們以為的一切就在我們眼前消散了。我先前說過，這可能是我們收過最棒的禮物，而且現在可能是全人類接收這項禮物的完美時機。

我們對於事情「為何如此」的許多（若非大部分）了解可能會瓦解。最重要的就是我們認為有絕對真理的這個想法。

如果我們接受以客觀角度來看絕對真理並不存在的這個想法，我們就得為我們看待及經驗周遭世界的方式完全負責。這並不表示這個世界的受害者以及遭受無法掌控的事件所打擊的人要為那些事情負責。我不希望有人認為與神對話是那樣說的。它並不是。

它要說的是，我們個別所經歷的人生事件是共同創造出來的，是我們集體意識產生出來的結果。這就包括了強暴與搶劫下的犧牲者，以及各種環境條件，諸如健康問題、經濟處境或環境事件。

它也清楚表示，我們完全可以控制我們對於這些事件的內心反應，無論這些事有多可怕。而且我們有力量與自由去創造我們自己的實相。

有許多人經歷過相同的外在事件，不論是強暴、搶劫、疾病或破產，但是他們對這個經歷有完全不同的反應及回應。

如果我們接受以客觀角度來看絕對真理並不存在的這個想法，我們就會看見並承認，沒有任何事是**客觀上如此**，而且所有真理都是主觀的。換言之，一件事情只是在觀者眼中看起來「如此」。

假如許多「觀者」都以同樣的角度看某件事，也許是一個環境、情況、處境或事件，那麼在他們的同意下，就真的**創造出**此後所稱的「實相」。

當我們了解這個體系的運作方式，就會得出一個令人驚訝的結論：我們對於集體實相的掌控（因此也是對於個別經驗的掌控），遠遠超出我們之前所認識、承認或認可的程度，而且一直如此。

在集體的規模上，全球暖化就是一個好例子。在有足夠多的人同意全球暖化是「真實的」之前，它都不是真實的。它存在於某個人的「實相」中，但不在另一個人的「實相」中——兩人看到的是同樣的外部資料，但是得出完全不同的結論。

據說當有足夠多的人都同意對於外在資料的詮釋時，「真理」就因此創造出來。

如果人類終於達成一個集體覺知，認為所有「真理」都是以當下的外在資料為基礎，最後我們必將發現人類面臨的最大謎題（也就是存在、真正的本質，以及神的欲望與要求）會落在一個簡單的問題上：我們擁有關於這些主題的全部資料嗎？可不可能我們並不完全了解這一切，而了解之後就能夠改變一切？

作為一個重新建構的社會，我們來到了任何物種所遭遇過最需要勇氣的時刻：我們決定**我們就是做決定的人**，我們接受**我們既是創造者也是受造者**。

只有視自己為神聖的物種，才可能擁抱這樣一個概念。然而，謙卑呢？據說就是這樣的傲慢，讓神懲罰祂最有可為的天使路西法（Lucifer），不是嗎？

根據宗教教義，路西法曾是光明天使（Angel of Light），也被稱為撒旦（Satan），他宣告自己和神同等地位。這樣的冒犯之舉觸怒了神，便把他放逐到地獄，讓他永遠待在那裡，因為他觸犯了終極之罪。

然而，不是所有父母都希望他們的子孫能像他們一樣有成就，甚至超越他們嗎？如果他們的後代做到了，就犯了終極之罪嗎？或者，事實上這是所有慈愛的父母的終極欲望？那麼與我們的父親相比，神是不是比較不仁慈，比較不慷慨，比較沒有雅量，也比較不厚道呢？

只有最勇敢與最高度進化的有情眾生才可能勇於擁抱一個如此影響深遠的概念，接受他自己等同於神性的這個可能性。

那就是此時的人類。

除非不是。

即便那樣我們也得決定。

什麼是「真理」？

沒有絕對真理的這個想法，或許最好先從個人層次上開始應用。如果我們能了解並經驗到在我們日常生活中內在所經歷的一切，是我們可以控制且可以改變的，這麼做等於就朝改變集體外在經驗邁出了第一步。

現階段，我們在個人層次上所做的一切以及所經歷的一切，都是以我們認為什麼是關於自己以及周遭人、事、地方與環境的「真實」為基礎。遺憾的是，許多人甚至不是活在他們自己建構出來的「真理」之內。也就是說，他們擁有並抓住一個真理，他們認為它絕對「就是如此」，但是他們往往並沒有在他們所經歷與創造的日常經驗中去證明這個真理。

與神對話告訴我們，所有真理都是主觀的。也就是說，它只是對我們而言是「真實」的。我認為是真實的事，你可能不以為然。而大部分情況下它或許都不是真實的。

我們稱為「真理」的事，不過就是我們主觀經驗下假定為是客觀的事件、環境或情況。然而，即使是具有客觀本質的事件、環境與情況，也一定要加以質疑。

量子物理學告訴我們：「沒有任何被觀察的物體不受觀察者所影響。」換言之，注意某件事物的這個行為就可以把能量傳到被觀察的事物上，產生能量的互動。生命的一切就是交互作用的能量。物理學家這種了不起的發現，讓「我們是自己實相的創造者」這個形而上的主張有了科學的論述。

在這種高度易受影響的狀態下，如果我們至少能承認我們所做的決定和我們所遭遇的事有關，將會對我們有所幫助。因此，與神對話提供我們一個準則，讓我們能認識我們自己與彼此。這個準則就在說真理的五個層次。

與神對話所提供的這個觀念，擁抱並實踐說真理的五個層次，提供我們一個新的根基，讓我們在這個基礎上形成我們有關生命的共識。

記得我說過，我們是靠著同意來生活的。一隻湯匙是一隻湯匙，一朵花是一朵花，上面是上面，下面是下面。當然，如果你是一個太空人（我先前舉過的例子），一旦你發現自己往下看著月球並且往上看著地球時，你對於什麼是上面、什麼是下面的想法就會瓦解。所以我們知道，即使是我們假定為無可改變的了解，都只是與脈絡有關。

我們生活在一個脈絡場中。當那個脈絡場改變時，或者更正確地說，當我們從一個較廣的角度來看它時，我們的「真理」也就改變了。這樣最好，否則當我們對生命的看法擴展時，我們將深深感到衝突。

然而，如果我們無法知道或宣告、宣布或支持我們現在認為是真的事，我們就不能改變我們的真理。那就是為什麼當我們致力於重新再創造我們自己時，說真理的五個層次可以是一個強大的工具。

第一層真理

神給我們的第一個忠告就是：「對你自己說有關你自己的真理。」你可能認為這件事很容易做到，但它可能是所有事情中最棘手、最困難的。它需要我們對自己完全誠實。

來自與神對話的所有訊息以一種奇妙的方式交織在一起，稍早它曾告訴我們，誠實、覺知、責任是全人生活的三個核心概念。現在它邀請我們把那些概念用於面對以及承認我們關於我們自己的真理。

當然，關於你自己的真理是不斷變化的，因為你正在不斷變化。你昨天的情況並不是你今天的情況，而你今天的情況可能也不是你明天的情況。然而，你今天的情況還是你今天的情況，而那就是關於那個情況的真實。

在第九章時，我說過根據我的經驗，「真實」就是存在上理解的實相，或者，如果你願意的話，也可以說是一種個人自由與個人意志的行動。一件事情之所以是「真實」的，是因為我說它是。因此，它對我而言就是真實的。

當一件事情經過幾個世紀後對許多人而言依然都是真實的，人類就習慣稱它為真理。對於在這個層次上的真理，我的說法是：在歷史中暫時理解的實相。（它一點都沒有被當成是「暫時」的，不是嗎？）

所有的真理都是暫時的，我認為我們越快接受這一點，我們就越明智，我們就不會讓自己在某個時候以某種方式被某個真理綁住——在我們的世界，我們常常說那是「政治」或「宗教」。

你應當知道的事

所以我要你了解，當我在這本書裡使用「真實」一字時，我講的是存在上理解的實相，我講的是我所認定為真實的事情，而我正在邀請你去探討它對你而言是否是真實的。

關於說真理的第一個層次，我們談的是，對你而言，在這裡，在此時，什麼是真實的。第一個層次邀請你，對你自己說關於你自己的真理。包括好的，也包括不好的，或是你所說的好與壞。只要說出關於你和你自己的每個部分，以及關於你和外在事件及你生命中的人之間的關係的真實情況。

你不須與任何人分享。沒有人需要知道。但是你應當知道。你應當時時刻刻都很清楚。否則你的內在將對於你許多的外在經驗感到困惑。

第二層真理

說真理的第二個層次邀請你對你自己說有關另一個人的真理。

這一點也是知易行難。我發現人們往往想要欺騙他們自己有關另一個人的事。一個典型的例子就是，當他們內心明白自己不再與對方相愛時。

每次當這個想法出現時，他們就會立即加以排除，他們對自己說，他們不應該有這樣的念頭，他們只是在這一刻感到難過，他們只是對某一個特定的事件或處境有所反應。因此他們就長期維持著一段失恆的關係，他們說服自己相信，他們不斷在內心告訴自己的話都不是「真實」的。

他們發現自己時不時就會對「愛」與兩人適不適合感到困惑。他們認為兩人必須是一體的。當他們感覺能和對方和諧共處時，他們就告訴自己說，他們相愛。當他們不和諧時，尤其如果這個情況已經持續很長一段時間了，他們就告訴自己說，他們再也「不愛」另一個人了。

我發現我必須住在一個和諧的場域，才能有生產力、創造力、平靜，以及對他人有所幫助。我也發現，要我去愛某個和我無法相處融洽的人，是完全可能的事。

對我來說，困難的是要拋開愛某個人就表示我必須與他們同住的這個想法，這個想法會讓我的餘生以及我的整個生命旅程都處在情緒混亂中。我以為如果我愛某個人，向對方表達我的感情，並且承諾要永遠愛他們，那麼無論如何，我就得與他們住在一起，而離開他們就是宣布我不愛他們了。我把愛與身體的親近混為一談。結果就是，我創造出許多的「永久」關係，感到我必須要與每一位接受我的愛的人長期綁在一起。

我不是第一個這樣想的人。

當我終於學會對我自己說有關另一個人的真理時，我終於能夠以一種嶄新且更好的方式來協調關係。我要很遺憾地說，直到我傷害過許多人之後，我才做得到這一點。

而你沒有理由要陷入或待在同樣的困境裡。

第三與第四層真理

在下一個說真理的層次，我要對另一個人說有關於我自己的真理。這表示透露一切我內心所想與所經驗到的關於我自己的事，以開放與誠實的態度和對方交流。在他們面前完全赤裸。

人類行為有趣的一面就是，要在自己心愛的人面前赤身裸體是相當容易、甚至令人興奮的事，但是要我們在同樣的人面前坦露自己的想法與情緒，往往是相當不舒服與困難的事。我們願意自己的外在被看得透澈，而不是內在。結果就是，相處多年的人或慶祝結婚五十週年的夫妻，往往在許多方面就像陌生人般，這種情況遠遠超乎你所能想像。

如果我們擁抱並實踐說真理的第三個層次，情況就不會如此。然而，這個實踐需要無比的勇氣。我們必須願意冒著被拒絕的風險，由於拒絕是許多人最大的恐懼，因此要冒這個險需要最大的勇氣。

然而，如果對方並不知道要接受你什麼，這樣做的好處在哪裡？我們能獨舞多久呢？

我們迫不及待要在身體上彼此坦露，卻希望心理與情緒上沒有被揭露，這樣的情況能持續多久？我們能駕馭這輛雙頭火車多久？我們能對摯愛的另一半說多少次這句話：「完全了解我……但是不要問我那個……？」

而這就引我們來到說真理的第四個層次，對另一個人說有關他的真理。談論勇氣，談論勇敢，談論英勇！這需要最高的境界。雙方各自在自己內心交戰著想要透露多少以及相信多少，然而，一旦我們跨越雙方之間的無人地帶，它就成為我們最自由的體驗。

讓任何與你有各種程度關係的人知道，你對他們每一方面的真正感受是什麼，這是相當重要的。大事和小事。明顯的事和不是那麼明顯的事。重要的事和瑣碎的事。他們需要知道全部的事。的確，他們有權利知道全部的事。

人生並不是一場撲克牌遊戲，你用拿到的牌下注。人生是一場單人遊戲。我們攤開桌面上所有的牌，就在我們面前。儘管我們以兩人一組、有時是團體的方式進行，它還是一場單人遊戲，因為事實上我們只有一個，我們是一體的。

第五層真理

這就把我們帶到說真理的最後一個層次：對每個人說有關於一切的真理。

現在我們真正經歷到自由。當你不再需要向任何人隱藏任何事，你就可以用你所能想像的最愉悅、最有創造力、最有力、最流暢、最豐富，以及最真實的方式來過你的人生。

我說過人類有十個幻相，而第一個幻相就是需求。現在我告訴你：**當你不受需求束縛，你就可以自由前進**。

說真理的第五個層次便能帶給我們這種自由。我們現在得以展開我們的生活，沒有「看起來很棒」的需求，或是要「把它做對」的需求，或是要「在靈性上開悟」的需求，或是任何我們想像自己必須是什麼、做什麼或是擁有什麼以免被拒絕的需求。

這個層次完全透明，是一個我們這個世界並不習慣的境界。當這種透明度變得普及，不只是在我們的個人生活，也在我們的集體經驗中，從企業到政治到教育到宗教，以及在這些領域之間的一切事情，我們將創造出人人都能夠知道一切事情的社會，以及知道人人的一切。

這樣的想法讓我們思考：我們為何要有祕密？「祕密」與「隱私」之間有什麼不同？什麼原因造成我們認為任何事都需要保留「隱私」？為何「愛」這個最高層次的展現可以神奇地抹去隱私的需求？

我們需要對我們摯愛的另一半隱瞞什麼事情嗎？

是嗎？如果是這樣，那會是什麼？如果不是這樣，愛與親密是怎樣抹去了隱私的需求？

可不可能是因為愛與親密創造了安全感？我們感覺到安全與持續被愛嗎？我們覺得自

己本來的樣子被接納嗎？因為害怕我們將因為我們本來的樣子而不被接納及不被愛，所以我們覺得需要保密和隱私？

這是否讓我們明白了我們在這個星球上互動的方式？如果我們渴望一個完全轉化的社會，它是否給了我們可以怎麼做的線索？

把這個訊息應用到日常生活中

CWG CORE MESSAGE 17

這五個層次的真理是知易行難。至少就我而言是如此。我總是沒有辦法達到所有層次。但是我現在比以前更能夠做到了。

這裡是我建議的一些方式，讓你可以在日常生活中應用第十七個核心訊息。

◆做一本真理筆記本。（對，我知道，筆記本習慣又來了。但是就如我先前解釋過的，為生活的許多面向設計筆記本，並且記錄下重要的內容，對於創造出你一直希望去經歷的生活來說，是一個很強大的工具。所以請暫且同意我，不要爭執。做筆記就對了！）

◆在你的真理筆記本中，寫下你目前所知有關你生活每一個面向的所有真理。把你的敘事分成幾個部分，或許是：金錢、愛情、性、神、工作或事業、才華與能力、子女與教養、外表與身體特徵、心理特徵、居住與環境，以及其他你正在經歷的事情，還有你對自己的認識。如果你對自己誠實，你所記載的內容可能讓你感到有點不舒服。沒有關係。就去經歷這個不舒服。不舒服只不過是一種宣告，療癒正要開始。

◆在你的筆記本中寫下類似的主題，用類似的敘事，講述有關另一個人的真理。這個人可能是你生命中的任何人——你的配偶、你的子女、你的朋友、鄰居、上司，甚至是你的神。

◆現在，帶著這些你所披露關於自己的事實（把它們寫成文字只是讓你內在的經驗具體化），去經歷它們。經歷它們的第一步就是把它們說出來。請記得：「說出你的真理，但是要保持心平氣和。」

◆下定決心從這一天開始，你會完完整整地在每件事情上對每個人說實話。這並不表示你要四處對人說你不喜歡他們的穿著或是他們的髮型，但它的確表示當你被問起某件事，或進行無論各種主題的溝通時，你毫不隱瞞自己，完全坦白，讓你自己完全被看見。當你表達自己並以你的真實身分來經歷你自己時，你對這種經驗就會無所懼。甚至，你將歡迎它，並且等待它。因為如果別人只能經驗到片面的我們，他們要怎麼完全認識或擁抱我們呢？這是每個人在每個關係裡的問題。生命邀請你，以最大的勇氣回答這個問題；生命也向你承諾，如果你回應了這個問題，你將得到最大的回報。

◆質疑你的文化、你的宗教、你的社會、你的政黨、你的學校，以及你的家人所教導你的每一個真理。當然也要質疑這本書裡的每一個真理。

◆寫出二十五個你人生中最重要的真理，並且在旁邊註明你為何視它們為真理，以及如果有的話，什麼能改變它們。

◆盡可能地為他人創造一個讓他們說真理的安全環境，並且要他們也做同樣的事。和你摯愛的另一半討論看看，你可以做些什麼讓他感覺到在你的愛裡有充分的安全感，無論他們告訴你什麼。

◆練習「說出你的真理，但是要心平氣和」的方法，寫出任何你希望向對方說的重要真理。當然，這樣的練習往往是不可能的事，因為「真理的時刻」是自然而然地出現。可是有時候我們真的想要向對方說某件事，只是我們在等待「對的時間」。這是練習這個技巧的好時機。寫出你想說的話，把你在這個主題上所有可能的負面能量都說出來，以最能釋放它的話語把它釋放出來。接著，瀏覽一遍你寫的內容，注意看看有沒有什麼方式可以讓你把同樣的事情說出來而不會失去任何目的或意義，除了失去你可能攜帶的負面能量或各種潛在的傷害性或批評能量。

◆聲調與臉部表情就像真正的話語一樣，也是一個重要的能量載具。所以在平靜的溝通中，把所有一切都納入考慮。

◆享受一下這個小過程。拿出一張紙，寫下三個人的名字，他們是此刻你認為對你來說重要的人。在每個名字下方完成以下這個句子：「我不敢告訴你的是……」看看你心裡是否浮現任何事，找個方式盡快就這件事與他們溝通。

◆別怕用這個句子來開始各種對話：「我不敢告訴你的是……」永遠要去問當事人，是否允許你對某件事開誠布公。表現出你的誠懇。不要死板地唸這個句子。

◆每天都對你的神說真理。如果你生氣，你就生氣。如果你有感謝，你就感謝。如果你感到受挫和懷疑，你就確實表現出來。每天都以真實的態度與神對話。不要只用一種方式來進行這個對話。在紙上進行對話……做好心理準備，迎接令人驚訝的回答。無論如何，保持感謝。如果你不想要你的人生有所改變的話，就不要做這個練習。

15 與神對話核心訊息十六

當人類有了足夠的勇氣，去質疑他曾經接受的有關他自己及神的一切事情，相信他真的是「以神的形象和模樣」受造出來的，那麼至少他將能夠以他一直想要的方式，以一種向宇宙所有有情眾生開放的方式，來表達與經驗他自己。

我們都知道，有人做到了這一點。有時候他們的作為引起我們其他人的注意，而我們其他人要不是無法做到，不然就是因為我們的信念而拒絕去做，或者是因為我們對於神的認識而害怕去做。

凡是以可見的方式做到的人，他們引起人們的注意，並且在歷史上留名。我們稱他們是聖人、賢者、導師、殉道者、英雄，因為他們違反了人類這個物種的核心概念：我們不是神，我們也不是神的一部分，我們絕對不能也無法提升到神的層次的表達與經驗。

然而，此刻神正向人類展現它自己，神向我們提出邀請，要我們稱呼我們自己（我們每一個成員，不只是少數被選的人）聖人與賢者，導師與英雄。神的兒子不只有一人，而是所有人。極樂與有福的並不只有一位婦女，而是所有婦女。不是只有一個人是神，每一個人都是神。

神無意把它的偉大只給予我們其中一人或是少數被選的人。神想要的是把神的所有質地都給予神全部的有情造物。神已經這樣做了，明確且細心地。每一位有情眾生確實都是「以神的形象和模樣」被造。

雖然這件事我們已經聽了好幾個世紀，但是我們似乎才剛進入有可能把這一點當成終極實相的境地。接受它而不會被稱為褻瀆者、叛教者或異教徒。接受它而不會被視為瘋子或古怪的人、瘋狂的自我中心與自以為是。接受它而在我們的社群內不被邊緣化、不被排斥、不被妖魔化。

抉擇：瓦解或突破

人類正處於突破的關頭。長久以來，當面臨崩潰的威脅時，突破就會發生——而且在我們物種的歷史中，過去從未像現在這樣，在許多方面都面臨完全瓦解的威脅。

在我們的集體經驗中，沒有任何事是以我們希望的方式在運作。我們小心翼翼地建構出政治、經濟、生態、教育、靈性體系與解決方法，卻沒有任何一個產生出設計的結果，也就是我們長久以來嚮往的結果。任何想像我們的政治、經濟、靈性或其他體系是確實在運作的人，不過是癡心妄想。

妄想（delusion）和幻想（illusion）是有差別的。幻想是神奇的，妄想則是悲慘的。我們在這裡所要做的、我們的機會、來自生命的邀約，是要把悲慘的妄想轉為神奇的幻想。透過純粹的創造力量，我們就能做到這一點，我們要明白生命的一切都是一種幻想，並且以我們希望的方式去創造我們幻想的實相，而不是繼續以我們被告知我們必須遵守的方式待在我們妄想的實相中。

然而，當我們站在這個偉大機會的關頭時，有件事是我們必須要覺察的。法國詩人、牧師及哲學家阿波利奈爾（Apollinaire）寫了以下這首作品，我稍微改寫了一下：

到這個邊緣來。
我們不能。我們很害怕。
到這個邊緣來。
我們不能。我們會跌落。
到。這個。邊緣。來。
他們就來了。
他就推了他們一下。
他們就飛了。

飛行的比喻

如果我們真的想要起飛的話，我們得先願意去考量飛行的可能性。與過往相比，我們現在更必須考量這個可能性，因為我們正接近跑道的盡頭。現在正是時候，我們不是往新的方向飛去，就是接受停留在舊信仰的地面上所無法避免的可怕未來。

然而，當我們帶著勇氣與信心邁向我們最希望與夢想的明天時，重要的是理解我們在沿途上將面臨什麼。重要的是我們要充分理解……

CWG CORE MESSAGE 16

每當你說了什麼，一切與之不同的事物就會進入這個空間。這就是相反律，它創造出一個脈絡場，在其中你會經驗到你想要表達的事物。

這件事對我們理解生命運作的方式來說至關緊要。如果我們不知道宇宙間這個永恆不變的法則，我們就會想要撤離、退卻、放棄、逃避踏出邊緣及飛翔。我們就會恐懼、擔心、嚇壞了。

的確，那就是好幾億人的生命本質。他們實在是嚇壞了。他們的生命從早到晚、從最初到最後、從開始到結束，都活在恐懼當中。

首先他們害怕他們的父母。然後他們害怕他們的老師。他們害怕他們的雇主。他們害怕鄰居。他們害怕自己的國家。他們（有些人，甚至許多人）害怕神。

這是因為在他們四周充滿了各種東西，除了他們正在尋求與希望的事物。

然而，相反律並沒有什麼好怕的。它的影響帶我們來到一個具有偉大力量的地方，超越我們的人生過程與方向。當我們見證到它所帶來的結果，我們最終就能夠確定，我們是往正確的方向行進。

當然，它完全是違反常識的。當我們見到的事物和我們選擇要創造的東西相反時，我們就認為我們走錯方向、做錯事、產生錯誤的結果。但大多數時候，事情的反面才是真的。那就是為何這個道理稱為相反律。

讓我們來看看它是如何運作的。

它是一件必要的事

相反律是我在與神對話時接收到的一個名稱，它讓我得以理解，為什麼每當我做出決定的那一刻，好像突然間就會遇到某種障礙或阻力。「除了」我致力於表達及經驗的事，我看到的似乎就是所有關於我為何不應該繼續這麼做的理由。

然而，生命**一定**要如此。它是一件必要的事，為的是讓生命創造出一個脈絡場，讓我們在其中能經歷我們所選擇的表達。

這一點在與神對話中已經有廣泛的討論，本書第八章也探討過。現在，讓我們看看一般人在這方面的實際遭遇，也是我在自己生活中的體驗，以及觀察他人生活的心得，如此我們就比較能夠明白它為什麼有用，以及如何運用。

「抓住」的祕訣

如我所經驗的，個人的創造過程以三個步驟出現。一、我們有個構想。二、宇宙立即創造出一個脈絡場，並提供對比的元素，在其中這個構想本身可能顯得很奇特、可能被看見、可能被經驗到。三、我們看見每一個對比元素真實的樣子——不是一個**障礙**，而是一個**機會**，讓我們能夠和我們原始的創造一起前進。

我常把這個情況稱為抓住的過程（Process of Ceiving）。

我知道，我知道，沒有人這樣說。但是讓我們進一步看看這個迷人的表達……

所有的創造都始於當我們構思（conceive）出一個什麼的時候。我們有這樣那樣的構想。這就是醞釀的時刻。我們誕生出一個新的想法。

當我們對於某件事有個構想，心智就靜觀它。心智探索並檢視這個構想。然後我們感知（perceive）到我們構想的內容。

我們的心智如何感知、看待及評估這個構想，決定了我們如何經驗它。這是個好點子還是壞點子？它有作用還是無法作用？它是可能的還是不可能？我們要採取行動往前進，還是停下來並撤退？

於是我們再度思考這個構想，但不是以其原始的形式。反之，我們重新接受（receive）它。我們再一次地抓住它！然而，現在它的形狀已經不同於我們原本感知到的。它已經變成原始內容的扭曲形式。

對於如何接受我們所感知到的構想，我們得小心謹慎，因為如果不小心，我們很可能就會否定自己。也就是說，我們將否定我們想要做的事情。我們將製造出謊言，因為我們接收了自己所感知到的我們所構想的內容。

有人在偉大的構想被構思出來但尚未付諸實現之前就放棄了它。他們這麼做是因為相反律讓他們覺得他們看到的是反對，而非機會。

知道真相

我們常會略過那些在我們生活中看起來像是障礙的事物，或者你可能會說是降低它們的影響。那些障礙物只是訊號，指出我們正朝向正確的方向前進。它們也是一種通知，告訴我們一個脈絡場已經產生，在其中我們能夠經驗到我們選擇要顯現在我們實相中的事。

回到第八章舉過的一個例子，當黑暗降臨，我們把它視為一個讓我們知道自己是光明的機會。

所以當我們看見這些障礙出現時，應當如其所是地把它視為一種證明，證明我們走在正確的道路上，並且繼續前進。

把這整個過程從形上學的領域搬到我們稱為物質生活的領域裡，我們會把這一切簡單地稱為「決心」或「毅力」，「遵守我們的信念」或「展現毅力」。就形上學的角度，則稱它為「知道真相」。

從靈性的角度來看，沒有任何事物得以成就、表達或經驗於一個存在著對立面的脈絡場之外。這有助於我們以一種相當不同的方式去處理那個對立。我們賣力向前，而不是因打擊而後退。我們奮起，而非逃避。我們覺得被連結，而不是被拔掉插頭。所以我們整裝前進，邁向下一個恢弘創造的榮耀與目標。

沒錯，可是萬一……

有人會問：要是事情與我們努力想要完成或經歷的情況相反，且無止盡地出現，一次又一次，連續好幾個月、甚或多年，怎麼辦？

我自己也必須檢視這個問題，因為我們都有過這種經驗。而相反律中有一個細微差別，值得我們進一步探討與解釋。

在我自己的生命中，如果有些情況與遭遇持續出現，讓我漸漸難以達成我原先設定好要去做的事，我會立即檢視兩件事：

一、在我的基本信念中，有沒有什麼觀念造成我無法以有效的方式來運作相反律，而是把機會視為阻礙？

相反律提供我一個機會去檢視我的信念。在我最深處的實相中，有什麼想法讓我無法成為、無法去做或無法擁有我致力於要成為、要做或擁有的事物？

當你問自己上述這個問題時，有可能你會發現並沒有任何信念阻止你去追求生命的目標。根據我的經驗，這種情況很少見，但並非不可能。在這樣的情況下，就是問第二個問題的時候了：

二、可不可能我並不是往錯誤的方向前進、做了錯誤的事情、製造出錯誤的結果，而只是追求的方式錯誤，或是時間點不對？

這個情況往往讓我思考一個之前沒有想過的可能——也許我們需要的並不是改變目的，

而是改變方向。這兩件事並不相同。

改變方向並不是放棄我們的目的，只是選擇一個不同的方式到達那裡。

哪一個是哪一個？

相反律提供的不只是一個可以讓我們去創造我們所渴望的經驗的脈絡場。它也提供我們一個靈魂號誌（Soul Sign），讓我們知道這可能不是創造的完美時刻，或者這可能不是最有效的創造方法。

因此，在應用上，相反律是雙向的，而非單向。

這一點就引來另一個問題：我們如何分辨兩者的不同呢？

在我看來，那是強度的問題。如果出現的是與我希望經歷的事相反的事物，而且就在我做了一個選擇或決定之後出現，我通常會一笑置之，帶著覺知而笑。因為我知道這會發生。我知道它一定要發生。人生沒有其他選項。相反律**必須**顯現在我的生命中，因為個人的創造過程需要它。

然而，如果看似與我作對的事持續地出現很長一段時間，並且如果我在儲放能量的個人信念體系中實在找不到支持，我確定我最大的願望無法實現，那麼我就必須接受事實上我可能是收到了一個靈魂號誌，告訴我此刻它對我來說並不是最好的事。

所以，當障礙與對立出現時，也和強度與期間長短有關。

事情遠比想像的複雜？

我要說一件聽起來有點「瘋狂」的事，但是如果我希望對你有所幫助的話，我就必須加以探討。

如果你讀過與神對話，你就知道我們所有人不只活過許多世（常被稱為輪迴），我們正在經歷的這一世也可以經歷不只一次。事實上，是許多次。

與神對話系列的最後一本書《與神談生死》（*Home with God*），告訴我們說，我們得以重複經歷任何特定的一世，想要多少次就有多少次，目的是為了以那個單一的身分作為一種工具，讓我們在生命中的許多時刻裡以神的表達方式，越來越靠近完美，越來越接近完整。這就是所有靈修大師們成為大師的過程。

當我們正經歷我們以前所經歷過的生命時，我們往往會發現自己處於我們稱為似曾相識的時刻。就好像是我們之前就經歷過那一刻了。我們暫停下來。我們思前想後，想知道這樣的事情怎麼可能會發生。我們甚至會大聲說給周圍的人聽：「我的天啊，我以前就經歷過這整件事！一切就像那時候一樣，你正坐在那裡，我正站在這裡，我們正在說這個……我以前有過這個經驗！」

有過此種經驗的人比你想像的還要多。也許你自己也有過一兩次這種經驗。如果你有過，你就知道我在說什麼。我在與神對話的過程中，神已經告訴我，這種時刻是從相同的一世進入這一世，像是一滴水穿透了一疊半透明的信紙。

在這個相反律的脈絡中，當機會事實上是個阻礙時，我常常感覺這就是我們的他我（other self）的物質顯現，它在向「現在我」（present self）發出訊號，告訴我們說我們以前已經嘗試過這件事了，結果並不太順利。

讓我用另一種方式來說。

我認為我們沿著時間軸同時存在於所有的地方。如果這是真的，那麼我們就有一個在未來的自我，一個在現在的自我，以及一個過去的自我。

（過去、現在、未來並不存在於這個宇宙觀裡，只有永遠的現在。在永遠的現在這塊土地上，我們目前正在經歷的，取決於各個生命表達的意識專注於何處。）

透過神聖生命本身的表達，**我們可以指引我們自己**如何處理靈魂的議題，達成我們從靈性領域移往物質領域時，我們打算要達成的事。

如果我們真的與神是一體的，如果我們的意識真的擴展到包括所有一切的經驗，那麼就不難想像，我們心靈的一部分能夠接近靈魂的某個部分，這個靈魂的部分知道如羅伯特・海萊因所說的，它在所有存在的時間和地點中所做的一切探險。

我們也不難想像，靈魂可能是在「警告」我們，像鐵路平交道的號誌一樣，告訴我們說現在可能不是往我們正要去的方向前進的好時機，轉個方向才好。或者至少等一下。（除非我們希望自己眼前這一世所經歷的，與我們在其他旅程中以這個特定身分所經歷的一模一樣，若是如此，就大步前進！）

不需要信念

我知道這聽起來很不合乎常理，距離我們許多人所謂的「現實」非常遙遠，它可能令你難以接受。但我要告訴你，無論你接受與否，都沒有關係。

我要跟你說的是，如果在你創造的最初階段，出現了與你想要經驗的事「相反」的情況，請立刻去經歷那個看起來是相反的情況，並且把它當成是一種機會。帶著你的毅力、決心與承諾去做。我在自己的人生中曾經這麼做過，而且我可以向你保證，這個方法的力量很強大且有效。

我也要跟你說，如果反面的事物持續出現很長一段時間，而且強度越來越大，它可能就符合靈魂號誌的第二個類別，關於這一點我剛才已經盡力描述過了。

這就是我在這個主題上可以提供給你的智慧。它給我很大的幫助。我希望它也能夠幫助你。

把這個訊息應用到日常生活中 CWG CORE MESSAGE 16

如同一切生命，相反律比它表面上看來更加複雜。然而，它對我們非常有用。這一點是毫無疑問的。

了解這個道理之後，我不再感到洩氣，不再停滯不前。而且那樣做是有好處的。所以讓我給你一如何把這一切應用到日常生活中的實用建議。

◆立刻去買一本拜倫・凱蒂的《一念之轉》。我先前提過這本書，它是用來改善生命的一個有力工具。著手進行凱蒂所稱的「轉念作業」（The Work）。這是一個簡單的自我質疑的過程，它邀請你去探索（比你通常可能做的方式還要深入）你正浮現的全部念頭。在這裡我也邀請你這麼做，尤其是對於那些和你想要的經驗剛好相反的事情。用凱蒂鼓勵你去探索的問題來問你自己。它是真的嗎？你能確定它是真的嗎？當你相信那個念頭的時候，你如何回應，以及發生了些什麼？如果沒有這個念頭，你會是誰？接著請試試凱蒂所稱的反轉（Turnaround）。它能夠改變你的生命。如果你想知道多一點有關創造的工作，請上 www.TheWork.com 網站。

◆下一次當你出現一個美好的構想、一個令人興奮的憧景或美妙的夢想，而你想要讓它成真時，**無論如何就去做**。也就是說，別讓任何事情阻止你。當然，不是短時間就能做到。我不認為生命會傳送給你一個靈魂號誌，要你等到某段時間之後才能做某件事。但就我而言，那通常是幾個月或幾年，不是幾天或幾週的事。我肯定會堅持到底。

◆我的座右銘是：「如果有一條路，我就會找到它。」我想神喜歡這種決心。它傳送了一個訊號到天堂：我們知道我們真正是誰，我們知道我們有什麼樣的力量，我們明白那個力量在脈絡場中可以被表達出來，並且我們打算不讓任何事阻礙我們的表達，即使我們遵循靈魂號誌而等待，或者是以另一種方式來表達。

◆無論你正在經歷相反律的一個短期顯現，或是某一個確實且可靠的長期顯現，告訴你你應該要改變方向，請永遠祝福那個以這種方式出現在你生命中的事物。生命中的一切，我是說一切，都是為了幫助你。我一位在法國的朋友賈克・夏克倫（Jacques Schecroun）寫了一本書《萬一人生只想要你一切順利呢？》（*What If Life Only Wanted the Best For You?*），這是一個非凡的問題，也是一個自問自答。人生確實只想要你一切順利。並且當我們以那個角度來看時，我們就會有那樣的經歷。它就是那樣的簡單與美妙。

我想在結束本章之前，對「以另一種方式來表達」這件事多加探討。

我說過，改變方向不應該是指改變目的。到達山頂的路不只一條。要知道，你希望經歷的事，永遠都是一種存在的狀態（State of Being），而不是一個做（Doing）的過程。你正在做的事，或你認為你一定要做的事，不過是你認為為了達成某種存在的狀態而需要做的事。

如果你能夠完成你計畫要做的事，你認為你將會是什麼樣子。你會有所成就嗎？你會出名嗎？你會有影響力嗎？你會富有嗎？你會快樂嗎？你會感到夢想實現嗎？你會滿足嗎？你會滿意嗎？

所有這些事情，都是我們在自己生命中努力要達成的狀態。我們在做的事，不過就是我們認為我們必須怎麼行動的方式，以及我們想像我們必須如何使用心智的方式，以便讓總體的我們成為那樣。

然而，萬一有另外一條路可以到達那個目的呢？

請接受這個徹底轉變的觀念：首先，想想看，如果你只能夠做這個或那個，你會是什麼樣子。其次，列一張清單，包含你能想到的至少其他三種方式，這些方法可以讓你成為同樣的人。最後，把你希望成為什麼樣的人（也就是任何時刻、事件或創造的結果）提升到神的層次。下定決心，你希望去經歷與表達的就是神的自身；那是你以肉身形式來到這裡的唯一理由。

如果你認為這個訊息是「真實」的（請記得，「真實」的定義是「存在上理解的實相」），請根據這個標準來衡量你生命中的每一個希望、每一個夢想，以及每一個憧憬。問問你自己：

我現在想要做的事和我選擇以我的生命去表達與經驗的事，兩者有什麼關係？

我見到神的哪個面向示現在物質實相中？而那是我付出時間與能量去做這件事情所得

到的結果。

請注意：這樣的問題能讓你整個生命，不只是你個別的選擇與決定，進入一種全新的脈絡。

16

與神對話核心訊息十五

有人說，人類在未來將經歷一千年的和平。整個歷史過程中，聖人與先知都曾預言我們這個物種有一天將跨進一個我們想像最恢弘的明日，宣告我們終於真正作為宇宙的生靈以及神的顯現。

我相信，這確實就是即將要發生的事，我也深信，我們正在這個嶄新而美妙的生命表達的門口。現在我們需要做的就是敲門，就像一位上師如此預言過：「尋找，就尋見。扣門，就給你們開門。」

你我在這個顛峰時刻來到這個地球上生活，見證並參與這個非凡的轉變，我覺得這不是一個巧合、一個錯誤或一種偶然。我認為，你我的靈魂是按照約定、設計、意念而來到這裡。

我相信，你和我，我們以前來過這裡。這不是我們初次拜訪這個星球上的物質生命。我們立誓要回來，並且要持續回來，直到我們把這個物種提升到神在肉身顯現的層次。

然而，個別的「救世主」或唯一的「上師」的時代已經過去了。我們之前的聖賢、救主與上師都完成他們來到這裡要做的事。他們讓我們意識到我們所有人都可能是聖人與賢者，也都可能是救主與上師。現在他們再次走在我們當中，但是這回不是要帶領我們，而是要加入我們自我實現的過程。他們先前拜訪的目的，是要以身作則帶領我們。這一次的目的，則是要透過合作的方式來支持我們。

這個合作的層次讓許多人經驗到據說只有「上師」在過去所經驗到的事。所以我們見到數百萬人過著聖潔與非凡的生活。我們也見到數千位使者現身，與他們的弟兄姊妹分享關於生命的智慧與領會，這些分享的內容是使者自身在此生的經歷中所不知道、也不理解的。然而，地球上的所有人，一個接一個，現在都緩慢漸進地明瞭，所有人都被賦予接近集體潛意識的能力，以及瞬間從永恆智慧中抽離的能力。

這是人類轉變的時代。這是我們這個物種終於活出我們的真實身分的時刻。

在與神對話的核心訊息當中，有一個觀念形成了這些對話的基礎，它想要和我們分享並且鼓舞我們……

—— CWG CORE MESSAGE 15 ——

你的生命目的是要再創造你自己，讓它成為你對你是誰最偉大的意象最恢弘的版本。

我曾經懷疑我在這裡做什麼。我記得在我七歲的時候，我躺在床上，盯著天花板，不明白我為什麼還活著。當然，我以為這一切必定有某種目的或功能，或某種理由。

我問我父母這些問題，我很感謝他們盡力地回答我。可是當一個七歲男孩向你提出一個古老的問題時，你要對他說什麼？

然後我把這個問題帶到教區學校，向修女請教。可是當一位一年級新生向她請教人們在博士論文最後一年才會問的問題時，她要對他說什麼？

所以我就去問教區牧師這個問題。我告訴自己，牧師當然有答案，尤其如果他是一位蒙席（monsignor），而且在他的長袍上有那些紅色鈕扣！可是當一個七歲孩子的問題是蒙席問主教，主教再轉問樞機主教，樞機主教再請教教宗以求得答案的問題時，這位蒙席要對這個孩子說什麼？

所以直到童年結束，我還是沒有從任何人那裡得到一個令我真正滿意的答案。我在大部分的成年時期也找不到滿意的答案。直到我五十五歲的時候，有個東西對我說話，終於讓我的靈魂覺得那聽起來有些道理。

那就是我與神的對話。神直接對我說：「好，沒錯。你一直很誠懇且確實想要知道答案。你對這個問題已經探尋了半個世紀之久，打從你是一個小孩就開始。你探尋的並不是小事。它對你而言並不是無意義的事。好，你值得一個直接的答案！就在這裡。」

於是我就接收到上面這個核心訊息。

我們不必知道的事

令人驚訝之處在於，神不在意我對於自己最偉大的意象是什麼。神對於這件事並沒有任何偏好。所以無論我把自己想成是一個屠夫、一個麵包師傅、一個做燭台的工匠，我的人生目的其實非常簡單，就是成為那樣的人生最恢弘的版本。

（雖然到最後，我發現它與我的職業無關。稍後對此有更多說明。）

神對我的人生選擇並不執著，這個想法和我在年輕時期一直聽到的大不相同。生長在信仰天主教的家庭，我一次又一次地聽說，神對我有個計畫。神對我們每個人都有一個計畫，教室裡的修女這麼宣布。但是他們從未告訴我，那個計畫是什麼，除了教我要努力當個好人，這樣我才能回到天堂。

所以我就那樣做。

我努力當個好人。

而當我無法做到我以為我應當成為的好人時，我去告解，告訴神父我做過的一切壞事。然後我就做了神父要我做的贖罪，這樣我才能收到他為我的罪所做的赦免。然後隔天我在彌撒中領聖餐。接著我再度上路！我的不良行為所造成的阻礙都清除了！我再度受到鼓舞，再度擁抱我不知道要走向哪裡的旅程！

如果你認為這可能在情緒上、靈性上、心理學上及人文上都令人受挫，完全沒錯。尤其對於一個九、十歲的小孩而言。即使是二十二歲或二十七歲的人也一樣。或是三十九歲或五十六歲的人！在我完全不知道我要往哪裡去，甚或不知道我為什麼要去的情況下，我怎麼可能到得了我要去的地方。

這就是我貧乏的心智狀態。而如果只有我一個人經歷所有這一切，那不是很好嗎？如果那只是在下敝人我無法把事情想清楚，是不良童年的經歷對辛苦的成人生活所作出的回應，並且發現要讓人生有意義是完全不可能的事，那不是很好嗎？如果人生只是那樣，不是很好嗎？但是人生並不是那樣。

我們都在同一條船上

我要申明，我有一個美好的童年。我有很棒的父母親。他們提供我各種機會。不過我們不是特別富有。事實上，我們屬於中下層階級。但是與世界其餘百分之九十的人口相比，一九五〇年代美國的中下層階級還是過得相當好了。所以……那方面我沒有怨言。

而我在成人時期的逆境呢？沒有任何逆境。它們在我的生活中沒發生過，也不存在。我一直很幸運。我希望我可以說你們所有人也是如此，但是我一直算是幸運的人。那麼，我的問題是什麼呢？

我想要說的是，那並不只是我的問題，而是由於各式各樣的原因，造成數以百萬計的人所面臨的問題。我們大部分人的父母、教師、社群、社會只是沒有告訴我們存在的理由是什麼。

於是我們迫切地問：我們存在的理由是什麼呢？

當我對神提出這個問題時，我收到的回答正是上面這則訊息。這個回答對每個人可能都管用，而且我喜愛它的對稱性。它以短短的一句話把我們真正需要知道的事都告訴我們，也就是關於我們為什麼在這裡，以及如何讓我們此世的生命充滿意義及美好。

我們現在必須做的事，就是決定我們對於我們是誰最偉大的意象是什麼。而知道神不會因為我們所做的選擇就認為我們做錯了，是多麼美好的事。畢竟，歸根究柢，神對我們並沒有任何計畫。比起讓一位對我們沒有要求的神感到失望，我們其實更有可能讓父母的期待落空。

因此所有的選擇都向我們打開，而且神向我們保證，我們來這裡要做的事，並沒有所謂對的方式或錯的方式。

一個真實的生命幻相

當我回顧自己的人生時，我明白我更早之前就以一種很棒的方式接收過這個訊息，和我在與神對話中的經驗非常接近。我不知道你們是否也一樣，不斷在人生中接收到各種訊息，只是都沒有和它們同步。

讓我告訴你關於我早期的經驗，因為那正好是一個很棒的例子。

我還年輕的時候，曾在馬里蘭州一間很大的公家機關從事一份很重要的工作。有一段期間，我奉命建制一套管理計畫，好讓我們這類的機構能夠以特別而明確的方式與聯邦政府互動，以便提出各種案子。這套計畫是要提交給國會的一個小組委員會。

我完全不知道要怎麼寫，也不知道要如何提案。我以前從未處理過這種事。我怎麼會知道要如何提交這麼重要的文件，給像美國國會如此重要的國家機構呢？

我打電話給我父親，向他解釋這個情況。「我要怎麼準備這份文件？」我問他。「我知道我們組織打算要做的事，但是我不知道要怎麼把它寫進一個要送到華盛頓去的書面報告裡。」

我父親耐心聽完我的抱怨，然後他溫柔地說：「兒子，我沒有告訴過你嗎？」

我等著被用力一擊。

「做任何事都沒有所謂『對的方式』。有的只是你做的方式。」

我不發一語。我在思考。好難。這是真的嗎？然後我父親繼續說。

「相信你自己。用你想做的方式去做，就好像沒有任何預期的方式。就用你認為是最好的方式去做。」

我謝謝他並掛上電話。我可以聽見自己在心裡大喊：「喔，就這樣而已？就只有說**我做得到**。我還以為有什麼規則，我還以為為了讓這整件事情行得通，必須有某種『表現』的方式。」

於是我繼續執行並且把報告做出來，我確實是以我認為應該要怎麼製作的方式去做。我把報告寄到華盛頓去。幾個星期之後，我接到一通電話，對方是小組委員會的委員助理，負責針對這個主題舉行國會聽證。他說：「我們對你有個請求。」

「什麼？」

「我們正在聽取其他州相關機構的意見。我們想請那些機構依據你們提供的格式，重新草擬他們的意見。委員們發現你所提供的資訊是最容易理解的，並且在表現形式上最為精確。我們想要以這份文件作為未來這類文件的範本。請你同意我們這樣做好嗎？」

在我回過神之後，我才明白，我創造出了呈交國會報告的格式，也就是即將成為一種「對的方式」。

你在開玩笑嗎？

大部分人尚未邁開的一步

我告訴你這個故事並不是要炫耀。我已經不需要去炫耀自己了。如果我們幸運的話，在五十歲至七十歲之間的某個時候，炫耀的需求就已經過了，而我很幸運就是如此。我分享這個故事是因為我認為它關係到我們所有的人。而且我已經明白，我父親多年前對我說的話，正是我們天父最近對我說的話。

人生的目的是要再創造你自己，用你對你自己是誰最偉大的意象最恢弘的版本，而且沒有人會告訴你那一定是什麼、它應當如何、它必須怎麼樣，或是成為它的「正確方式」。一切都得由你自己決定。

然而，這是多數人尚未採取的步驟。當你問一般人：「你對自己最偉大的意象是什麼？」他們往往無法回答，無法明確的措辭。而如果他們能夠回答，他們說的幾乎都是與他們在這個世界正在做或希望去做的事情有關。可是你在做的事與你是誰並沒有關係。是你**正在成為什麼**決定了這一切。

你能選擇你所渴望的任何事情。然而，你要明白一點：你的心所渴望的是一種存在的狀態，而不是一種工作環境。不是一個職業生涯。那只是**你決心要成為你想成為什麼的方式**。

你可以選擇成為神的任何一面，成為神的某一面是你進入物質界的目的。你能選擇變得有智慧與清明，有憐憫與體諒的心，有耐心與慷慨大方，充滿療癒與愛——神給你的那種愛，流經你全身，通向全世界。聽起來像是自命不凡？有些人可能這麼想，但是我不這樣想。而且我知道神也不是這樣想。我很肯定神會說，這聽起來像是一個令人興奮的選擇！

把這個訊息應用到日常生活中 CWG CORE MESSAGE 15

很容易就可以想出方法把這個訊息應用到你的日常生活，因為這個訊息本身是如此容易理解。它長驅直入人類經驗的核心。它對靈魂歌唱。它甚至打動了懷疑的心。（那並不是一件容易的事）。

這裡有一些關於這個訊息如何應用在日常生活中的建議，而我肯定你自己能想出更多：

◆在又過了一天之前，現在就決定你對於自己是誰最偉大的意象是什麼。不要擔心「要弄對」。我要你明白，**你是不會搞錯的**。就只是決定。就只是選擇。

◆當你做這個決定時，不要擔心你是不是得守著這個決定，至死方休。每天都可以重新再創造你自己。每天都可以想想要做什麼令人興奮的事。或者你每分鐘都想要飛。人生的每一刻都是你重生的時刻。那是神送給你最棒的禮物：一個還沒有事情發生的空間，一個你能真正決定你想要自己成為什麼樣子的空間，不管過去發生了什麼事。沒有任何事情有任何意義，除非你賦予它意義。你的過去不代表任何意義，除了提供你接下來關於你自己最恢弘的想法。

◆當你度過明天、下一週，以及下個月時，對於你先前已經做的決定，人生將以令人驚喜及一致的方式提供你完美的舞台，讓你去演出你所寫的場景。在此，我們的朋友莎士比亞又出現了。他說得很好，不是嗎？「這個世界就是一個舞台，所有的男男女女都是演員：他們各有自己上場與下場的時候；一個人一生扮演好幾種角色。」

人生邀請我們所有人：好好扮演你的角色。玩得開心。當人生似乎不開心時，要有智慧。當智慧失靈時，要有耐心。當缺乏耐心時，要接受。當接受很困難時，要感謝。因為感謝會徹底改變你認為某件正在進行的事不應該發生的這個想法。到那時，我們就找到了平和。

17 與神對話核心訊息十四

我選擇以反向的方式來談與神對話的二十五個核心訊息是有原因的。從這些訊息的原始順序來看，一個訊息引出另一個訊息，是合乎邏輯的進展。但是當我們更加深入分析並探討這些訊息時，我會從最後一則訊息往前推，這麼做可以讓你更清楚地看見**我們是怎麼到達那裡的**。

如同任何神學，對神的研究所依據的思想、洞見與智慧是很重要的。但好比說，如果我們以顛倒的順序來播放電影，它會特別具有啟發性。我的人生正處於一個思考的階段。我知道我的處境（到目前為止），而且我向來都是以建設性的方式來看待我是如何來到這裡的：透過一個事件接著一個事件，一個決定接著一個決定，一個選擇接著一個選擇，一個時刻接著一個時刻，從最近一刻到那些過去的日子。

當我回顧過往時，我並不是以人生經歷的順序來思考。我不是由出生到此刻這個過程來看人生。我看的方式比較是，從此刻到昨天，然後到前天，然後是上個月和去年，再然後是成年之前一段時期，接著是我的青少年時期，以及我的童年。

用這個方式來看，我往往會經歷我所謂的「啊哈」的體悟，因為我明白了，我每下一張牌，對之後的每張牌會產生怎樣的影響。我領悟到我為什麼有手中的這些牌，我也明白那些先前已經出的牌對於目前我手上的牌有什麼影響。

要更加理解這個經驗，你可以玩一局象棋，記錄你和對手在遊戲過程中的每一步棋。接著再以倒退的方式重複一次，看看先前的每一步移動如何造成遊戲結束時你的所在。（順便一提，這是學習如何下棋很棒的方式。這也能夠讓我們理解，以反向的方式來看人生，可以給予我們往前行的洞見。）

所以在檢視與神對話的靈性革命宇宙觀時，我提供你一個機會，讓你以倒推的方式進行探討，這個方式可以讓你見到每一個核心訊息是如何從之前的思索中誕生，創造出一連串「啊哈」的時刻，那是以順敘的方式不可能產生的結果，原因很簡單，因為你不會知道你最後會在哪裡結束。

我們正在看的是人類的新文化故事，以及一個新靈性的典範，就像偵探解謎一樣。他抵達現場，他知道發生了什麼事，但是他不知道如何或為什麼會發生。所以他開始尋找線索、記號等等跡象，那將告訴他事情究竟是怎麼一回事。

你是一位靈性偵探

當你在這裡和我一起看神說了什麼時，你得是一位偵探，抵達人類經驗的現場，揭開這個謎底：我們如何來到這個提供人類一個有關自己的新想法，以及一個重新再創造人類整個故事的地方。

當然，那就是我們在這裡要做的事。與神對話的宇宙觀以一個開放的邀請作為結束，它邀請整個人類重寫他們的文化故事，再次決定作為一個物種的我們是誰，重新選擇我們在地球上要做的事，並且宣告我們為什麼要這麼做，從而建立一個新的基礎、新的根基，讓我們據以建立我們個人與集體的未來。或是如羅伯·甘乃迪的名言：尋求新世界。

在三千多頁的與神對話的訊息中，那個新世界的訊息以及我們接著要探討的訊息，最令我印象深刻。當我們仔細研究後，你就會明白我們得出前面各個核心訊息的過程。

不過，我得提醒你，如果你只是快速讀過一遍的話，本章可能不容易理解。我在這裡所呈現的訊息，可不是我初次聽聞就立刻了解的。你可能也會覺得這個訊息具有挑戰性。

那麼，請允許你自己花一點時間在這個訊息上。某些段落你甚至會想要讀一次以上。慢慢來，完全理解它，深入思考你看到的內容。「啊哈」的時刻會讓你更加深入、更加明白、更加理解我是如何得出在這裡所做的說明。

讓我們看看神給人類的一句驚人的聲明……

CWG CORE MESSAGE 14

你的生命和你無關。它和你所接觸的每個人的生命以及你如何接觸有關。

直到過了大半輩子之後，我才領悟到，生命和我無關。就像每個我觀察過的人一樣，過去我也認定我的生命當然與我有關。我並沒有自以為是到想像所有我周遭的生命都是和我有關的，但是我似乎可以合理地假定，我所經歷的大部分人生都是和我自己有關的。現在，我所認識的神卻告訴我相反的事：我的生命與我無關，如果我以為有關，我就是不了解。

真是令人驚訝。真是令人震撼。真是一記響鈴。

起初我想要和它爭辯。我自己的日常經驗怎麼可能與我無關呢？我要拿這個訊息怎麼辦呢？我要如何理解與應用它呢？

如今，在與這個核心訊息相處超過十五年之後，我可以告訴你，它一直是我日常經驗中最有益的一則訊息，並且也是最具有挑戰性的一個訊息。

它改變了一切。它改變了我早晨起床的理由。它改變了我白天生活的目的。而當我夜裡躺在床上，盯著天花板，對於我完成的事以及它們有什麼意義感到懷疑時，它改變了我對於我的遭遇的理解。

無疑地，它是看待生命的一種嶄新且根本的角度。如果我用**我需要什麼**的觀點來想我的生命，那麼我就會認為我必須關注我的需求，把時間用來確定我的需求得到滿足。如果我把時間用在與我自己無關的活動上，那些需求就無法實現。所以生命與我無關的想法，要我接受一個關於我自己的不同概念：在個人層次上，我完全沒有要求。

當我深入探討這個可能性，我才明白要求與渴望的差別。我了解一個事實，那就是我完全沒有要求並不代表我完全沒有渴望。以往，我把我的渴望當成是要求。兩者合一，就成了「渴求」（desirement）。我覺得如果我的生命沒有辦法滿足我的渴望，我就不可能快樂。這就表示，滿足渴望是**必須的**。

進一步探討之後，我突然明白，關於神，人類也一直犯了同樣的錯誤。我們認為因為神有祂渴望的東西，所以神也有祂要求的東西。唯有當我終於了解，神無所需，並且神的本質就包含一切，我才明白神的渴望和神的要求是不同的。

神沒有什麼要求，但是神有渴望的東西。渴望某件東西不只表示沒有它，也可以表示擁有它並且非常喜愛它，所以選擇要經歷它多一點。

這樣一來，神可能極其快樂，並且渴望更快樂一點！

我們也是如此。我們甚至會渴望要比神更快樂。而那就是那本同名的書所談論的重點。在我相信是我受到神的啟發而作的書裡，我發現為了尋找快樂，我可以**渴望**某個東西而不必**得到它**。

這並不是一個無意義的「記起」（remembering）。

上師們為何這麼說

當我記起我真正是誰，當我了解我的靈魂就是神在我內心的臨現與證據時，我便明白我不可能要求什麼，因為一切我所渴望的事物都在我伸手可及的範圍內——在我之內。

當然，那是我最初想像我應該要找的最後一個地方。我人生的前五十年都在我自己之外尋找那個我所渴望的東西。當我找不到它時，想要獲得我「渴望」的東西的壓力漸增，把它變成了我「必須」要有的東西。最後就變成為了快樂所以我**需要**它。

當神告訴我，我的生命與我無關，而是和每個我接觸的人以及我接觸的方式有關時，我驚訝地張大雙眼，我領悟到我記起的始終為真的道理：我無所需，要經歷我所擁有的一切（那曾經是我想像我需要的）的方式，就是把它送給別人。

要經歷「擁有」，是透過「給予」而非「接受」。擁有並不是我們得到的東西，而是我們給予的東西，它帶給我們的是我們在生命中擁有什麼的經驗，而透過那個經驗，我們就有可能完整實現我們真正是誰。

我突然領悟到，為何歷代所有的靈修上師都以自己的方式這麼說：「施比受更有福。」沒錯，沒錯，我年輕的時候不斷聽到那句話，可是從來沒有人向我解釋，我為何應該接受這個道理。從來沒有人向我解釋這句話的形上學意義。父母、學校的修女、講壇的神父、社區的耆老、我生活的社會、我觀察的這個世界，都沒有人提供解釋。沒有人指導我，我周遭也沒有情況可以說明為何或如何「施比受更有福」。這句話當然是很動聽，但是從來沒有人告訴我，或能夠告訴我，它為何是真的。

然後，在這星球上待了超過半個世紀之後，我有了美好的與神對話的經驗，而神告訴我的道理是如此簡單，乃至於要把它當成是某種偉大的真理來分享時，似乎令人難為情。然而，這個訊息就是：就在給予中，我們示現，並且因此經歷我們的擁有。

賓果！我懂了！我明白了！如果我們希望經歷我們自己的圓滿狀態，除了給予一切，沒有任何事物是我們需要去追求的。

我們得先了解它的意義。我們必須知道，我們擁有一切是因為我們有一個渴望；事實上，它一直都在我們內心。

然而，從我們出生以來的全部經驗好像都與這個說法相反，我們要如何擁抱這個觀念？

人類面臨的最大挑戰

這已經成為我們人類面臨的主要問題。當我們的日常經驗似乎證明著相反的情況時，我們如何能想像、擁抱、接受「我們無所需」的這個觀念？

答案簡單得令人驚訝。我們必須以這個稱為人的重要存在，一個單一且完整的存在，來顯示我們有能力去滿足人類的需求。

當我們每個人都滿足其他人的一切需求時，就沒有人有任何需求，而神的許諾與預言也就實現：人類是沒有需求的。

這正是神做的事。當神感受到任何渴望時，神會用神已經擁有的東西去滿足那個渴望。因此，神無所「需」。

人類要體會這一點，就必須把我們自己**理解**為一個單一完整的存在，我們所有人不過是一個身體的各個部分。我們必須接受「我們都是一體的」這個觀念，這句話不只是一句格言，而是把我們設計出來的方式，是我們想要去經歷我們自己的方式，以及我們運作的方式，為的是表達我們的神性。

假如我們表現得彷彿我們都是一體的，彼此扶持、彼此分享、彼此照顧，則匱乏、需求與苦難將會從地球上消失，這麼說是否實際呢？

嗯，當然，我們無從得知，因為我們從來就不敢去嘗試。至少，不曾以一個整體為基礎去嘗試這麼做。當然，已經有些文化確實以這樣的方式來行動，住在社區裡，以整體為運作的基礎，在那裡「人人為我，我為人人」是一個已知的事實。我們注意到，在此種文化與社會中，人類幸福的程度升高，讓人不禁要想，如果整個人類都以這種方式生活，那麼整個星球上的生命會是什麼樣子。

合一不是目標，而是方法

此種集體經驗的創造並不是靈魂的目的。靈魂進入肉身形式的目的，是單一且簡單的：去表達與經歷，透過身體的形式去生成與實現神自己。這個合一（Oneness）的練習就是達成這個目的最快的方式。它是一個方法，不是一個目標。

生命是神用物質所造，而當生命達成它完整的表現形式時，它的每個層面與元素便表達了神的完全狀態（Divinity in Fullness）。

一朵玫瑰經歷生長與綻放後，展現出神的完全狀態。它再也沒有要做的事。它已經完成它出現在物質界要做的事。當這個過程結束時，沒有理由覺得悲傷，只要慶祝。

一顆在夜空中的星星經歷它的生成與璀璨後，便展現出神的完全狀態。它再也沒有要做的事。它已經完成它出現在物質界要做的事。當這個過程結束時，沒有理由覺得悲傷，只要慶祝。

人在經歷成長與茁壯後，展現出神的完全狀態。它再也沒有要做的事。它已經完成它出現在物質界要做的事。當這個過程結束時，沒有理由覺得悲傷，只要慶祝。

我們活著不是為了滿足我們的需求，我們活著是要去表達我們的潛能。兩者並不相同。最能夠表達我們潛能的時候，是當我們把它體現為我們的實相；不是把它當成我們需要去經歷的事，而是我們此刻選擇要去經歷的事。

而那就是為什麼我的生命和我無關，而是和你及每位我所接觸的人有關。而且我發現以這個方式生活，我過去嚮往、努力想得到以及爭取多年的所有事物，全都不費工夫地來到我面前。（如果那還不夠成為擁抱這個訊息的理由，並且讓你去試試看的話，那我就不知道還有什麼理由了。）

把這個訊息應用到日常生活中 CWG CORE MESSAGE 14

生命日復一日地、時時刻刻地提供我們無盡的機會，讓我們把這則核心訊息帶入日常生活中。這裡有一些方式讓我們可以做到：

◆看看你今天做的一些小事。不是像上班、看醫生、保養車子或其他消耗你時間的大事，而是小事。沖洗用過的杯子。輕撫狗兒。拿起零食咬一口。和親人打招呼或道再見。所有的小事。稍微看一看這些事情。

◆現在，問問你自己為什麼做這些事情。你是為你自己而做？你是為另一個人而做？如果你發現你是為自己做這些事情，留意一下你對此有何感受。如果你發現你是為了別人而做，留意一下你對此有何感受。

◆下定決心，從今天起，你所做的每件事都與你無關。你正在做你所做的事，但不是因為你需要，不是因為你必須，不是因為它得由你去做，而是因為你把你所做的每一件事都看成是你為另一個人所做的貢獻。把它想成（如果這樣對你來說容易些的話）就算不是對另一個人直接的貢獻，仍然是一種貢獻。問問你自己，即使是向另一個人請教某件事，是否也是你給了對方一個機會，讓他們以一個特別的方式來經驗他們自己。一旦你達成這種理解與覺知，就從那樣的位置來看待你的每個行動。

◆對另一個人的生命做出間接與直接的貢獻，隨著每一天的流逝，讓你的行動更加頻繁且更加有意。下定決心，你無所需，不需智慧、不需知識、不需理解、不需愛、不需幸福、不需耐心、不需憐憫、不需圓滿、完全不需任何事讓你快樂。下定決心，所有這些事物都已經存在你之內，而你在生命中的唯一任務，就是允許它們源源不絕地從你流出，進入另一個人的生命，這個人仍然活在幻相中，所以需要這些事物，並且得依賴外部的資源獲得它們。讓你自己成為這個源頭。看看這件事對你有什麼影響，為你帶來了什麼。

啊！現在我們看到這個循環完成了。結果就是，你正在做的事終究是為你而做！當然，那是真的，因為我們只有一個。因此，你對另一個人做的事，就是你為你自己做的事，而你無法為另一個人做的事，你也無法為自己做。所以結果就是，生命的一切和你有關。但這是和大你（Big You）而不是和小你（Little You）有關；是和宇宙的你（Universal You）而不是和在地的你（Local You）有關。

人生的目的是要做一（One）所渴望的事。這個一不是小一（Little One），是大一（Big One）。是唯一。當你完全領悟這一點，你將能夠充分活在所謂的神聖二分法下。那將改變你在地球上的一切經驗。

18 與神對話核心訊息十三

如果我們要在地球上真正地從事唯一（One）所渴望的顯現過程，我們就必須對我們生活的事件有某種掌握，某種少量的權限，至少某種能力，以控制並且創造我們日常生活的環境。

但是大部分人的生活經歷所呈現的情況正好相反。我們似乎覺得我們對每件事都不太有把握。我們聽說是神在掌管，而且神會決定對我們最好的情況。而如果我們不相信神，那麼我們就會想像我們得靠命運的眷顧。如果我們不是宿命論者，那麼我們就會把自己想成只是在一個隨機的宇宙中經歷一連串隨機組合起來的隨機事件，對於任何特定結果絲毫不提供任何保證。

我們要再次求教於人類最偉大的形上學家莎士比亞，他在以下這個獨白中完美地捕捉了這些衝突觀念的兩難：「生存還是毀滅，這是一個值得考慮的問題；默然忍受命運的暴虐的毒箭，或是挺身反抗人世的無涯的苦難，通過鬥爭把它們掃清，這兩種行為，哪一種更高貴？」

怎麼辦，**怎麼辦**？我們做什麼有差嗎？我們只是在這裡開自己玩笑嗎？我們是不是在自欺欺人，以為我們還有稍微的掌控權？

大部分的神學都告訴我們，不要為此種問題擔憂，只要倚靠神。它告訴我們要持續禱告，並且要保持無窮的信心。這就讓我們看到一個有趣的矛盾。如果我們有無窮的信心，認為我們想要的結果都會出現，那為何還要禱告？然而，我們聽說如果我們有信心就會得到我們請求的事，可是首先我們必須提出請求。而當然了，我們必須與我們的神保持良好的關係。如果我們與神的關係不好，全世界的所有禱告都對我們沒用。

這是世界上大部分宗教的主要訊息。以上是對這個訊息的簡單描述，但它就是那樣。在新靈性中，神給我們的訊息則有點不同，就記錄在與神對話第十三個核心訊息。

CWG CORE MESSAGE 13

你是你自己實相的創造者，使用創造的三種工具：思想、語言、行動。

這個訊息曾經是這個世界的新思潮運動最令人興奮與最危險的主張。它認為我們是完全掌權的人，而它完全說對了。

然而，人類把這個主張理解為，掌控我們的外在實相是單一的經驗。也就是說，一種單方面的特質與能力。我們相信我們要獨自對我們所遭遇的實相負責。

那並不正確，你無疑已經發現。

沒有解釋的事

那些說我們是自己實相的創造者的人，往往沒有解釋我們是以集體合作的方式在做這件事。這個「我們」，就是作為一（One）的我們。如果我們沒有從我們都是一體的這個論點開始，我們就會誤解了我們正在創造我們自己的實相的這個過程。

事實上，創造的三種工具分別是思想、語言和行動，就如這個核心訊息所記載的。但是創造是人類的集體思想，是我們講的所有話語的結合，以及我們許多人所從事的行動，它產生出我們在地球上的生命的外在經驗。

所以好消息就是，對於這個世界的戰爭、引起眾多苦難的疾病與瘟疫、令人悲傷的貧窮、我們每日目擊的其他各種好壞的物質顯現，你不是單獨一個人負責的。

這也是壞消息，因為實際上，它似乎證實了我們最初的說法，即我們對我們的經驗沒有掌控權，我們對我們的生活沒有權限或權力，而且我們得承受粗暴命運的攻擊。

然而，與神對話的訊息清楚告訴我們，我們的處境並非如此。那麼要如何去調和這兩種世界觀呢？

界定我們的用詞

就從認識「你的實相」這個詞的意義開始。在我們的新詞典裡，這個詞指涉我們每個人如何從內在去經驗我們集體外在物質生活的顯現，而不只是那些外在顯現本身。

這並非本書第一次出現這個論點。但是現在讓我們更加仔細地探究。

神正在告訴我們，並不是發生在我們外界的事情創造了我們的經驗，也不是關於我們是誰的實相與我們顯現這個實相的方式，而是我們內在關於實相的決定創造了我們的經驗。那是我們內在的選擇。那是我們分別的結論，我們個別的評價。

簡單來說：一切事情都是我們說它是什麼，它就是什麼。或者如某些人的諷刺說法：「某人的利益是另一個人的毒藥。某人的垃圾是另一個人的珍寶。某個文化中的最高價值是另一個文化所排斥與摒棄的概念。」

這個說法相當有力，儘管可能不是顯而易見。此處所蘊含的力量，區別了我們自己和明顯的外在表象，也讓我們轉往內在去**創造我們自己的外在表象**。

要相信這一點很難，就如同我們難以相信有些人真的愛吃水煮波菜。沒錯，是真的。我真的看過有人吃這種東西，而且還很多！顯然他們從叉子上經驗到的是某種我經驗不到的事。**那究竟是關於什麼**？它是關於我們個人去為集體經驗貼標籤的能力，無論它適不適合由個人這麼做。

週末的雨就只是週末的雨。它是個客觀的事件。它是一件正在發生的事。我的朋友艾克哈特·托勒會說，它是「正在出現的事」。你對這個雨有什麼想法是你的事情，例如你如何經驗雨。

當「反應」變成「創造」

現在這裡有一個更大的力量，儘管一開始可能不明顯。當我們用我們希望的方式去經驗以及創造任何外在環境的內在實相時，我們就開始產生一種無窮的內在能量，當這個能量投射到我們外在的世界時，就開始影響那個世界，外在實相變成越來越接近靈性上師內在經驗的一種反映。

如果我們對任何外在的人、地點、事件都沒有抱持敵意或負面想法，我們投射到這些外在人事物的能量就開始轉化他們。而如果我們當中有夠多的人擺脫由我們內在經驗所產生的敵意與負面想法，我們就開始透過由個別表達組成的集合體去創造出對團體本身的合力影響。我們已經看到了，一個人能夠以這種方式改變這個世界。

諸如德蕾莎修女、馬丁·路德·金恩、華勒沙（Lech Walesa）、葛羅莉亞·史坦能、哈維・米克，以及你和我，我們對於集體實相的影響力超越我們任何人的想像。

我把你和我納入那群頗負盛名的人士當中，因為他們和我們之間唯一的差別，就是他們非常清楚他們在做什麼，然而我們有許多人並非如此。

許多人都不知道他們自己在做什麼。我很多時候也是其中一員。可是我現在知道，我經歷這個世界的方式正在影響與改變我周遭的世界。我並不總是理解這一點。絕對不是全面的理解。我不知道我內在的選擇會影響外在的顯現。

許多人（或許是多數人）認為，他們無法控制那些顯現，他們只是在做出回應。可是我們擁有的力量不只是回應，而是去創造我們的回應。這就是「你是你自己實相的創造者」這句話的意思。

你的力量比你以為的還要大

不要誤會了。個人所擁有的能夠改變人類集體的力量，是無止盡的。而且任兩個以上的人聚集，那個力量就以指數增加。如果你認為正午時分曝曬在太陽下的紙會變熱，觀察一下當你把一片放大鏡放在太陽和紙之間會有什麼結果。如果你想要讓世界著火，就放大神給我們的最高思想。

你會發現那些最高思想不在你的心智裡，而是在你的靈魂裡。為什麼不是心智呢？如果你傾聽你的心智，你會發現生存的念頭以及要怎麼做的想法，你會發現恐懼的念頭以及要如何做以平息恐懼的想法，你會發現權力的念頭以及要如何做以表達權力的想法，你會發現憤怒的念頭以及要如何做以釋放憤怒的想法，你會發現威脅的念頭以及要如何做以避免威脅的想法。而在你的靈魂裡找不到這些思想。

我在其他著作裡說過，這裡我再解釋一次，你的心智是這一世經驗的儲藏室。你的靈魂則是你永恆知識的儲藏室。你的心智只能對它所觀察到它認為正在發生的事做出回應。你的靈魂則對於它知道要發生的事做出回應。你的靈魂知道正在發生的事，因為你的靈魂與其他靈魂共同參與了創造正在發生的事情。你的心智並不認為這是正在發生的事。所以你的心智告訴你的事，往往與身邊發生的事情無關。只是我們認為它有關。

即使外在世界正在發生的事似乎會對你造成損失，或是在任何情況下對你個人造成傷害，但是你的靈魂知道這只是你的心智所做的評價，根據的是對你這個人以及你在這裡所做的事情的極其有限的理解。（你的心智認為你的身體就是你這個人，而你在這裡所做的事就是努力要生存下來。）

靈魂知道，即使心智對於正在發生的事的評價與預測，就你的身體而言是你所稱的「真實」的，你的靈魂在任何情況下依然沒有受傷害、損失或損害，因為有總體你，所以這樣的事情是不可能的，也因為那個總體正在這裡所做的事情，所以這樣的事不允許發生。

因此，要在最高層次上成為你自己內在實相的創造者，人生邀請你從靈魂的知識而非從心智的經驗去進行創造。

的確，我們是在創造我們的實相。但是這個過程並不像文字能說明的那樣簡化。它並不是關於單純地創造一輛車，或是你脖子上的鑽石項鍊，或是大門口那輛閃亮的自行車。（遺憾的是，所有這些都是在《祕密》一片中作為說明個人創造「力量」的實例。）不，個人創造的力量是關於創作一個嶄新的你。它並不是關於獲得或完成什麼事情，它是關於表達與經歷什麼事情。確切地說，是你可能表達與經歷的至高事情。它是關於表達與經歷神性。

在與神對話中，我們一次又一次地接收到這個訊息。它也一次又一次地出現在這本書裡。那個訊息等待你的擁抱。或者你可以繼續如以往那樣過你的人生。選擇在你。

把這個訊息應用到日常生活中

CWG CORE MESSAGE 13

我不想讓這一切聽起來好像很容易、很簡單、易如反掌、「沒什麼了不起的」。如果我說我的經驗就是如此，那麼我就是在說謊，而且我絕不認為你的經驗會是那樣。這是具有挑戰性的。挑戰來自於它是轉化性的。

然而，隨著時間經過，它確實會變得容易些。我們所有智慧傳統中的聖人、賢士及導師們早就如此說過。當我們繼續下去，個人轉化的過程就變得容易。但是此刻我想要引述甘迺迪總統在他的就職演說中的一段佳言：「這一切將不會在第一百天的時候完成，也不會在第一千天的時候，甚至或許，也不會在我們這一生完成。但是讓我們開始吧。」

如何開始是個問題。這裡是一些謙卑的建議，由一位剛開始這項真正轉化的人所提供：

◆當你的生活中有什麼事情讓你心煩、引你擔憂，或讓你陷入心理的痛苦或情緒的混亂時，觀察你的心智如何處理不斷湧入的訊息。然後，改變你對那件事的想法。你可以做得到。這只是一種心智控制了事情的情況。你可以指導你的心智去思考至高的念頭，而不是最低的念頭。（在《與改變對話》一書裡，對這個過程有很好的解釋）。

◆邀請你的心智接近靈魂的知識，一天至少練習三次。有好幾種方式可以進行這個練習，以下是我使用的方式：問問你的靈魂，它知不知道你的身體和心理此刻正在經歷的事。問問你的靈魂：「如果有任何能夠在心智所描繪的經驗上加以擴展的知識，那個知識是什麼？」換言之，就是問你的靈魂一個問題！這就是我開始與神對話的方式。當時我不知道我在做這件事，但是整個經驗就是這樣開始的。我的靈魂是我與神的直接連結。所以我與神的對話始於拜倫．凱蒂所稱的「反躬自問」（Inquiry）的過程。問問你的靈魂，你對於正在發生的事情所做的思考中，哪些是真實的。你的靈魂會對你說真話。永遠如此。

◆通往靈魂的大門是很容易打開的，但是首先你的心智必須去敲那扇門。不這麼做的話，心智就會試著把一切都封鎖起來。而且你也無法繞過心智去接近靈魂。你是不可能把你的心智關閉的，但是重新指導它並非不可能的事。關於如何運用你的心智去接近靈魂，你可以在《寧靜前的風雨》一書裡找到相關描述與說明。相關的章節已經貼在 www.TheWaytotheSoul.net。

◆你能掌握每一個時刻，讓生命成為一種創造而非被動的反應。當感覺不是那麼令人歡迎的事情在你的生活中出現時，不要問你自己：「這是什麼意思？」而是問：「我希望這是什麼意思？我**選擇**它是什麼意思？我打算讓它是什麼意思？」不要等你的心智提供答案。而是你把答案給你的心智。這就叫做「下定決心」。大部分人都讓他們的心智告訴他們要想什麼。而上師們告訴他們的心智要想什麼。

◆在至少三個你時常經過的地點貼上紙條，上面寫道：「所有事情的意義都是我給予的。」把紙條貼在你的衣櫥上，或者是梳妝台的鏡子上，或者是車子的儀表板上，或許三個地方都貼。我就認識一個人，戴著一條刻著那句話的手鍊。每當他的生活陷入混亂時，他就會觀察自己心裡升起的感受，摸摸戴在他左手腕上的手鍊，讓刻在手鍊上的這個訊息的能量流過他的身體，進入一個更加平靜的境界。

◆領悟我們在這裡所做的事，讓你自己更加清楚生命的目的，以及日常生活為我們帶來的機會。把發生的每件事都看成是一種祝福，無論是什麼事。如此一來，你將在靈魂的旅程上前進。在你一生中你將能不只一次完成這個旅程。這就是完成的美麗、驚奇及榮耀。你絕對不會是、也絕對不會想要「完全地結束」這個過程。反之，你想要一而再、再而三地經歷到完成的狀態。這就是人生為何以它現在的樣子「出現」。

◆在不同的地方寫下以下的重點：上師們理解這個訊息，於是他們的內在經驗開始影響並再創造外在實相，因此外在世界的負面遭遇與經驗會開始減弱，出現頻率也開始減少，最終完全消失。

有人曾經用一種奇特的方式這樣描述我。「你肩膀上站著一隻青鳥，」他們這樣對我說。我不確定這是不是一句讚美。我認為這句話或許夾雜了輕微的不悅與羨慕。而且我想，說這句話的人想像我是幸運才擁有這樣的特質，是因為我接受的教養使然，或只是一種遺傳的才華。他們不了解，我在滋養這個特質的過程中也扮演了一個角色。

我們都是我們自己的內在實相的創造者。我們肩上不都應該站著一隻青鳥？

19 與神對話核心訊息十二

有一件事幫助我留住那隻青鳥，讓它伴我一路飛翔，讓它在我四周飛舞，並且在每次機會來臨時停在我的肩頭上——這件事就是我深深意識到，真實的情緒只有一種，真實的經驗只有一種，真實的身分也只有一個。

我指的不只有我的身分，還有神的身分，以及地球上萬物的身分，天堂中所有一切，以及我們整個宇宙。

說我是一位天真的樂觀主義者也罷，但是我打從人生最初開始就覺得生命本身是站在我這一邊的。我並不覺得生命在和我作對，而是在組成我。我年輕時，好幾次有人勸我要「冷靜一下」。我認為這是指我應當「沉著一點」。在我往後的人生，我開始解讀這句話。我把自己的人生看成是一場交響樂，每一分鐘就像是一首樂曲中的一拍，當我繼續過下去時，我就是在完成這首曲子。而隨著每一年的消逝，我越來越相信生命並不是在和我作對，而是在組成我。在我「用我想要的方式把它組合起來」的過程中，它和我為伴。

我從未想過生命會和我作對。我想不出任何理由它會那麼做。我想像自己住在一個友善的宇宙間。現在我承認，這個想法可能主要是因為我生長在一個美好的家庭，無論何時我面對的都是美好的環境與快樂的經驗。

我母親是家庭主婦，她會和我們兄弟倆一起玩玩具，幫我們做花生醬三明治當午餐，而且她的生命幾乎全部都奉獻給兩個兒子和丈夫。我有一個辛勤工作的父親，他上班從未請假，努力維持一家人的開銷，保護我們的安全，給我們安定的生活，扮演一個稱職的父親。他還是我們童子軍的領隊，帶我們到加拿大釣魚，示範如何用斧頭把在後院的一棵樹給砍了，並且和我們一起打壘球。（其實我母親也和我們一起打壘球！通常是她和我同組，對抗我父親和哥哥。）

如果你覺得這好像是五十年代珍・懷曼（Jane Wyman）與羅伯・楊（Robert Young）的電視喜劇的一幕，也差不多。我說過我們沒有什麼錢，我們可能算是中下階層，但是我們從未缺乏真正重要的東西，而且更重要的是，我擁有父母的愛、照顧和奉獻，他們以一種巨大且有意義的方式出現在我的生活中。

這個星球上並不是每個人都能用這種方式來敘述他們的童年，我知道我很幸運才能如此。而無疑地，這樣的環境和我抱持正面的人生態度具有相當大的關係。就我所見，就我所言，就我所知，生命是支持我的。

所以我非常感謝我的雙親，也無比感激神把我放在此種環境，讓我在這麼有福的地方，給我如此榮耀的機會，在我地球旅程的初期經歷生命的較好一面。

好運並不長久

但美好與被愛的童年並不保證一個人會以正面的態度成長。和我有同樣成長經驗的人，不少在成年後卻有著一種「這個世界欠我的，所以我可以予取予求」的感受。而當他們得不到他們感覺自己應得的東西時，他們就會變得焦慮、不安、消極。最後，這樣的感覺變成痛苦與憤怒，以及不斷覺得生命在剛開始時支持他們，後來卻與他們作對。

對我來說，我在成年後不久就明白，在我童年的舒適圈以外的這條路將會比較顛簸。激烈的職場競爭、努力討生活、感情與日常生活中其他領域的挑戰，這些都不同於我在威斯康辛州密爾瓦基米歇爾街的經驗，當時我的生活一直很順利，或者似乎是很順利。

當我邁入三、四十歲時，有了更多生活經驗，我才了解到我的雙親是多麼努力，才能為我創造出這樣一種美好的環境。儘管後來我的生活變得困難，情緒也波動起伏，不知為何我未曾喪失初衷，未曾忘記我一開始的想法，我相信到最後一切總會解決，一切都會沒事的，無須擔心任何事，生命是支持我的。

而且，天啊，結果正是如此。然後，啪的一聲，我得到一個機會，見識到人生的另一面。

令人頭痛的事

如果你知道我的故事，你大概清楚，有一天我在開車時，一位老先生駕車撞上了我的車，這場車禍的結果就是我後頸椎第七節斷裂。

這並不是一件好事。

要了解我的處境（並確保你知道我並非誇大其詞），讓我們看看百科全書對於這種情況的解釋：

頸椎斷裂，俗稱為摔斷脖子，是指脖子七節後頸椎任何一處的劇烈骨折。常見肇因是交通事故與淺灘跳水。頸部骨頭的異常移動會導致脊髓受傷，造成感覺喪失、麻痺或死亡。

不可思議的是，我逃過了這三種情況。顯然我頸部骨折的地方恰到好處，避免了這些後果。然而，我還是逃不過兩年半的復原期。

我的手臂提不起半瓶重的牛奶，有兩年的時間，我戴著護頸四處走動，無論何時都不能拿掉，連洗澡也不行，晚上睡覺也得戴著。我的脖子必須保持固定不動。如果你不認為這個情況會讓生活大大受限，請再好好想一下。

儘管如此，我活著，而且沒有怨言。我無法工作賺錢，對方的保險理賠花了兩年多時間才給付，因為保險公司想辦法要降低賠償金額，而那段時間我完全沒有收入，在我有新的收入之前，也早就已經用完社會福利提供的幫助（食物券、殘障收入等等）。

長話短說，結局就是我住到街上去。戶外，露天，只有一個帳篷棲身，沒有任何個人交通工具。（說來你不會相信，但是在車禍發生後的幾週之內，我的車被偷了。老天似乎要向我展示人生並不是永遠都是美好的，有些人的處境就是比別人更慘，而我從現在起要加入那些人的行列。）

最後我住在一個街友公園，一片開闊的土地，有其他遊民也住在那裡。我們每個人都有自己的一小塊營地。有些人只有臨時遮蔽的棚子。其他人比較幸運還擁有一個至少可以遮風蔽雨的帳篷。我屬於後者，但是除了帳篷，我全部的家當就是兩條牛仔褲、三件襯衫、一雙鞋子，以及露營用的爐子、兩個盆子和鍋子。我感覺像是在參加一場延長的露營活動，可能很快就會結束。但是要多久時間我才能找到一個簡單的工作，更何況我脖子上還套著一個治療的護套？

我怎麼也猜想不到這個答案會是：差兩個星期就足一年。

沒有人想要雇用一位需要靠保險金過活的失業者。三十六個禮拜之後，我在一個小電台找到一份週末的工作，一個月領四百美元——我得說，這對於一個住在街上的人來說是一種幸運。我不用再為了食物到垃圾桶裡翻找汽水罐或啤酒瓶好拿去回收換現金，只希望有足夠的錢買一份薯條。

諷刺的是，在我離開街友的生活，租了某棟豪宅後面的一間小屋，並且在一個地方電台找到一份全職工作之後，我才領悟到，我再度進入一個完全無意義的世界。

現實的打擊

五十歲的時候，我一天工作十到十二個小時，有時是十四個小時，賺的錢只夠餬口，同時我努力要重建我的生活。我還記得我在心裡對自己吶喊：「在這個星球上過了半個世紀了，這就是我的所有嗎？」

我找不到生活的目的，除了活著。當然，我可能還找得到一點幸福，像是偶爾看場電影、聽張我喜歡的CD，或者如果幸運的話，還有新朋友願意和我每個月做愛一次。

但人生就是這樣？這就是我的生活？在過了半個世紀之後，我必須要重頭開始，再度努力往上爬？不，謝了。非常感謝，但是我可不這麼想。

就是在這段令人沮喪的「捲土重來」期間，我有了第一次的與神對話，它們後來逐字逐句地出版成書。然後好萊塢還把這整個故事拍成一部電影。

把我多年的經驗快速帶過，是因為我要用自己的方式告訴你，沒錯，在我肩頭上站著一隻青鳥……我們每個人的肩頭上都有一隻青鳥。我終究有辦法回到所謂的「正常生活」……接著創造出我夢想的生活。

然而，我要你知道，我明白許多人面臨極端的挑戰與困難的處境（經常不是他們個人的錯），他們的人生肯定不是那個樣子。我對此的理解不是觀念上的，而是透過經驗而來。

正是我自己的困境與充滿挑戰的人生經驗，讓我現在有資格與你分享，我深切領悟到……

CWG CORE MESSAGE 12

愛是所有的一切。

喔，真的嗎？所以車禍與斷了脖子以及一年的街友生活都不算什麼？或者，更難以置信的是，它們都是神的愛的證明？

所以愛是所有的一切？那你要怎麼解釋我的經驗？從我出生到十九歲的日子確實都很平順，甚至從二十歲到五十歲之間，生活上也沒有什麼糟糕的結果或困難的挑戰。總之就是一個相當平順的人生，直到那位老先生無故開車朝我撞過來為止。

當然，我有自己在關係上的挑戰，結果也讓我和他人感覺傷心又失望，有時候甚至搞到彼此怒目相向。但是這些我都應付得來。當然，我的事業起起伏伏。可是我同樣應付得來。沒錯，我一路走來也有些身體上的小毛病，但是沒有什麼是我不能處理的。

反正就是一種平凡的人生。沒有大災難，只有平凡的事物，那也是許多人無論如何都要繼續過下去的生活。

啊，可是現在出了狀況，我身處在大街上，經歷個人最大的夢魘。我的關係破裂，所以我沒有地方可去。我不想要向我父親或家人求助，因為我覺得很沒面子，而且我真的以為只要幾個禮拜我就可以脫離那個狀態。

所以我就坐在街友公園裡，帶著我的自尊與空無一物的口袋，在街上乞討零錢度日。這就是神的愛嗎？生命是支持我的？愛就是所有一切？

當然。

人行道大學

回顧過往，我會說那是生命對我做過最好的事情之一；愛的出現方式有各種形相、大小，以及許多不同的形式。

在那一年裡，我在人行道上請求路人幫助一個有不幸遭遇的人，這個遭遇讓我學會很多，也得到更多關於人類本質的智慧，並且更加覺知到我真正的存在，這是我在其他人生處境或環境下所不可能擁有的體會。

那是人行道大學。我父親可能會說那是一種博雅教育（liberal education）。請注意，我並不推薦這個方式，但是我確實對它充滿感謝。

如果我的黃金童年讓我得到一丁點兒的「這個世界欠我的，所以我可以予取予求」的感受，或是發展出只是一點點的對於生命恩惠的自滿，那一切也很快就消失了。取而代之的，是一種對於這個稱為人生的經驗會是多麼艱辛的一種新的感謝——以及一種新的認識，一種新的覺知，一種新的表達，一種關於真正的我的新經驗，關於生命究竟是什麼的新經驗，以及關於我們為何都以肉身形式在這裡的新經驗。

我認識到我在地球上的經驗與我在生命中得到了什麼沒有關係。它並不是關於個人的成功、成就、權力或財富。事實上，我以為與生命有關的任何事，其實都與生命無關。

這就產生了兩個有趣的結果：首先，它突然就停止給我任何支援，讓我驚慌失措，努力要維持平衡。然後，它創造出一個平台，比起站在我所誤會的基礎上，現在我站在這裡更加穩固。我知道我不用再擔心會跌倒，因為這個平台絕對不會從我腳底下抽離。它是我真實身分的平台，我真正目的的平台，我與生命和神的合一的平台。

神的鏡子

我肯定不是第一個遭遇到那種經驗的人，當時我以為那是我遇過最遭糕的事——結果在幾個月或幾年之後，我卻發現那是我遭遇過最美好的事。

那個意外改變了我的一切。我親身經歷了那個美妙的說法：生命中發生的所有事情都是為了我們最高的利益，即使我們不清楚那個利益是什麼。

在探討這個觀念的時候，我首度想到一個更大的可能性，即事實上我所展開的靈魂旅程與我的身心無關，心智只是一種工具、裝置、載具，用來從事那個旅程，達到靈魂打算在沿途達成的事。

我與神的對話使我確信，我是在一段**永恆之旅**上的一個**永恆的存在**，快樂且充滿冒險精神地從事一個被稱為「演化」的過程。那就是，**成為**的過程（process of becoming）。

成為什麼呢？成為下一個真正的你最偉大的表達，也就是神的一部分。生命就是神自身實現它自身，就在不斷增加覺知的時刻裡。

你是否曾經看著鏡子裡的自己，你看到某個一直在那裡的東西，但是你突然間卻覺得像是初次看見它似的？而如果那個東西是好的，你是否會忍不住笑了出來？

說實話。你是否曾經看著鏡子裡的自己，眨眨眼對自己說：「嗨，你知道，我長的並不難看。而且我是一個和氣的好人。我喜歡我自己。」

如果你有過那個經驗，你可能也會有這樣的經驗：你否認自己的美麗與善良，你告訴自己：「一定只是我今天運氣好。只是因為我今天的髮型很好看。沒有人認識真正的我。」

然而，重點是我們有能力去覺察我們自己，去欣賞那個我們已經覺察到的部分。我們並不是突然之間變得好看。我們也不是突然之間成為一位和氣的好人。我們一直都是。但是突然之間，我們覺察到這一點——即便我們立刻就否認它或貶低它。

想必你曾經如此，你曾經認出自己的熱情、耐心、深層的領悟和智慧，以及真實可愛的自我。想必你也曾經像我一樣，退一步，透過對自己的深層覺知而欣賞自己。這是一種美味、美好、榮耀以及非常特別的人類經驗。你想必至少經歷過一次。

這就是神時時刻刻的經歷。與我們不同的是，神並不否認神的身分，而是對這個經驗感到愉悅。而神是如何創造出這個經驗呢？透過我們，以及透過俗世所有其他生命的表達——全都是壯麗的、奇妙的、不可思議的、複雜的，以及美麗的。

這全都是神。全部都是，愛的表達。

神最令人意想不到的訊息

現在我想要分享一個非常不尋常的訊息，那是神對我說的話。小心：一開始你可能會覺得這個訊息不只是不尋常，還很激進。為了要真正地「聽見」它，你必須進入最深層次的領悟。那是你的靈魂渴望你去聽見的訊息，因為它將會讓你對生命以及你生命中的其他人有一種奇妙的新看法。

我說過，神就是愛。我說過，愛就是所有一切。好，那麼，恐懼又怎麼樣？憤怒又怎麼樣？仇恨又怎麼樣？邪惡又怎麼樣？暴力與殺戮又怎麼樣？這想必不會是愛的一種表達吧！**但它就是**。而這就是與神對話系列中最不尋常、最令人震驚、最意外的訊息：生命的**每一個**表達都是一種愛的表達。

如果你不愛某個東西，你就不會恨別的東西。如果你不是如此拚命地愛著某個東西，你甚至不會想到要使用非常手段，諸如暴力或殺戮，作為得到它、保留它或保護它的一種工具。如果你不是強烈地愛著某個東西，你絕對不會因為得不到它或是有人把它從你身邊拿走而生氣。

竊盜的行為是出於愛。他們太愛某個東西了，以致於他們不顧一切地想要擁有它，他們不知道有其他方法去得到它，所以他們用偷的。

人們做出我們稱為「犯罪」的其他行為也是如此，即使是最可怕的犯行。強暴。謀殺。一切都是出於愛的行為。當然，它們是深深扭曲的行為。無疑地也是完全無法接受的行為。它們無論如何都不是我、社會或與神對話所要寬恕、同意或為其辯解的事。不是的，不是要為其辯解，而是去理解，並且因此以一種新的方式來看待它們。

沒有人的行為不是出於愛，無論其表達方式有多扭曲與多無法接受。如果他們不是愛著某件事物，他們就不會做出那樣的行為。這是神完全理解的事。

神把我們看成小孩，在情緒上或靈性上都還沒有成熟到真正理解或關心我們的行動所造成的衝擊與後果。而且我們當中有一小部分人的所作所為是無比醜陋、完全無法接受的，從人類的角度來看，也是完全無法原諒的。

要原諒某些人所做的某些事情，只有聖人才做得到。或者，也許有一個非常聖潔的神，那麼連原諒看起來都是不必要的。此處的訊息並不是說，從神的角度來看，所有事情都是可以原諒的，而是說，儘管我們可能難以接受，但一切事物都是從宇宙中一個單一能量所產生出來的，用我們的語言來說，就叫做愛，而因此它們是可以理解的。在神的心裡，理解取代了原諒。

即使你的心智也是如此。你不必去「原諒」一個在半夜三更哭鬧的嬰兒，因為你理解嬰兒為什麼要哭。你不必去「原諒」一個要拿派卻打破牛奶瓶的小孩，因為你理解這是會發生在小孩身上的事。你甚至不必去原諒做某些事而讓事情變得難以處理的成人，只要你理解他們為何有那樣的行為舉止。

理解代替原諒。

你說「無法原諒」的唯一理由，就是**你不理解怎麼會有人做出這種事情**。

可是神理解。

你明白了嗎？這是非常簡單的事。

神理解。

扭曲會消失

所有行動皆由愛而生，這個非凡的洞見創造出一個空間，在其中我們能夠了解且完全了解某些事情是如何發生的，我們覺知到是本質能量的極端扭曲，才導致人們做出我們所謂的「壞事」。

它很像是核能。這種在我們宇宙間極其強大的力量，可以往好或不好的方向使用。愛就像是核能。它是整個宇宙最強大的能量，它也能產生我們所稱的「善」與「惡」的事情。

若不是以一顆受損或扭曲的心來使用這個宇宙的本質能量，這個能量就會是我們最好的朋友，它創造出一種氛圍，我們居住其中，呼吸並擁有我們的存在；它產生一種環境，支持我們的每個欲望，時時刻刻創造出我們要完成靈魂課題所必要的情境。

然而，我們在這個星球上對彼此所做的事，是不是有時會產生扭曲的想法與憤怒的回應？是的。人類特有的生物化學有時甚至讓心智在出生時就受損？是的。是否這兩種情況有時會產生長期與短期的心理疾病，我們的法律體系甚至視其為「暫時精神失常」或可「減輕責任」，還因為這個理由而宣布我們是**無辜的**？沒錯。

當人類成長與演進，並且對於生命表達自己的整個過程有更多的認識時，那些扭曲將變得越來越少。首先，因為我們有新的認識，我們將以不同的方式與彼此互動，讓各種虐待與殘忍行為消失。其次，因為我們逐漸意識到生命每個面向的長期影響，所以我們會去清理我們的環境，改變我們的飲食，改變個人的習慣，並且將以一種大幅降低且最終消除生物化學失衡的方式，來調整我們的生活型態。

總之，這些改變作為我們演的一部分，將產生一種新人類。不僅犯罪將從我們的集體經驗中消失，對本質能量的其他扭曲也會消失。因為不只是人類所犯的罪行，還有許多不算犯法的行動（對親人口出惡言、忽視我們身邊的人的想法或需求、背叛伴侶等等），都在日常生活的基礎上向我們證明了，我們就是沒有學會如何去愛。

本質能量就是愛，而生命召喚我們把它表達出來，以它最純粹的形式，每一刻都從我們身上、透過我們、以我們作為愛來表達。當我們理解並擁抱這個訊息，我們就會非常清楚，創造一個經濟體系，讓全世界百分之五的人口擁有或掌握全世界百分之九十五的財富與資源，絕對不是一種對於人類全體的愛的表達。

人類將了解到，一個以殘酷的絕對主義為基礎的政治過程、醜陋的中傷、邊緣化以及妖魔化，完全不是愛的表達。人類將明白，允許每小時六百個以上的兒童死於飢餓，不是一種愛的表達。人類將明白，創造出一個「贏家通吃」的社會，一種「勝者為王」的文化，不是一種愛的表達。人類將明白，認為特定的宗教、國籍、種族、性偏好的人是次等公民，不是一種愛的表達。

生命現階段的邀請

雖然我們尚未到達那個境界，但我發現個人有可能過著一種體認到這個永遠臨在的本質能量（神的最高形式）隨時可得的生活。這就是某些人所說的，在我肩上的「青鳥」。而我在這裡花時間告訴你我的一點點故事，是因為我想要你知道，和你說話的我，並不是一個不食人間煙火的人，我經歷過一無所有的毀滅，以及一種完全被社會遺棄的生活，不只為每個月或每一週，也為每一日每一刻的生存而掙扎，在寒冷潮濕、刮風下雨的世界裡沒有遮蔽的地方，甚至連下一口食物都沒有著落，而且沒有人握著你的手，給你一個擁抱，在你身旁陪著你度過這一切。

我們要記得，愛就在那裡，生活的每一刻都是愛，讓愛透過我們而傳遞到每個處境裡的每個人身上。這正是曼德拉過去二十五年被囚禁在南非監獄期間所做的事，這是人類有能力做到的一個震撼人心的實例。據說當他被釋放時，獄卒都哭了。他們失去了一位摯友。

生命邀請我們去創造一個新的個人倫理，一種新的個人表達，一種新的個人經驗。生命邀請我們站出來做一個榜樣，一個活生生且持續呈現的人生最高真理：愛是所有的一切。

我們要做的就是踏進這種可能性，這種經驗，這種不凡的表達，邀請我們的心智對於人類事件背後的「原因」有更深層的理解。

當我們理解搶匪為何搶劫、恐怖份子為何發動恐怖攻擊、騙子為何騙人、殺手為何殺人，我們就跨出一大步，朝向神所在的地方。

伴隨理解而來的不只是原諒，還有一種非凡的覺知，使我們得以說出如馬雅・安哲羅（Maya Angelou）的嘉言：「當我們更了解的時候，我們就做得更好。」

在我更了解之前，我將會盡我所能的去做。我會從愛我遇到的每個人、每個地方，以及每件事物開始，我明白它們之所以出現在我的生活裡，是為了讓我可以表達並經歷我的真實身分——如果我能不帶曲解地去做，終能達到自我實現的境地，領悟出一直是也終究是我整個生命的目的。

把這個訊息應用到日常生活中 CWG CORE MESSAGE 12

儘管具有挑戰性，一般人還是有可能提升到我在這裡所描述的理解與覺知的層次。曼德拉做到了，德蕾莎修女做到了，還有其他許多一般人也做到了。因此我們也能做到。就從小範圍開始。採取嬰兒的步伐，以小步前進的方式，最終還是會有很大的進展。這裡是一些點子，一路上可能對你有所幫助：

- 要先愛你自己，才能愛你周遭所有的事物。看看你做的一些社會並不完全接受或一點也不認為是很美好的事情。你說謊？你欺騙？你傷害過他人？你是否好幾次都先顧自己而不顧他人，事後當你想起自己的行為時覺得羞愧？你是否常表現出你希望的自己而不是你知道的自己？如果你像我一樣，答案就是肯定的。但是如果你像我一樣，你也將會前進到一個理解你自己與愛自己的境界，並且努力去了解怎麼樣才能做得更好。

◆找到一個了解自己以及愛自己的方式，即使是透過最糟的行為，然後看看是否可以把這樣的禮物也送給別人。人生的一個諷刺就是，我們往往發現把禮物送給別人比送給自己來得容易。然而，如果我們能夠學會先送給自己，我們就更有可能且可以更自然地把那個禮物送給他人。

◆此刻，想想在你生命中你會送出這份禮物的三個人。從心開始。從內在開始，那是你默默送出這個禮物的地方。接著，以開放與關心的方式說出口，以慈愛的方式與他人溝通。在一週內，和你列出的這個三個人一起做這件事。

◆當你面對生活每一刻的遭遇時，問問自己這個問題：**愛會怎麼做？**這是一個具有很大的激勵作用與能量的問題。我一直在使用這個問題。而且請記得，我們在談的是給你自己的愛以及給對方的愛。這兩者並不互斥。這是我領悟到最重要的事情。有可能同時愛自己及愛對方。所以務必去做，不要感覺你必須犧牲其一。

◆當你見到有人表現出從我們的標準來看似乎並不是「愛人」的行為時，問問你自己（如果有機會，也問問對方），對方愛的是什麼，以致於讓他們感覺唯一能表達這種愛的方式就是把愛給扭曲了？注意看看答案是否會把你帶入一種新的理解層次。

◆下定決心，當你無論是因為什麼原因而離開屋子時，你都要記得你出門並不是為了做什麼事或從事什麼特別的目的，反而是給自己一個藉口，去和這個世界分享並表達你的愛。讓這一點成為你做任何事的唯一理由。想像你所做的一切事情都是為了要成為一種愛的形式。如此一來，你的生活以及你在執行日常事務的感受將會有所改變。

◆最後，請相信愛隨時都可以來到你身邊，就如它隨時都可以透過你而散發出去一樣。看看你是否有辦法邁向一種境界，知道生命與神只希望你一切順利，而且努力透過每個方式讓愛流向你。相信它。讓你自己信賴它。你確定這就是即將要發生的事。如果你像我一樣，你會發現，這種正面思考的力量可以改變你的生命。

20 與神對話核心訊息十一

關於生命這件事，我們現在開始進入一些較為深奧的理解與解釋，那也是從與神的對話中所帶來的訊息。而沒有任何訊息比下面這個訊息更抽象……

CWG CORE MESSAGE 11

沒有所謂的空間與時間，只有此時此地。

與神對話告訴我們的是，空間與時間，或如了不起的未來學家金・羅登貝瑞（Gene Roddenberry）所稱的時空連續體，純粹是我們想像出來的一種虛構事物。它是人類心智的一種建構。它是一種我們這個物種用來組織我們身處的環境的方式，以便理解它（儘管我們的理解有限卻不斷成長），而且，更重要的是，讓這個環境符合我們的目的。

在我展望的未來，我們這個物種將擴展它的意識並擴大它的覺知，讓我們有可能生活在一種架構中，清楚知道時間與空間是虛構的實相，是由知覺所建構出來的，是要讓我們得以經歷永遠的此時此地，也由此提供我們更多的機會去認識並經歷我們的神性。

當討論諸如空間與時間的概念時，尤其是說到這類有限且有條件的生命表達並**不存在**時，我們必須暫停懷疑，踏出舒適圈，跳脫心智習慣的思考範圍。

我們必須理解，心智掌握的只是生理機制啟動的瞬間（在構想與誕生之間）所收集到的資料。靈魂則是收藏完全而完整的覺知與永恆總體知識的儲藏室。

當心智開始接近並吸收靈魂所持有的大量且全然迥異的資訊時，心智原有的理解、創造與建構就會開始瓦解。我們會發現自己進入神祕的探索，那是無法用理性或邏輯或任何證據來支持或維持的狀態。在這樣的討論中，推測取代了結論，可能性取代了機率，虛構取代了事實。那就是我們在這裡要做的事。

事物的本質

我因此理解，終極實相的概念有三種形式：靈界、物質界、純粹存有界。這三種生命表達的形式同時且永遠出現在一個單一的「地點」。換句話說，在終極實相裡，永遠都是此時此地。此外，在終極實相裡，所有一切都是愛。

物質生命是以一個幻相為基礎，我們透過這個幻相把不可分離的加以分離（至少是在我們的心中），因此讓整體的一切可以在某個部分中被觀察出來及體驗得到。它是故意以那樣的方式來讓人體驗的，為了讓整體可以完全表達出來。

在此讓我用一個隱喻來稍微拆解這個觀念。

想想破曉時分一座山丘上美麗的初雪。陽光在一片鮮豔的藍白上閃閃發光，創造出一幕令人驚嘆的景象——也令人敬畏，因為構成這幅景象的來源本身就令人敬畏，也因為其個別部分的美已令人驚嘆。

當我們收集一些白雪，把雪花片片分開，然後把它們放在高倍放大鏡底下觀看，並體會其驚人的美麗時，這一點也得到了證明。

山丘上的雪花沒有立即融化，是因為它們和雪本身是一體的。它們就是雪。雪與它們沒有分別，雪就是**它們的全部總和**。就是這種沒有分別的狀態，使得所有雪花得以形成並維持整體。

作為雪的雪就是雪，而且它的整體是壯麗的。它集合起來甚至更加壯麗。但是為了要體會這一點，人必須知道那些部分的美與驚奇。

那正是神和我們一起做的事。

你不亞於一片雪花

讓神的一切可以解釋為神的，就是神的個別的、完全不同的和集合起來的部分，每個部分都像整體本身一樣壯麗，而且它們全部就創造出整體所散發出來的壯麗。

別想要運用你強大的想像力去想像你不如神，就像你認為一片雪花不如一座雪山。我們在自己周遭所見，正是生命本來的樣子。諷刺的是，我們認為生命就是這樣，雪花組成了雪、滴水組成了海洋、繁星組成了夜空，以及其他所有事物組成了神……除了我們。

現在是停止那麼想的時候了。現在是宣告生命中的一切都是神性的表達的時候了，包含你在內的一切。對，你是神的一種個體化，而個體化並不是分離。

空間與時間的幻相讓我們的個體化成為可能。而在終極實相中空間與時間不存在的事實，讓神純潔如雪的靈魂得以永遠維持「不融化」。

一切萬有分離成為各個部分只是一個過程，讓一切萬有得以在它總體的聚集奇觀中，透過空間與時間來觀看自己並經歷自己。

沒有空間與時間的這個想法，看似在你的日常生活中沒有實際用途，但是事實剛好相反。我認為真實的情況是，為了要在我們這個愛麗絲夢遊仙境般的宇宙裡生活，相信有空間與時間的存在是有用且必要的。然而，知道空間與時間是一種幻相，就隱喻與形上學的角度而言是有幫助的。

首先，我們不會把太多負面能量投注在時間的推移中，而是讓我們自己知道，我們存在所有時間裡。有限時間這個概念所產生的急迫感，將得以從我們的思考及經驗中抹去。我們會變得更溫和、更平靜、更沉穩、更放鬆，因此也就更有能力在我們個別經驗的實相中創造出我們所渴望的那種持久的寧靜與沉著。

同理，除了此地之外沒有其他空間，這個奧妙的領會讓我們得以把我們進入的虛構空間以及我們所來自的虛構空間，都當成同一個地方。換言之，就是神的國。或是你喜歡的話，天堂。這是個重要的想法。

把地獄變成天堂

每個地方都是同一個地方，在我因為種種理由而身處於我認為是不愉快或不受歡迎的地方時，這樣的認知對我一直有莫大的幫助。在那些地方，我努力要把對於終極實相的深層理解帶進我對於眼前事物的想法。然後，那個較大的理解往往以某種奇妙的方式改變並轉化我目前所身處的「地點」。換言之，我的內在經驗開始為我的外在經驗著色。我開始喜歡我所身處的地方，無論我在何處。我開始喜歡我在做的事情，無論我在做什麼。我開始喜歡和我在一起的人，無論和我在一起的人是誰。

我認為這就是所有上師們行走人間的方式。我絕對不是在宣稱自己是上師，我只是在研究他們已為人所知的日常生活經驗的方式。

我在上一章提到曼德拉，如果你不知道他是誰，上網快速搜尋一下，你就會找到更多訊息。你會明白他為何是這個層級的上師裡一個傑出的典範。

曼德拉先生有超過四分之一世紀的時間是在獄中度過的，他的「罪行」是他希望讓他的國家有更多人民得到自由。然而，他把他所身處的空間變成一個全然可接受的地點，他了解無論他置身何處，那個空間都會變成他的創造。他了解，真正的空間只有一個，只是展現出不同的特徵，而那些特徵不過是我們給予的名稱。

這些奧妙的領會挑戰我們，並邀請我們，無論我們目前身在什麼樣的空間或時間，都可以把它想成是天堂樂園——而且透過我們感知它以及經歷它的方式讓它成真。我想要強調的是，我們內在的經驗影響了我們身處的外在實相。

曼德拉先生對他所處的監獄所抱持的看法，轉變了他被迫身處的整個外在環境。獄卒成了他的朋友。他們逐漸地敬佩他，甚至愛他。他們拿「外界」的事務來徵詢他的建議，他也非常樂意、甚至是充滿喜悅地提供他們意見，他明白他確實就在他當時所在的地方，為的是完全成為他自己。

這個道理對我們所有人而言也是如此，無論我們身在何處或何時。而那就是第十一個核心訊息送給我們的工具，一個適當可用以及實際可行的生活工具。

把這個訊息應用到日常生活中 CWG CORE MESSAGE 11

這裡所討論的觀念可能脫離我們目前所理解的現實，有些方法可以讓你把它應用到日常際遇中。試試這些：

◆看看周遭。放下你手邊的工作，甚至是這本書，看看你四周。決定你此刻所在的地方就是天堂，目前就是最好的情況，即使你希望事情更好。注意看，一切事情如它們現在的樣子就是完美的。明白一切都非常支持你，提供你一個機會去宣告與聲明、去表達與經歷、去成為與實現真正的你。

◆當你發現自己置身於一個似乎讓你非常不愉快的空間時，運用你的想像力。就決定那個空間是天堂的一角，就以它本來的樣子來稱呼它，無論它的情況如何。然後去看、去感受、去觸摸、去嗅聞，並且去經歷那個特定環境的驚奇與榮耀。看看這個你所置身的空間在你眼前轉變。

◆一個有趣的做法就是，想想你是寧願待在你目前所在的地方，儘管它可能是不愉快的，還是你寧願死了。（我知道沒有「死了」這回事，我使用這個隱喻是要讓這個做法顯得可行。）我真的做過。我真的發現自己置身於非常不愉快的空間，但是當我問自己，我寧願在那裡還是死去，突然間我周遭的一切看起來不只能夠接受，還相當令人喜愛。

◆有人可能會說：「不，我寧願一死。」那也是一種選擇。你的心智如果做了那個選擇，沒有關係。無論你在任何特定空間中正經歷什麼事，待在你的負面能量裡沒有關係。這件事並沒有對錯。這裡沒有規則。一切都只是如其所是。它只是你所創造出來的樣子。但是要注意的是，在你決定你的生命要如何充實的那一刻，無論你在什麼空間，它本來的樣子就是完美的。

◆現在留意一下，時間在你的生命中是如何運作的。某些時刻似乎變長了，而某些時刻似乎變短了。仔細觀察一下你為何時常有這種體驗。快速移動的是哪些時刻，而哪些時刻似乎是無止盡的？觀察這兩種時刻，問問自己，你把什麼樣的觀點或想法帶進某個特定時刻，而給了它延長或是變短的特質？仔細觀察一下。注意它。然後注意看看它告訴你什麼。噢，好好享受做這件事的「時光」。

21 與神對話核心訊息十

對許多人而言，沒有什麼比想到自己的死亡更能造成情緒上、心理上、靈性上的衝擊。想到我們有一天將不再是生命的一部分，想到生命將在沒有我們的情況下繼續下去，且彷彿我們未曾來過這裡，這麼想實在讓人心慌意亂，也讓人心驚。

如果我們純粹只是有生命的生物體，死了之後完全不再存在，我們就不用去思考生命的原因與目的。我們只是不理解。如果死亡之外沒有任何後果，我們為何要以任何特定的方式去做任何事？這一生的結果是否就應該足以激勵我們？就此而言，如果我們的生命只不過是一連串的困難與挑戰、甚至是悲慘的經驗，那麼我們何必要活著？何必要經歷痛苦？何必要經歷混亂？

許多人相信死後什麼都不存在或什麼都不會發生，這便為生命帶來足夠的動力，讓我們以為生命是「稍縱即逝的時間」，我們在這裡所做的，將不會有機會再做，我們也不會再有機會去經歷，所以我們最好現在就做，現在就去經歷。

有人悲傷地指出，沒有什麼事能比「最後一刻」讓人更有效率。從整個生命的角度來看，就是沒有什麼事能比「此世之後什麼都沒有」這個想法讓生命的每一刻更有意義。

人類與死亡對抗的想法與概念，從我們這個物種在地球上展開經驗以來，就帶著一種雙刃的力量。老生常談的道理你已經聽了不少。然而，下面這個觀念對於這個古老的主題或許是一個新的延伸……

CWG CORE MESSAGE 10

死亡並不存在。你們所稱的「死亡」，只是一個再確認的過程。

新的部分在這個訊息的第二句。以前從未有人告訴我關於「再確認」（Re-Identification）的事。我們現在就來探討它的意義。

這個訊息的第一部分，多年以來我們已經從許多不同的來源處聽過了。地球上的每個宗教幾乎都宣稱，在身體與心智的存在結束之後，生命是繼續的。甚至在組織宗教之前，也就是很久很久之前，人類就已經發展出有關我們稱之為「死亡」這件事的概念、思想與觀念，那些思想中有許多都包含了一個期待，即我們的人格在我們死亡後會以某種方式維持完整，並且由於某種未知但無疑的理由，生命會以某種神祕的方式延續下去。

我們當中有些人說，這些觀念只不過是我們這個物種的嚮往、需要與欲望，我們不相信當我們的心智在每個層面都停止運作時，我們就不存在了。

這些人說，死後生命只不過是一廂情願的想法，我們能為自己做的就只是把這個念頭拋出腦海，繼續過日子，彷彿真的就是這樣，彷彿生命這樣就足夠。

然而，在我們於地球上生存了許許多多年以後，大部分人都認為在我們的肉體生命之外，還有更多的部分會繼續下去。而現在與神對話的出現，證實了那個理解。

引起的問題

當神告訴我死亡並不存在時，我並不驚訝，我驚訝的是祂告訴我的死亡的過程，以及那個過程實際上的結果。

儘管以前未曾有人把死亡定義為一個再確認的過程，但當我初次接收到那些文字時，我就覺得相當有道理。

神先前對我說過，我們都是活在一種弄錯身分（mistaken identity）的狀態下。我們不知道真正的我們是誰。「我們都是神的個別化形式」這個想法並不存在多數人的意識或經驗中。許多人喜歡認為（或希望），我們都是由神所造的靈性存有（有些人稱之為「靈魂」），其存在超越了肉體生命。但如果那是我們的真正身分，這樣的觀念就引起了其他的問題。

生命為何繼續？它的延續有什麼目的？同理，我們展開肉身體驗的目的是什麼？死後會發生什麼事？在生命中所發生的一切與我們肉身經驗之後所發生的事有什麼關係？我們真的擁有不只一次的肉身經驗，或者輪迴只是一種迷思？如果我們有不只一次的物質生命，目的是什麼？

我們是賞罰宇宙的居民，在這裡「善」受到讚揚，而「惡」受到譴責？若真是如此，誰來決定什麼是「善」，什麼是「惡」？「報酬」與「懲罰」的本質又是什麼？

當然，所有人類的宗教都致力處理這些問題。如果我們覺得他們的回答令人滿意，我們就成為某個宗教的一員。我們的恐懼、關心和問題得到了滿意的解決，我們就能把問題放在一邊，至少暫時地放在一旁，繼續過我們的生活。然而，我們對於死後世界的想法，會深深影響我們如何度過我們的人生。因此，這件事並非不重要。

終於，我們的困境結束

如果我們認為神會因為我們加入一個不好的宗教而以永罰來懲罰我們，我們就會不停地猜想，我們是否做對了選擇，我們渴望知道我們在神的眼中是否及格，還是我們將要被打入地獄。

如果我們想像某種行為在主的眼中是「可憎的行為」，我們將會因此恐懼顫抖，儘管那些被認為是「墮落」或「敗德」的思想與行動對我們具有莫名的吸引力。

如果我們相信我們得要「為我們的罪付出代價」，無論我們想像這些代價是什麼，那麼到了人生盡頭時我們將充滿焦慮、不詳的預感、沮喪、甚至是恐慌，我們想知道除了這一世的經歷，還有什麼壞事會降臨我們頭上。

當然，宗教致力於解決這些困境。但它們似乎沒有成功。我們的困境持續著。

現在出現了一個稱為與神對話的新神學，它同意舊神學的宣告，即死亡並不存在，但是它並不同意舊神學對於我們死後發生的事所做的解釋，以及它們所說的生命的意義、目的和功能。

與神對話的宇宙觀結束了我們的困境，帶來終於有道理的回答。在系列九本書的最後一本《與神談生死》中，詳細描述了死後靈魂的經歷。它沒有提到任何的審判、譴責及懲罰。透過與神對話的神學，我們了解神沒有憤怒、懲罰、公義的需求。關於這一點，我們在本書中已經做了很多討論。

這個神學強調，我們和神並沒有分離，神和我們是一體的。因此，我們明白，如果神要懲罰我們，神就是在懲罰祂自己。這種事情是沒有道理的，所以為了要讓審判、譴責及懲罰成真，標準版的宗教必須完全摒棄神和我們是一體的這個概念。沒有其他選擇。

然而，如果我們擁抱神和所有生命的元素（包含我們）都是一體的這個訊息，死亡的定義就是一個簡單與美好的再確認的過程，一切都齊心協力，而這便回答了我們關於死亡的問題，結束我們對死亡的恐懼，撫平我們在生命盡頭感到的混亂，讓我們在死後和接近死亡時得以安息。

死後會如何？

與神對話告訴我們，在肉身經驗結束之後的時刻裡，我們終於能夠完全理解、完全經歷，並且完全表達我們與神性的合一。結束的不是生命，而是我們與神分離的這個幻相。

我們回到家了。

一旦再度回到家，我們與靈性家庭的其他成員會合，我們明白這個家庭其實只有一員（One Member），而我們都加入了那個神聖的會員制（Sacred Membership）。我們重新成為其中一份子。我們重新組合（re-member）。我們很開心見到「我們」的所有其他形相，讓我們更開心的是，對於那些我們所深愛的人，我們的感受與希望都是真的：我們從來就沒有和他們任何人分離。

於是我們自己就和我們真正是誰合一，沒有模稜兩可，沒有疑慮，也沒有疑問。我們的一體經驗是豐富且完整的，甚至我們個體化的經驗作為一體的一種特殊表達，也體驗到前所未有的光輝。

我們活在神聖二分中：同時體驗到我們的個體性與我們的重新合一（reunification）。就像是你的右手握住你的左手。就像是你的臂膀給你自己一個巨大的擁抱，而在那個懷抱中，你了解到你是在擁抱生命的其他表達，生命的一切也以大量的愛擁抱著你。

在這個自我實現的神聖時刻，一切都愛著一切，每個人都愛著每個人，所有一切都是愛——從一開始就是如此。沒有審判，沒有譴責，沒有懲罰。神不需要這種原始與野蠻的反應，因為祂就是一切，擁有一切，創造一切，經歷一切，表達一切，知道一切，理解一切，包括一切，並且完全沒有想要、需要和要求。

地球上的樂園

我們這個物種的演化遺跡是為了讓我們的肉體生命在地球上的每一天，都能夠經歷與死後相同的覺知、相同的領會、相同的經驗。然後我們就創造出地上的天堂。

我們有能力這麼做。我們已經得到這樣的承諾，我們有這個能力。我們不用等到「死亡」才知道如何活著。我們要做的就是去記起、認得並證明此刻我們真正是誰。就是那麼簡單。這個世界要求我們去擁抱一個全新的神學，一種嶄新的靈性，從中產生不同的身分，以及一個更為奇妙的神。

神給世人的訊息是：「你們誤會我了。」如果人類想要探討或研究這種新神學，更不用說是接受與擁抱它，這個訊息就變得非常重要。

我們敢不敢去想像有這種可能？可不可能我們真的誤會神了？神永恆且永遠無條件地愛著我們，神從未和我們分離，而且也絕對不會這樣做，這種想法是不是更加可信呢？認為神如此愛我們，如此完全地愛著生命，如此絕對地愛著神聖的表達，這樣的想法是一種罪嗎？

把這個訊息應用到日常生活中 CWG CORE MESSAGE 10

俗話說：「當我們不再害怕死，我們就不再害怕生。」確實如此。這裡是一些想法，對於在生活中應用這個核心訊息可能有所幫助：

◆假裝有人告訴你，你下個月就要死了。假裝一下這是真的。以此為前提，列一張待辦事項清單。這個構想來自《一路玩到掛》（*The Bucket List*）這部電影。根據你的生活環境，讓你的待辦清單顯得實際可行，但是它們對你個人而言必須是重要的。清單上務必包含你曾經想要對每個人說的一切事情。完成清單上的每一件事。

◆現在列出即使你沒死也想要做的事，而你害怕做這些事是因為你認為可能會產生其他後果。問問你自己，如果你想要做的事情確實產生了那些後果，會怎麼樣？想一想，如果無論如何你都去做你真正想要做的事，你要付出什麼代價？然後下定決心去做。真的去做。

◆對你自己承諾，至少閱讀三本人物傳記，這些人在他們的生命中已經完成許多非凡的事情，注意看看他們展現出什麼樣的特質。

◆寫一篇「我阻止我自己」的日記。（真的，就那樣說並且那樣寫。）在每天結束的時候，用一段或兩段的文字，描述你當天真的想要做卻阻止自己去做的事，以及你阻止自己做那些事情的理由。如果某一天沒有任何這樣的事情發生，就自我恭喜一下，並用一兩段文字加以描述。

22 與神對話核心訊息九

當我們從鏡廳裡看著那些充滿各種信念體系的迴廊，我們看到了我們對於生命的領會，以及它如何導向另一個領會，再導向第三個領會，接著導向第四個領會，然後是越來越多的領會，最後產生了更大的領會。而我們可能會把這一整個領會，稱為我們的宇宙觀或我們的神學。

在與神對話的神學中，我們也看到了這個過程。因此，不令人意外的，死亡並不存在這個概念，以及更重要的，死亡只是一種再確認的過程，是來自前一個核心訊息，也就是……

CWG CORE MESSAGE 9

沒有所謂地獄這樣的地方，永罰也並不存在。

這個獨特的觀念不需要太多延伸解釋。訊息本身已經說明了一切。然而，它的脈絡、含意以及推論，包含其中許多細微的差別，若加以探討可能對我們會有所助益。

如果沒有像地獄這樣的地方，我們可能會問：永恆正義的體系是為了什麼？「報應」是什麼？我們在地球生活期間的所作所為的後果又是什麼？

如果任何特定行動、選擇、決定都沒有後果的話，它們的意義是什麼？我們要採取什麼行動、選擇或決定，將有什麼差別？我們何不就去做任何可以讓我們開心的事，不用管結果如何或是否會傷害別人？

為什麼要遵守各種道德或靈性的行動準則？是什麼樣的神會沒有正義感、道德感或對錯感，允許我們隨意地去做任何我們想要做的事？什麼樣的父母會以那樣的方式來教養小孩？什麼樣的神會創造出這樣的一種宇宙？

那些都是非常好的問題。所以讓我們從自己所身處的終極實相中，看看沒有地獄或天譴這個想法具有什麼樣的含意。

再看一次那個對比的元素

與神對話告訴我們，生命的目的並不是要在最終受到獎賞或懲罰，而是要生命本身在無盡且漸增的驚奇與光輝中去經歷它自己。也就是說，神創造物性的目的是作為一個裝置，神藉著它就能在經驗上認識它自己，也可以無止盡地增加它對於那個經驗的認識。

換句話說，神只是想要以它所能使用的無盡的方式去表達它自己，去擴展它自己那些無盡的表達經驗，在每一個可以想像的形式中，產生更多的光輝與驚奇，更多的喜悅與幸福，更多神的真正內含，也就是愛。

由於神帶有這樣的欲望，因此認為神會因它的任何一種表達而犯錯，更不用說是譴責它自己，然後用無盡的折磨、不間斷的痛苦，以及永罰來懲罰它自己——這樣的想法實在愚蠢可笑。

重點在於理解我們稱為「惡」的事情可能以何種方式出現。若我們了解神的終極目的和意圖，那麼與我們以為的奇妙、光輝、快樂與可愛的神不同的事物，怎麼可能會以物質實相的方式顯現它自己？

答案就在於一個事實：若沒有對比，事物就無法被體驗。這一點在與神對話的宇宙觀中已經再三重複。事實上，你在本書中就已經聽過好幾次。

生命為了讓它自己被體驗，就必須創造出一個對比的元素。而因此，生命本身就創造出一個脈絡場，在其中它所有的表達都成為可能（而且的確正在發生）。永遠地，同時地，永恆地。

生命設計出它自己的第二種面向，以個體化的方式呈現，並且讓那些個體得以去經歷生命所有可能的表達。而那樣的方式，用我們的詞語來說，可能稱為「選擇性遺忘」。

透過限制每一個個體化的生命在意識上覺察到的資料量（也就是說用各種不同層次的意識去充滿肉身形相），全部（All）就有可能藉著有限的觀點去看到脈絡場，並且因此擁有生命的經驗；若任何時候每一個個體都可以取得總體生命的觀點，就不可能會有這樣的生命體驗。

讓我們進一步解釋……

作為我們永恆與循環的生命旅程的一部分，當我們從靈界移向物質界時，我們經歷了一個肉體化的過程，它把我們的意識嵌入集體實相的有限範圍裡，我們把我們自己嵌入這個實相中。在這個過程中，意識的覺知層次會縮小以符合它所在的空間。

我們要了解，意識不過是能量。一切事物都是能量。你。我。一切事物。我們的每一個部分都是能量。一切存在的事物都是能量。思想（意念）是能量。情緒是移動中的能量。觀念、概念、覺知都是能量。

我們也要了解，所有能量都會影響其他能量。也就是說，生命的能量是息息相關的。一個能量影響另一個能量。物理學家已經發現一個方法來描述這個過程，它與量子物理學有關：「沒有任何一個受到觀察的物體不受觀察者所影響。」換句話說，注視一件物體這個簡單的舉動，對於被觀察的物體就會產生實質的影響。

亦即，透過我們觀看的方式以及我們觀察的位置，我們正在創造我們所觀看的東西。這個現象和我所稱的「選擇性遺忘」的關係在於：我們的無限意識進入物質的環境，產生一種對終極實相的有限觀點。這個有限觀點削弱了我們的覺知。我們的意識維持無限，但是我們對於我們意識所知的一切的覺知大為減弱。

這就像是罩住馬的眼睛。把馬的眼睛罩住，對於馬的視力沒有任何影響。它只是影響這匹馬完整看到的能力。馬的覺知因此減弱。牠對於周遭的一切，也就是牠身處的實相，較不「覺察」。這並不改變牠的周遭實相，而是牠缺乏完全的覺知能力，使得牠經驗到較少的實相。但這匹馬認為牠正在經歷的就是存在的實相。唯有當你把牠的眼罩拿掉，這匹馬才明白**「事情比想像的還要複雜」**。

在人類身上，意識就是你這個神聖存在的視力。它是無限並且看得見一切的。物性是意識的眼罩。當你「專注」在物質面，就像是讓馬戴上眼罩。你看見一切的能力，也就是那未受妨礙的意識看見事物能力，因此就受到限制。你的覺知能力降低。你較少覺察出你所置身其中的實相。這並不改變你的周遭實相，而是你缺乏完全的覺知能力，使你經驗到較少的實相。你認為你正在經歷的就是實際的情況。唯有當你把眼罩拿掉，你才明白你置身其中的實相「比想像的還要複雜」。

與馬兒不同的是，你可以對這個情況做一件事。你可以把眼罩拿掉，即使你正在旅途中。物性的「眼罩」可以全部拿掉，或是一次拿掉一些。若是後者，我們看到的會越來越多；若是前者，我們立刻就能看見一切。

有時候我們立刻看見所有一切，然後就**看不見了**。當立刻看見所有一切讓我們陷入「心理衝擊」時，就會出現這個現象。這也會造成我們自願退回「有限的視力」，為的是更溫和且有效地面對並處理所有資料，在我們擴展覺知的時刻釋出給我們的無限資料。

物性「壓縮」了我們的視野。當我們壓縮自己的無限大我（Unlimited Self）進入極其受限的物質空間時，我們的觀點就劇烈地改變了，我們的觀點在這過程中被阻擋。大大地被阻擋。

這並不是偶然的。這不是一個錯誤，也不是不幸的情況。那完全是設計好的。沒有這樣的「壓縮」視野，我們就會「看見」超出我們的心智所能處理、甚或渴望處理的範圍。

再來看另一個相關的例子說明，讓我們使用人類（而非馬匹）的一個共通經驗：看恐怖片。

如果你在看一部恐怖片之前就已經知道每一幕劇情，你已經聽朋友談過這部片（包括故事的結局），這部電影就很難把你嚇倒。如果你去看這部電影的目的是要去經歷從中產生的恐懼、震驚及訝異，你就會對朋友說：「停！不要告訴我任何劇情！」縱使你**有可能**知道，但你**不想要**的就是去知道一切。

生命並沒有太大不同。但是因為生命中曾經發生的、正在發生的，以及即將要發生的一切事情，我們的靈魂都已經知道了，我們就無法對生命說：「什麼都不要告訴我！」然而，我們可以對生命說：「幫助我遺忘我知道的事。」

這是生命（讀為：神）樂意去做的事。因此，身為個別的靈魂，我們被賦予暫時「遺忘」我們真正是誰的能力，為的是讓我們有可能再次經歷我們真正是誰的各種面向，那也是我們歡喜去經歷的事。

對靈魂而言，我們的真實身分中最令人歡喜的一面，就是我們是造物主。然而，如果我們希望去經歷作為創造者的我們自己（而不只是認識我們自己），我們就必須遺忘所有曾經受造出來、正在受造出來，以及即將受造出來的一切。唯有在那時，我們稱為創造的這個過程，並且因而是我們較高自我的經驗，才成為可能。我們不是真的「創造」。我們只是讓自己更加覺察到「已經在那裡」的東西。

所以我們明白，這兩種神聖的裝置，也就是脈絡場以及選擇性與暫時性的遺忘，都是用來產生你現在正在經歷的生命經驗。

心智的劇場

這一切當中最美好的部分，就是在任何情況下我們都不需要參與所謂「負面」的物質實相，它之所以被創造出來，為的是要形成脈絡場，在其中我們能夠經歷我們的神性。

所謂的「負面」只是一種預留的位置（placeholder）。它就像是在劇院中演員們所稱的「第四道牆」（fourth wall）。演員們用這個詞來慣稱他們與觀眾之間一道無形的分隔板。背牆是舞台後方的牆，邊牆則是左右兩面，而第四道牆是不在那裡的牆。它是介於演員與觀眾之間的空間。那道牆並不是真的。

從觀眾的角度看向舞台，他們所看到的並不是真的。它只是一齣戲。而觀眾和演員都同意假裝那裡有一面牆。因此，觀眾作為一位「旁觀者」，觀察舞台上正在發生的生活，彷彿那是真的，並且想像他們身為觀察者不會被看見，儘管他們完全曉得，在現實生活中演員當然看得見觀眾，只是他們**假裝看不見**。

這是一種假裝中的假裝。演員假裝是別人，然後他們假裝他們不知道觀眾把他們看成是別的人！

你屬於一個常駐劇團

身為靈魂，我們沒有必要去踏進任何負面或邪惡的幻相，甚且讓它成真，只為了讓我們去創造一個脈絡場，在其中經歷到我們真正尋求（我們對神聖表達的最大渴望）的經驗。

如果我們真的踏進這個負面與邪惡的幻相，那是因為我們選擇要如此做，我們忘記邪惡只是一個預留的位置，並且想像我們無從選擇只能去經歷它，而且甚至在某些方面透過我們去表達它。（我待會將解釋我們這樣做的過程與原因。）

儘管如此，它在現在、過去及將來都永遠是一種幻相，如同我們肉體生命的一切，而我們將再度逐漸明白這一點。

當戲劇結束時，導演不會走向扮演惡人的演員，把他丟入後台的牢裡，只因為他的出色表演而不給他吃喝，並且讓他餘生日夜受盡折磨。導演也不會挑出劇中英雄，把他置入樂園，只因為他的表演同樣寫實有力，而在他腳邊獻上玫瑰花，還把糖塞入他嘴裡，在他周圍播放優美的音樂並給他想要的東西。導演不會為他的演員們做這些事情。他只是就一齣非常逼真的演出而向他們道賀。

但是這個特殊的表演劇團有一件事很不尋常。它是一個常駐劇團（resident company）。它的常駐地是在天堂。現在，如你所知，在常駐劇團裡，演員們更換角色，從一齣戲到另一齣戲，扮演不同的角色。

導演也許指定某個演員在一場戲裡扮演惡人，在下一場戲裡扮演英雄，而在當季第一場戲裡扮演英雄或女英雄的男女演員，往往在第二場戲裡就扮演惡人。因此所有的演員輪流扮演許多不同的角色，讓幻相有完整的表達與經驗，這樣一來便可以讓持有整季票券的看戲者在他們自己內心去經歷他們正在目睹的這個幻相所激發出來的情緒。

這是對於地球上所發生的情況的一種相當廣泛的描述。我們既是演員也是觀眾，甚至是導演。我們所看見以及經歷的邪惡，感覺非常真實，可是它是一種幻相；認為死亡是生命的結束這個觀念也是一種幻相。一切都是一種幻相，而許多上師都明白也證明了這一點，耶穌就是其中一位。

把這個訊息與日常生活連結起來

現在我們要談談我之前答應你要做的解釋。如果上述一切都無法連結到實際的生活，連結到你所在之處，要你讀這個訊息就沒有意義、沒有目的，也沒有益處。因此，關於瘋子無情殘殺無辜兒童，或是某些貪婪且只關心自己利益而殘忍地漠視人類生命的人，有件事一定得說。我們把這種苦難當成非常真實的事來經歷。那樣的經驗如何進入我們的生活，以及我們應當如何看待這些情況呢？

這些都是合理的問題。當我們面對這些情況時，它們看起來不像是「生命的驚奇與光輝」。這一刻「選擇性遺忘」失去了作用？你可能會這麼問。而且你會很自然地質疑說，神為何要創造這些事情，讓我們透過它們而受苦。

首先，我們要明白「神」不是一個創造出事物的分離實體。在人類經驗當中產生的每一種行為，都是由人類所創造的。「神」不是某個在天空高處的生物，創造出可怕的人類經驗，把它們強加給我們，然後從高處向下觀看我們的掙扎。

人類以他們的方式來行動，因為他們聽到、接受和實踐的有關他們是誰、神是誰、生命是什麼的完整故事（如果你要說「劇本」的話）完全不是真實的。這個故事並不是「神聖遺忘」的一部分，不是我們所說的「選擇性的遺忘」，而是我們代代相傳下來的錯誤概念，它和人類確實記得的他們是誰、神是什麼，以及生命如何運作的一切背道而馳——但是人類還是拒絕這些，認為那**好得不像是真的**。

例如，在內心深處，我們大部分人都認為我們是一體。這是一種出於直覺的知曉，一種細胞解碼，一種根本的領會，它會讓我們跑進一棟失火的建築物裡去拯救小嬰孩。在此種時刻，求生不是重點。我們是誰以及對真實的領會掌控了每一個人。

我們大部分人的骨子裡都感受得到這一點。然而，有趣的是，大部分人多數時候都忽略了這一點。大部分人都認為我們的本能是求生存，除非我們見到其他人遭遇危機。

這與遺忘無關。大部分的人都相當了解，對我們其中一人有益的事，對我們全體都有益。對我們其中一人無益的事，對我們全體也無益。我們為他人做的事，就是我們為自己做的。我們無法為他人做的事，我們也無法為自己做。我們對此相當清楚，事實上，這正是我們和我們所愛的人在一起時的行為表現。

所以我們的日常行為與選擇性遺忘無關，而與選擇性的應用我們已知什麼有關。它與選擇要不要接受我們真正的基本直覺有關，亦即在我們身上、透過我們，以及作為我們的神聖的表達。

我們非常了解，在我們存在的核心，「人性」就是「神性」的表達。那就是為何當我們見到其他人面臨危機而我們卻坐視不管時，我們就會被說成是喪失人性。人們對著我們叫嚷：「你沒有人性嗎？」人們懇求我們：「有點人性，老兄。」

我們非常了解，我們正在談的「人性」特質是我們歸之於「神性」的一種特質。這一點毫無疑問。我們完全知道我們在談論的存有的特質。

也因此，瘋子無情殘殺無辜兒童，或是某些貪婪且殘忍地漠視人類生命的人，以及人類生活中所有其他惡劣的情景，都不是神所創造並且讓我們從中受苦的事件與經驗。它們是我們創造的，那是我們出於自卑的拒絕，我們不相信對於我們真正是誰的最高及最恢宏的實相、神真正是誰和神是什麼，以及生命真正的運作方式。那也是出於我們對於我們一直在演出的虛構劇本的相信。

我們表現得好像這齣「戲」是真實的。我們把角色扮演得非常好，以致於我們跌入了兔子洞穴，在那裡瘋帽匠正在把茶倒進一個沒有底的茶杯，堅持認為「真實」的事並非真實的，而「並非真實」的事卻是真實的。我們認為神會以永罰來懲罰我們，因為我們表現得好像幻相是真的一樣。

然而，事實是，我們不知道我們在做什麼。我們集體意識的層次持續擴張，但並未達到讓我們大部分人清楚理解我們是誰、我們為何在這裡，以及稱為生命的這個經驗到底是什麼的程度。我們甚至無法讓我們當中的少數人提出一個關於生命的不同想法（更不用說是關於神的不同想法），而不把他們邊緣化為做夢的人或瘋子，或者譴責他們是瀆神者。

事實是，當然沒有地獄這樣的地方。當然永罰並不存在。為什麼要有？我們都只是在一個讓我們得以去體驗生命的脈絡場中經歷生命。

神渴望在經驗上以祂最偉大及最恢宏的表達來認識它自己，也渴望你運用所有包含在神聖本身的無限範圍內的可能性，在表達的覺知上有所成長。

你想要相信哪一個故事？

現在，你可能會說，前面兩節（以及本書的大部分內容）只是一個編造的故事，和終極實相並沒有關係。然而，和人們所編造的神的故事相比，這個故事就比較不真實嗎？（還是它需要再更加真實些？）我們說天使路西法讓神生氣了，於是神就把他送去接受永罰，從此他就無止盡地去誘惑人的靈魂，讓許多人的靈魂屈服於他的誘惑，和他一起待在地獄，而非與神一起待在天堂。

相較於認為神與路西法是處在一場永無止盡的爭奪戰這種想法，也就是一場關於人類靈魂的爭奪戰，本書的故事是不是更不像編造的？

我們真的認為自己的神是如此無能為力，所以可能會在你的靈魂爭奪戰中失敗？我們是不是認為，每當魔鬼得勝並且又有一個人下了地獄，神就會自言自語說：「好吧，有輸有贏……」

哪一個故事比較荒謬呢？假設沒有一個故事是真的，人類要接受哪一個故事才對自己比較有益呢？你寧願相信哪一個？你覺得哪一個故事比較能夠帶給你平安，讓你更渴望以一種特殊且奇妙的方式去表達你自己？

哪個故事讓你的心充滿更多的愛，讓你的生命充滿更多刺激，讓你的經驗有更多喜悅，讓你的每個際遇有更多驚奇？你選擇哪一個神？昨日的神？還是明日的神？

把這個訊息應用到日常生活中 CWG CORE MESSAGE 9

這裡是一些關於如何在日常生活中應用第九個核心訊息的建議：

◆當你想像自己因為做了某件事將要受到神的永罰時，對你自己說，你是一個在結束一場出色表演之後走入後台的演員。你直接對導演說：「我不想要再扮演那種角色了。讓我演出英雄的角色。把它寫入我的合約。我絕對不要再扮演惡人。」記得，你是一個很棒的演員，公司別無選擇，只得應允你的要求。你拿到一只新合約。從現在起你只演出英雄的角色。

◆當你因為各種事而想要責怪別人、評斷他人時，請記得他們只是忘記他們自己是誰。不要用超出你以觀眾的角度對演員所做的評斷來評斷他們。

◆讓這個幻相繼續，請假裝舞台上的一位演員忘記台詞，所以他開始臨場發揮。他的表現相當好；他設法要表演完這一幕，縱使他說的不是他應當要記得的台詞。想像你正在評斷或責怪的人，只不過是一個忘記台詞的演員。你知道他下一場表演就會把台詞記住。他也不會忘記當他忘記台詞以及不知道自己要怎麼辦時的不安。也許你甚至可以把自己想像成是站在側廳的舞台經理，給這個演員提示，幫助他記得台詞。

如果那是你在這個劇團的工作，不是很有趣嗎？也許你只是從一側跑到另一側的舞台經理，專門提醒演員們台詞。當你在工作的時候，你也看一下劇本，如此一來你就會知道我們演到哪裡了。

23 與神對話核心訊息八

之所以沒有像地獄這樣的地方，還有另一個理由。永罰之所以不可能存在，也還有另一個理由。那就是：我們沒有做錯事。

我了解「作惡」（wrongdoing）是人類生命的宇宙觀的一環。我們確實認為，有對錯這種事。畢竟神早就跟我們說過了。我們的宗教早就跟我們說過了。我們的父母早就跟我們說過了。我們的文化早就跟我們說過了。各地社會也都清楚表明，有些事情是對的，有些事情是錯的。

然而，從與神對話中興起的這個新神學，它告訴我們……

CWG CORE MESSAGE 8

倘若世界的模式就是如此，那麼沒有人的所作所為是不適當的。

這是一個讓許多人難以接受的訊息。你可能就是其中一位真的對這個觀念感到「退卻」的人。然而，就如我們在這裡所探討的所有靈性革命的訊息一樣，這個邀請是要讓你仔細檢視這個觀念，而不是立刻排斥它；請你看看是否同意這句陳述背後的靈性基礎。

這句話的根基在於一個觀察：是人們對他們自己的行動、選擇與決定的認識，創造了他們對於「對」和「錯」的界定。根據這些認識，人類為他們的世界創造了一整個模式。他們說服自己這就是「事情的樣子」，並且從這個角度出發，他們告訴自己什麼是「對」、什麼是「錯」。

這一切是從相當無害的宣告與決定開始，其中一些我們現在將進行探討，以說明一個人的世界模式如何影響他的價值觀。這些決定和宣告最後無可避免地將變成重要且危險的想法，產生「對」與「錯」的觀念，造成整個世界的恐慌，並且讓人陷入混亂與絕望。然而，我們似乎不知道如何跳脫我們自己創造出來的陷阱，甚至也無法對什麼是「對」、什麼是「錯」達成共識。可見那些用詞的可塑性是多麼大。

某個文化主張婦女要把自己從頭到腳都遮起來，除了雙眼，她們身體的其餘部分都不許在公眾場合被看見，她們只能透過長袍上的一道小縫看行進的方向。在另一個文化中，婦女完全可以展露出她們想要展露的一切，甚至一絲不掛地在裸體海灘上散步，在電影中完全赤裸，或是穿著極其暴露地在大街上閒逛。的確，在某些城市，在街上赤身裸體是合法的。

哪個對、哪個錯？哪個好、哪個壞？

某些地方的人認為，和配偶之外的人發生性行為是不道德的事，而如果是為了錢這樣做則更加不道德。這種行為被認為是一個人對他的神聖存在所做出的最糟糕的事。在其他地方，此種行為則是可行的，甚至是合法的，而且實際上也受到政府管理，以確保符合健康和安全的標準。

哪一個地方比較神聖？什麼城市或國家因為它的法律和習俗而更加神聖？或因此是罪惡淵藪以及前往地獄的通道？

有些人無論想吃什麼就能吃，另外一些人則在信仰的要求下只能吃某些食物，或是以特定的方式在特定的時間吃特定的食物。

正確的飲食方式是什麼？錯誤的方式又是什麼？

有些人能隨心所願地唱歌、跳舞、演奏音樂、不留鬍子或留鬍子，而在地球上別的地方，演奏音樂則受到嚴格限制，除了某些獻神的歌曲。在某些地方，留鬍子對男人來說是一件必要的事，然而跳舞及其他許多娛樂形式則受到嚴格的限制。

哪一種可以，哪一種不行？

神想要什麼？神需要什麼？

什麼是適當的？什麼又是不適當的？

誰制定這些規則？又是誰說這些規則就是對的規則？

為道德制法

當然，人類為此已經爭論了許多世紀。現在，隨著與神對話的出現，帶給我們一個驚人的答案：**倘若世界的模式就是如此，沒有人的所作所為是不適當的**。我們說對，它就是對……而錯，也是如此。是我們在宣告什麼是「善」、什麼是「惡」，什麼是「適當」、什麼是「不適當」，什麼是「對」、什麼是「錯」。而且我們經常對那些界定改變想法。然後我們稱我們的主張為「法律」。我們可以說是在為道德制法。

中國通過了一項法律，子女若不經常去探視他們的雙親就是違法的。如果父母晚年子女很少來探望的話，父母可以上法庭控告子女。這不是我編造出來的。它可能聽起來很專制，但**這是中國的法律**。

在美國某些州，如果兩個同性別的人深愛彼此且公開結婚，他們的婚姻在法律上是不受認可的。已婚夫妻的各種權利都不及於他們。這不是我編造出來的。它可能聽起來很過時，但這是**在美國許多地方的法律**。

其他地方的法律也同樣企圖要把對和錯編入法典，讓它變成法律的事，讓它不只是一種觀點，而且還是一種法律的觀點。然而，荒唐之處在於：幾乎所有文化都宣稱，在靈性層次上，神已經定出對錯，而我們所要做的事就是努力奉行神的指令。

問題是，即使那些應該是清楚的指令，當相關的詮釋在不同地方的不同文化中時時在改變時，要加以奉行是很難的事。那麼，人們要奉行對神的律法的哪一種詮釋？就此而言，人要信仰哪一個神？

我們拒絕去相信的答案

一個非凡的答案就是：在這些事情上，神給我們完全的自由，神希望我們去創造我們自己的實相，並且如我們所願地去經歷它。因此，每個行動都是一種自我定義的行動，每個選擇都是一種個人意志的表達。我們已經被賦予自由意志。

這就是神的目的，因為神希望每個有情眾生與所有的生命都擁有最大的機會，去表達與經歷一個生命形相的意識可以容許的神聖的最高層次。

當然，如果我們只是遵循命令，做我們被吩咐要去做的事，對要求有所回應，則那個機會是無法到來的。神聖的本質是完全的自由，是完整的權力與絕對的權威，如果人類要經歷神聖，他們必須要能夠經歷同樣無盡的自由與能力。只是遵循命令並回應要求，則完全不是那麼一回事。因此，邏輯告訴我們，神已經在所有事情上賦予我們自由意志。

所以，我們明白，一個人的世界模式決定了這個人是否把他的行動想像或創造成為「適當的」行動。如果我們發現自己處在某個空間裡，我們看到某個人或某群人表現出一種我們認為是不適當的行為，我們就有機會去邀請那個人或那群人再思考，並且修正他們的世界模式，因為這樣才是在回應他們的行為。然而，我們卻不這樣做。我們反而是去懲罰他人，只因為他們的行為與我們的世界模式不一致。我們甚至沒有思考他們一開始是從何處得到他們的想法。

諷刺的是，他們往往是從我們這裡得到那樣的想法。

我們沒有看見的矛盾

在多數的人類社會中，我們自己展示了一種世界模式，接著要求觀看我們示範的人同意另一套模式。這就是所謂「說一套，做一套」的方法。是我們自己的世界模式讓我們往下滑，從安全跌入危險的境地。

我們殺人以便制止別人去殺人，然後疑惑為什麼殺人這種事會不斷發生。我們恐嚇恐嚇別人的人，卻疑惑為什麼恐嚇的行為會繼續下去。我們對那些對別人發怒的人發怒，卻疑惑怒火為什麼會不斷出現。我們虐待那些虐待別人的人，卻疑惑虐待為什麼會不斷發生。我們仇恨仇恨別人的人，卻疑惑仇恨為什麼會延續下去。我們譴責譴責別人的人，卻疑惑譴責為什麼會毫無止境。

我們完全忘了「己所欲，施於人」這個訓諭。事實上，我們把它顛倒過來，「己所不欲，施於人」。而我們卻看不見這個矛盾。

然而，神不是這樣做的。神也沒有這樣的矛盾。正是因為如此，神清楚說明，沒有地獄這種地方，也沒有譴責與詛咒，因為在一個有情眾生具有完全自由意志去創造他們自己對於適當與不適當的看法的世界中，以及去創造他們對於他們真正是誰的自我展示的世界中，因為自由意志的選擇而受到譴責與詛咒，就會是一種矛盾。

這個世界需要的只是去改變它的模式，改變它的觀念，重寫它的文化故事。當一切有情眾生不再依賴他人提供方向時，他們最後就會這樣做。地球上的人正在進入這樣的過程。

那個過程就稱為進化，它是從對神本身有一個嶄新的認識開始。從這個認識而來的就是一個關於明日之神的故事，它相當不同於昨日之神的故事。

我們未來的神

為了要在進化的過程中往前行，我們將放棄對於「我們的父神」的情感依附。那位神的規則、規定、指導與命令，不再適用於二十一世紀的生命。我們現在已經看得很清楚。

明日之神將不是一位新的神，而是對神的一種嶄新且擴展的認識，一位過去一直在、現在在、未來也將在的神。在《明日之神》一書裡，人類被賦予一個美好的機會，可以看見現在正在進化的內容，以及我們將用什麼方式看見與經歷這個「新的」神。

那本書說：

明日之神不要求任何人去信仰神。

明日之神將不具性別、大小、形狀、顏色，或個別生命體的任何特徵。

明日之神將與每個人交談，始終如此。

明日之神將不與任何事物有所分離，卻是無所不在，一切的一切，阿爾法和歐米加，起點和終點，一切曾經在、現在在，並且永遠都在的一切之總和。

明日之神將不是單一至高無上的存在，而是叫做生命的非凡過程。

明日之神將持續變化。

明日之神將是不必要的。

明日之神將不要求人服事，而會是眾生的僕人。

明日之神將是無條件地愛人，不批評，不譴責，也不懲罰人。

把這個訊息應用到日常生活中

CWG CORE MESSAGE 8

除非我們把這些觀念實際運用到日常經驗裡，否則任何與神有關的對話都不會有任何實用價值。我們需要試用這些觀念，看看它們是否有效，探討它們的影響，深入研究它們的含意。

我們此刻在地球上的生活正好給予我們一個美好的機會去這麼做。這裡有一些關於如何去從事這個挑戰的想法：

◆做一本「適當性筆記本」。在筆記裡列出三件事是你在生活中做過而別人認為是不適當的。如果你的生活相對而言平凡，做起來應該相當容易。在每一件事情下面，用一段文字解釋你為何做出那件「不適當」的事，儘管你早知道那件事在別人看來是不適當的。或者，如果你是在做出那件事之後才知道別人認為那是不適當的，那麼就問問自己，什麼樣才是適當的做法。深入探討這個問題，在你目前的世界模式中，什麼是你已經理解並知道是適當與不適當的。

◆繼續你的筆記，問問你自己，你是否曾經不只一次在適當與不適當之間猶豫。換言之，是否曾經發生過你以為是適當的某件事，別人卻認為不適當，因此你就沒有去做，結果後來你對這件事情改變了想法，而在你自己的界定之下，再度認為你先前的行為是適當的。

我能想到的最佳例子，就是我們在前面說過的：裸體。

小時候我們以為光著身子跑來跑去沒有什麼不適當的，我們也常這樣做。長大後我們學會了，基於種種理由，這個行為是不適當的。理由實在太多，無法一一列舉。但是我們早知道，有人已經明確告訴我們，光著身子到處走動是不適當的行為。

接著，在人生更後面的階段，有些人還是這麼做了。我們發現別人同意我們，並和我們一起做出這個行為。我們不只在自家裡做這樣的行為，甚至和陌生人在一些像日光浴場及公共海灘上也這麼做。

所以我們發現，「適當性」是一席流動的饗宴（借用海明威美妙的說法）。適當與否就是我們說它適當與否，而我們得去決定。

◆在你的適當性筆記本中，列一份關於你對某些行為的想法改變——你曾經認為適當的行為，後來卻認為不適當，而現在又再度認為是適當的。用一小段文字來描述這個情況說明了什麼，不論是關於你自己、你的文化、你的世界模式，以及就此而言，你對於神以及對「對與錯」的理解。

◆如果有人做了某件你覺得不適當的事，如果他們想改變自己的行為，卻不知道如何著手，問問你自己，你可以做些什麼來邀請那個人去探索一個不同的新模式。

◆下定決心與他人一起在這個星球的各地去設計並開創出一個新的世界模式，作為可供全人類考慮的一個提案。你現在就可以登入以下網站做這件事：www.TheGlobalConversation.com。

24 與神對話核心訊息七

我完全明白，要我們去想像一個明日之神，一個如前一章以九個句子描述的明日之神，是很難的一件事。

我們習慣了一位發號施令的神，一位要求嚴格的神，一位懲罰人的神，一位有所需求的神——或說，至少是有所要求的神。然而，我不相信這就是終極實相的神，它也不是當我們理解、接受、擁抱我們的真實身分之後，將經歷到的神。

當我們確實經歷，我期待許多人將看見並體會到與神對話中所說的一切訊息絕對值得深思。（這個鼓舞人心的書面訊息並不亞於幾世紀以來其他同樣令人鼓舞的書面訊息。）尤其是下面這個訊息……

CWG CORE MESSAGE 7

從靈性角度來看，這個世界沒有受害者，也沒有惡人，儘管從人類角度來看似

乎當然有。然而，因為你就是神，一切發生的事最終都對你有益。

這個訊息所提出的一切，都是以我們的真實身分為基礎，而非我們想像出來的我們自己的身分。

事實上，如果我們只不過是個生物體，那麼這整個討論就可以結束了。此處所說的訊息無法應用到不具靈性的存在或實體，以及凡是靈性本質不是以神的個別形相所衍生或複製出來者。

如果我們不是神，那麼與神對話所帶給我們的訊息就沒有什麼道理。沒有一則訊息是可以被接受的。人們將會認為它大部分的訊息是公然瀆神的，也是不準確的。

另一方面，如果我們接納我們是從神而來的，我們是神的單一表達，或者是奇點的單一化（Singularizations of the Singularity），那麼此處和你們分享的一切訊息就變得十足有道理。它也可能創造出一個完美的世界。

這就是神的用意，這也是宇宙間所有進化中的存在朝向更多的覺知與更深層的理解邁進時，所經歷到的。

觀點就是一切

唯有達到較深的理解，一個人才能勇於提出世界上沒有受害者也沒有惡人這個說法。如同這個訊息本身所說的，從人類角度來看似乎當然有。然而，這句話的意思要從靈性角度來理解。要從神的觀點來思考它的意思。那個觀點就在你裡面，因為它就是你。因此，你可以進入這個觀點。

在靈性角度上，世界上沒有受害者也沒有惡人，因為一切發生在我們身上的事，都是所有參與的靈魂共同創造出來的，使用符合每個靈魂課題的方式，逐漸認識各種特定的事件、處境或環境。

例如，我沒有參與第二次世界大戰，但是我逐漸認識它。我沒有參與股票市場的漲跌，但是我逐漸認識它。我沒有參與朋友找到了一份好工作，但是我逐漸認識它。所有這些事情，我稱為「善」和「惡」的事情，創造出我持續進行的生命經歷及表達的脈絡。

所有這一切，是用另一種方式在說，生命是設計用來讓這個星球上的每個靈魂去表達與經歷的，在地球史上的每一刻和生命的完美目的完美組合：是完美本身的創造與表達。

當你靠得太近，就很難看得清楚。不只是空間上的接近，還有時間上的接近。我們以前討論過這些生命的元素。時間和空間在我們想像的實相的宇宙觀中是同一回事。因此，觀看我們星球上任何特定空間，或是我們歷史時間中的任何一個短暫時刻，就像觀看描繪終極實相的織錦上任何特定的一條織線。

如果你把臉貼近這幅織錦，你將無法理解線條交織出什麼樣的圖案，也絲毫不會感到興趣或覺得它美麗，反而看起來像是一堆雜亂無章的顏色大雜繪，完全顯露不出一個樣式，也沒有任何意義。唯有當你往後退，才看得出整幅織錦的圖象。

當你注視著在永恆以及在我們稱為現在的時間中的任何一刻或一連串時刻時，也是同樣的道理。

因此，我們這個世界上看來好像有「受害者」與「惡人」，是因為人類行為的線條彼此交織的方式。唯有當我們從任何特定時刻或期間往後退，把人類歷史的總體看成是一幅織錦，我們才能看見這種交織的完善與美麗，以及為了產生我們從永遠的此時此地角度來看是進化的一個完美部分所必要的交織。

耶穌說：「你也是。」

我們確實可以問，而且我們也已經在這個敘事裡問過好幾次：為什麼我們需要在這些交織中去經歷我們所謂的受苦。答案就是：從靈性角度來看，我們了解唯有當我們不明白到底發生了什麼事，以及為什麼會這樣時，我們才會經歷「受苦」。當我們明白事情之所以如此的**原因**，受苦就結束了。一位生產中的婦女可以完全體會這個道理。她很痛苦，但是她並不受苦。的確，她喜極而泣。

簡言之，身體與情緒的痛苦是一種客觀的經驗，但是從那個痛苦而來的受苦，是我們認為正在發生的某一件事不該發生而產生的結果。這是任何人從靈性觀點來看待生命時，絕不會想要也不可能會做的決定。

人類故事中關於這方面的一個實例，就是耶穌基督的示範。令人遺憾的是，許許多多人以他們的方式把這個非凡的人類變成神。我們並不是指他們宣稱他的神性（這個說法當然正確），而是他們相信並宣告他只有一個身分。

「沒有人像他一樣，而且絕對不會有另一個人像他一樣，」許多人這樣告訴自己，一方面表示耶穌所行的奇蹟，另一方面也代表我們似乎無能複製這些行為。然而，耶穌自己卻說：「你們為何驚訝呢？這些以及其他的事，你們也要做。」

他在這句話中所指的事，並不是他做過的幾件事。他指的是所有他做過的事。他並不是說：「我在這裡做過的一些事，你們也有機會去做。」他是說：「這些以及其他的事，你們也要做。」我們只是沒有相信他。然而，當我們信的時候，這一天就會來臨。那一天將會是我們接受我們真實身分的時候，即使他早接受了他的身分。那將是我們擁抱這個事實的一刻：我們與神是一體的，與基督是一體的，與彼此是一體的，與一切生命是一體的。

耶穌顯然明白，他不是任何事的受害者，他也明白，並沒有惡人危害他。他知道沒有事情對他發生，而是一切都透過他而發生。他也知道，對於每一個曾經活過以及即將活著的人而言，這都是事實。他的使命就是讓我們看見這一點。

以前有，現在也有

我真的不認為，耶穌以為或想像我們會立刻「想通這一點」。或甚至會在短期內想通。我認為他非常清楚，人類需要好多個世代——放在這個宇宙生命中其實只是一眨眼——才能充分了解、完全接受，並且徹底擁抱他邀請我們去經歷的事。在這方面，耶穌是早於他生存時代的人們好幾千年，而他也知道這一點。那就是為什麼數億人都稱他為神。（那也是他被釘上十字架的原因。）

現在，「時間」趕上了神最驚人的一個證明，並且提供人類充分自我了解的機會。自從基督的時代以來，以及之前，已經有許多人這樣做過。通觀人類故事，我們見到許多人用許多方式做出了神聖的證明。

例如，不斷有人受到他人治癒，甚至是「復活」。我們稱這些奇蹟為現代醫療科技與尖端醫學的結果，但誰說醫學與醫療科技不是我們現在選擇用來證明我們的神的一種方式？

同理，許多人完全不用物理科技就能治癒自己與他人，他們純粹只是用他們的信心，而他們的信心就是他們行奇蹟的工具。瑪麗．貝克．艾迪以這種經驗創建了一個宗教，她稱之為基督教科學。

在基督之前與之後的時代，我們當中有許多人已經向我們顯示，在人類眼前放一面鏡子，如此一來我們就可能看見我們自己的神聖映像。老子做過。佛陀做過。巴哈歐拉做過。還有其他許許多多人也做過，包括人類歷史所承認與記載的那些人，以及沒有被特別記載的那些人。並非所有做過這件事的人所留下的訊息與教誨都受到完全的理解與正確的詮釋。

神真的和撒旦爭戰嗎？

凡是進入神聖證明這個層次的人，從未把自己看成是任何人或事的受害者，也從未把任何人當成是惡人。他們確實看見非常多的人不明白或不理解自己是誰，不明白事情的情況或是生命的目的，也不知道所要表達的過程，或是那個過程的原因。他們確實看見一個充滿批評與責難、懲罰與不原諒、憤怒與仇恨、暴力與殺戮的世界，以及有情眾生在覺知沒有擴展的情況下所做出的野蠻行為。

確實如此，即使今日在我們周遭都清楚可以看的到這種現象。我們到處都看得見這樣的現象。所以我們納悶，那有可能是真的嗎？我們有可能真的是這樣的人嗎？這是人性的基本特徵嗎？老子、佛陀、基督、巴哈歐拉，以及所有其他人，他們只是異於常人，在數億曾活過與今日活著的人當中，他們是那一小群真正是神的人嗎？還是我們所有人都是神，雖然只有一些人知道，並且經歷過這件事？或者，事實上，當我們越來越靠近它，在靈魂旅程上越來越接近終點時，有些人**每天都在某種層次上以某種方式在某些時刻示現神**？

不只是從人的角度，也從靈性角度來看，真的有惡人和受害者嗎？在這個星球上真的有一場神與路西法之間激烈的爭鬥嗎？在我們世界中作惡的人是撒旦的爪牙嗎？而那些努力要終結邪惡的人是神的士兵嗎？

更有意思的是……當我們使用仇恨來終結仇恨，以暴力來終結暴力，以戰爭來終結戰爭，以殺戮來終結殺戮，以及用邪惡來終結邪惡時，我們是站在哪一邊呢？

我們敢接受耶穌的邀請嗎？

如果耶穌認為這個世界上有作惡的人、撒旦的爪牙、最壞的惡人，他為何會說：「有人打你的右臉、連左臉也轉過來由他打。」他為何會說：「祝福、祝福、祝福你們的敵人。」他為何建議要善待那些作惡的人？那一切都是關於什麼？

可不可能是耶穌深深了解到，我們所稱的惡，只是那些誤解自己是誰以及誤解正在生命中發生的事情就是一切的人，只是他們對愛的一種扭曲與變形的表達？

可不可能他知道，這個世界的終極療癒，無法藉著責難與懲罰那些做出我們稱為惡事的人而達成，反而是要透過改變那些人的選擇、決定、行動所由來的世界模式？

可不可能我們今日所需要做的事，就是去實踐耶穌非常清楚與簡單的指導，去愛我們的敵人，並祝福那些迫害我們的人，因為他們不知道他們做了什麼？

世界上偉大的靈修大師們似乎都用他們自己的方式告訴我們同樣的道理，但顯然真正傾聽的只有少數人。

我先前已經說過，在此再說一次：問題不在於「神對誰說話」，而是「有誰聽了」？

如果我們傾聽與神對話的訊息，我們將逐漸理解，即使是面對最大的惡行（就人類所定義的惡行），如果我們拒絕把自己視為受害者，我們就會改變關於我們在那些事件上的個人及內在的經驗。以這樣的方式，我們創造出自己的實相，並開始把能量投射到世界，啟動了創造的過程，讓外在事件因而改變。

這就是成為神的最高益處與最大奇蹟：無論任何人對我們做了什麼，我們能夠以我們選擇的方式去經歷它，並因此抵銷了對方希望加諸我們的負面結果。有許多人已經證明了這一點，你也可以是其中之一。而那就是第七個核心訊息的重點。

把這個訊息應用到日常生活中 CWG CORE MESSAGE 7

這個訊息的力量在於，它能讓你的生命在一夕之間轉變。它對於你目前正經歷的每一個事件、處境，以及環境，還有你先前在地球期間的經歷，能夠產生極大的轉變。這裡有一兩個實用的建議方法，供你把這個訊息應用到日常生活中。

◆想想當你感到自己受害的那些時刻，無論程度輕重，並注意看看最後呈現在你眼前的是什麼。在你先前的受害經驗中，有多少次結果是讓你從中受益？可能並非每一個事件都是如此，但是你能否回想一個如此的情況？有沒有任何時刻，你覺得不好的事變成你的一個機會，讓你進入你曾經希望或想像的結果？仔細想想，對自己誠實。

◆如果上述屬實，回頭看時，你是否仍會說自己是受害者，或只是一個神聖存在經歷了一個多重的過程，它是靈魂共同合作以產生透過集體參與以各種方式經歷到的單一結果，是朝向可能有助於演化與完美的結果？

◆想想當你變成某人故事中的壞人時。一定有這樣的經驗。也許不只一次。回顧那個事件，問你自己，當你這樣「錯」待另一個人的時候，你是否覺得自己像是一個「惡人」，或者你是不是覺得在你自己心裡，你正在做你需要做的事、你必須做的事、你選擇要做的事，為的是要表達你想要經歷的事。看看當別人對你作惡時，你是否也能這樣想。如果你能，在你的腦袋和情感中，把你原諒自己的方式用來原諒那個人。如果你尚未為了過去的錯誤而原諒你自己，現在就這樣做，作為你在所謂「不好」的經驗上，再脈絡化及聖化的第一步。

◆了解「這個世界沒有受害者或惡人」這個事實，並不表示你打算要旁觀某些事情發生而不採取任何行動。大師不做大師的事，因為別人做的事是「錯誤」的。大師做大師要做的事，是為了要抓住讓他表達並經歷內心最高神聖的時刻。所以我們接收到這個建議：「不要論斷人，也不要定人的罪。」

◆沒有必要為了證明你是誰，而說某個人或別的事是「錯」的。事實上，反向為真。那就是為什麼耶穌會那樣說，並且如此清楚地為我們指出這條路：「愛你們的敵人，並祝福那些迫害你們的人。要成為照亮黑暗的一道光，並且不要詛咒。」

每天都以這個方式生活，看著你周圍的世界逐漸轉變，從你最近的圈子開始，然後逐漸擴大，最終觸及數百、數千、數萬人。如果有夠多的人這樣做，這個世界將會整個改變。

25 與神對話核心訊息六

檢視所有出自與神對話的智慧，上一則核心訊息確實是最困難的。然而，當我們懂得那個智慧的基礎，當我們仔細檢視它的思想基礎後，我們就更加清楚，這個世界上有可能沒有受害者與惡人。

這樣的清楚認知來自於對以下這個訊息的深層領會……

——CWG CORE MESSAGE 6

如果你努力去做一件事，就沒有所謂的對與錯，只有可行與不可行。

如果我們認為這個訊息是重要的，那麼它會讓我們邁入下一個層次。我們的心智再度想要知道，這怎麼會是真的？怎麼會沒有對錯？何不把我們底下的毯子全都拉走呢？我們要不要乾脆放棄歷代所有人類所抱持的一切見解？

當我第一次聽到這個訊息時，我自己的心說，**不對，當然在某種程度上一定要有對錯的存在**。當然一定要有某種指標，某種評判尺度，某種標準或條件，讓我們能夠衡量或決定特定的選擇或行為是否恰當，是好是壞，要接受或拒絕。

人類似乎都同意這一點。人們多年來都這麼相信，多年多年來。我們肯定有對錯這種事，我們也完全確定我們想的沒錯。

事情要是那麼簡單就好

我們已經檢視過這個主題。在我們反向探討與神對話的核心訊息時，再次檢視這個主題，你就能清楚看見我們是如何得出結論。

困難與問題在於，我們有關對與錯的想法隨時、隨地、隨文化而改變。結果就是，一個人或一個文化認為是對的事，另一個人或另一個文化認為是錯的。這就是我們在這個星球上見到的各種不算小的衝突與暴力、殺戮與戰爭的根源，諷刺的是，多數都是打著神的名義。

我們似乎無法在對錯上達成共識，甚至也無法同意這樣的**沒有共識**。我們似乎沒有辦法看出我們的差異。我們顯然感覺因為所持的見解不同，所以對方必然是錯的。我們甚至無法同意去開放探討有所歧見的主題，把一切可能性攤開來，考慮是否有可能妥協。不行，當我們對的時候，不能有所妥協。人不為自己的原則而妥協，人不與惡魔打交道。我們不只是不同意彼此的看法，我們還把彼此妖魔化。我們就只是不同意，卻無能為力去解決這個情況。

更糟的是，我們覺得自己是正義的一方。我們想像自己對對錯的看法是如此正確，所以我們樂於去輕視別人、批評別人、迫害別人、論斷並懲罰別人、攻擊別人、甚至殺害別人——我們做了所有一切若別人做就是錯的事情。有趣的是，我們永遠都是對的那一方。

問題在於模式

我們說過，如果世界的模式就是這樣的話，沒有人的行為是不適當的。我們現在明白這一點如何運作。這個模式告訴我們，從道德層次來看，有對的事與錯的事，而且有幾億人相信是神這樣說的。如果神說某件事是對的或錯的，我們有什麼資格去反駁，甚或去質疑呢？所以我們的世界模式讓我們沒有商討的餘地，沒有辯論的餘地，沒有探討其他可能性的餘地，除了我們所認識的神已經告訴我們且已經下令的事。

然而，即使神也無法搞清楚各個文化的情況，或是不同歷史時期的情況。在一個文化中，我們聽說神說我們要把通姦者帶到城門外，用石頭把他們砸死。在另一個文化中，我們聽說神說要原諒人的罪並施予同情，並且絕對不要蓄意殺人。要怎麼辨呢？要如何解決這些矛盾呢？

答案就是，建立一個新的世界模式，以明日之神帶給我們的新理解為基礎。那個新理解就是：如果我們努力在做一件事，就沒有對與錯，只有行得通和行不通。

我們探討的是關於我們想要在我們經驗中產生的結果，那麼我們的衡量應該與道德正義無關，而是純粹與實際的效果。

儘管我們對此可以不同意，也將會不同意，但是這個訊息把道德絕對性從公式中拿掉，代以一個簡單的觀察詢問：有效嗎？我們選擇做的事對於產生我們希望得到的結果，有效嗎？

萬一結果有差別？

此刻我們在這個星球上做的事，很少產生我們想要的結果，這是本書不斷提及的重點。令人驚訝的並不在於我們想要的結果沒有發生，而是這似乎對於我們沒有任何影響。我們想要的結果完全沒有出現，並沒有影響我們持續的行動。

人類好像不在乎。即使和我們希望要經歷的結果完全相反，我們還是寧願承受這樣的結果，也不願意改變看法。

神建議我們去做的，就是仔細看看我們在這個世界裡打算要做什麼。我們打算要創造和平嗎？我們打算要製造財富嗎？我們打算要維護我們的安全及他人的安全與保障嗎？我們打算要創造一種可以提供全人類基本尊嚴的生活嗎？我們在這裡試著要做的是什麼？

試著要做、想要去做，以及實際上達成的事，我們看得到這三者之間的差別嗎？

作為一個有情眾生的共同體，我們能否向自己承認並接受，我們追求結果的方法是完全無效的？而且幾千年來一直都是無效的？

我們真的認為，遵循來自千年前有關道德上對和錯的舊規則，就是創造出我們想要創造的地球生活所需要做的事嗎？

道德或功能，會是哪一個？

我在其他書裡使用過這個例子，在此再說一次：如果你正在美國駕車朝西岸駛去，你將逐漸接近太平洋沿岸，而倘若我們的目的地是西雅圖，你卻往南朝聖荷西的方向駛去，你在道德上並沒有錯，只是在功能上是無效的。我們最好不要把道德與功能混為一談。

但是我們混淆這兩者已經很長一段時間了。事實上，已經有幾千年之久。我們認為對錯是一個「道德」的問題（道德隨著不同地方、不同時代、不同文化而改變），但它只是一個關於「效果」的問題（效果是指一件事物產生或是沒產生你想要的結果，無論你在什麼地方、時代或文化）。

事情在**本質上**並沒有對或錯，這個想法對我們有益。

沒有證據指出，在海灘上光著身子打排球，在神眼中就比那些無論什麼時候或什麼原因從頭到腳都遮蓋住不讓外人看見的人還要不道德或不值得。

我們沒有理由說，與吃生物死屍的人相比（如耶穌，他顯然吃魚，而且他在山頂接受召喚前，還把許多的魚給人吃），只吃蔬食的人在道德上就比較高尚，或是可以做出較高的靈性選擇。

我們的經驗中沒有任何證據指出，同志在本質上、道德上、情緒上、智性上、哲學上及靈性上，都是遭透的，而非同志者則是高人一等。

這些觀念和其他觀念一樣荒謬，卻有無數的人稱它們為「真理」，並且遵從這樣的真理。他們說，適當的行為有其慣例與規定，不遵守的人就是錯的。

沒有規則我們能生存下去嗎？

然而，有時候缺少我們所宣稱的對，反而比世界上所有規則與規定更加可行。任何曾經在法國凱旋門周圍開過車的人，都非常了解這個道理。

這個位在巴黎的歷史紀念碑，四周的圓環道路沒有任何交通指揮或警察。沒有人行道或車道標示。沒有交通號誌與燈號。這個世界上最繁忙、最擁擠的路線，每分鐘有幾百輛車子進進出出，卻完全沒有說明行人要往哪個方向行進、應該要怎麼走，或是應該要如何做。人們冒著生命危險進入那個塞滿交通工具的野性叢林。

那就是重點。當他們自己有生命危險的時候，他們會照顧自己與別人。他們不需要交通警察。他們不需要車輛通行道。他們不需要標示，也不需要閃爍的交通號誌。他們知道他們想要做的事情是什麼。

他們想要平安抵達馬路的另一邊。一切真的都非常簡單。

當你知道你想要做的事情是什麼時，要採取什麼你所偏愛以及對你有益的行動，立即顯而易見。那就是為何凱旋門附近的交通事故比一百碼外的香榭麗舍大道還少，那裡到處都是交通燈號，車道也清楚標示，行進方式有規則可循。

無人會問的問題

如果在道德上並沒有對或錯這個觀念（對比於功能上有效或無效）是令人害怕或讓人焦慮的，那只是因為這個星球上的有情眾生還沒有共同或完全決定，他們想要做的是什麼。

我們想要創造自由，還是我們相信自由之人就是危險之人？是不是擁有最多的人贏，還是我們要以另一種方式來定義「成功」？

我們的靈性旅程又是什麼？我們是要努力創造神聖的經驗，或者只是設法用最不冒犯神的方式來度過從出生到死亡的這段期間？我們的靈性經驗與任何事情有任何關係嗎？若是如此，靈性世界的車道標示、交通號誌和交通警察，是讓我們更容易或更難以去到我們想要去的地方？

現在我們就來思索這個問題。

把這個訊息應用到日常生活中 CWG CORE MESSAGE 6

看看是否有些實用的方式，可以把第六個核心訊息應用到日常生活中。試試以下建議：

◆列出三件事情是你相信你在生命中所犯的「錯」，問問你自己，你認為那些事情之所以是錯的，是否因為結果不是你想要的？還是它們讓你達成了想要的結果，但是你的作為太超過，違背別人告訴你的慣例與規矩？或者你認為自己做錯了，是因為你在反省過程中，覺得你的行為傷害了別人，或在某方面造成別人的損害？

◆看看別人所做的你覺得是「錯」的事情。你有沒有做過那樣的事情，或者做過類似的事情？如果你看見別人在做欺騙人的事，問問你自己：我是否也做過這樣的事？如果你看見別人迴避事實或說謊，問問你自己：我有沒有迴避事實且公然說謊？如果你看見別人傷害他人或對人很殘忍，問問你自己：我是否曾經傷害過人或對人殘忍？

◆把這一段話記錄在電腦檔案裡：就在今天，我要釋放我對於任何我想像自己做過的

「錯」事所做的評斷，我會不假思索且充滿感謝地釋放我對於別人的評斷。就在今天，我要釋放我對於別人的評斷，我要開始表達神聖。在今天，我要開始表達神聖，我要開始做我來到地球上要做的事。一切只是做那件事的一種方法。

◆把那段話設成你的電腦桌面或螢幕保護程式。列印出幾份，每個地方放一張……冰箱上、浴室鏡子上、床邊桌上、衣櫥門上、車子儀表板上、浴室的牆上……所有地方。

◆列出你在今年底以前非常想要做的五件事。或許它們已經出現在你的新年新希望裡，或是你現在才剛想到。無論是什麼，把它寫出來，然後在每件事下面都問問你自己，你確實想要做的是什麼？你努力要完成的是什麼？你想要創造出什麼？你希望有什麼樣的結果？然後，就這五件事，問問這個生命最重要的問題：這件事和我的靈魂課題有什麼關係？

◆列出至少三件事是你相信無論如何神絕對認為是「錯的」事。然後注意看看，是否有任何你尊敬的人也做過這些事，是否有任何人或國家宣稱他們是以善的名義或神的名義才這樣做。用五段文字的篇幅，寫一篇小論文，談談這是否透露出什麼訊息。

26 與神對話核心訊息五

沒有對與錯的這個觀念來自於一個覺知：我被賜予的生命本身是在最基本的層次運作。老實說，過去我從來沒有聽過、沒有思索過，也沒有想像過這樣的想法。可是當我結束與神就這個主題的對話之後，我感覺自己比以前更加了解這個星球上一切事物的運作方式。

現在我邀請你看看神那時候邀請我去思考的……

CWG CORE MESSAGE 5

生命有三個基本原理：功能性、適應性、永續性。

神告訴我，宇宙各地的生命都是以同樣的基本原理在運作。無論是一個人的生命，或是一棵樹的生命，或是一盆植物的生命，我們談論的都是相同的過程。

在生命表現的所有層次上，它都是功能性的、適應性的、永續性的——否則生命就完全不存在。這就是神顯現的方式。這就是生命的樣子。

生命永遠都是功能性的。它永遠是適應性的。它也永遠以這個或那個形式延續下去。因此，生命過去永遠是這樣，現在是這樣，未來也將是這樣。

從實際的角度來看，這個意義是指生命以一種永遠為自己提供功能的方式在運作。存在的事物永遠不會消失。生命自身的本質能量只是改變形式，它以無盡的方式來表達，就看表達本身要持續所需要的條件而定。

在人間就像在天堂

就廣義的一般角度來看，這可能是達爾文形容為「天擇」的生物原理的一種靈性表達。達爾文所揭露的訊息，在與神對話中以非常簡單卻不盡然是簡化的方式表達出來，那就是：**生命無意終結**。永遠不會。因此，當生命的任何表達或形式受到威脅時，它立刻調整自己去適應，如此就讓它的表達再度延續下去。

地球此刻正是如此運作。關於這方面，有個理論認為地球本身是一個活的有機體。它有一個名字：蓋亞（Gaia）。據說這個有機體的功能及運作是以有條理的原理為基礎，那些原理反映出一種較高層次的宇宙智慧，所有生命形相皆適用，無論大小。

有些環保主義者提出一個看法，認為地球上逐漸增多的地球物理事件，如海嘯、地震、颶風及其他物理現象，就是蓋亞針對人類對這個世界的生存威脅所做的一種回應。

沒有人真的希望世界毀滅，但是很少有人認為這個世界會以數千年來所呈現的相同形式與相同方式存續下去。地球作為一個生物體系，因為它的住民所造成的情況而正在轉變並調整它自己，這是毋庸置疑的事。

這個星球本身所承載的生命形相正在做相同的事。他們不斷地調整自己，好讓從他們身上流出的本質能量的表達能延續下去。

然而，我們不能錯誤地假定生命形相所做的調整適應，保證了他們的肉身表達或外貌將維持不變。我們都知道，有某些生命形相已經在地球上「絕跡」了。用地球上許多語言所使用的方法來說，這就表示他們不存在了。但是真實的情況是，他們只是不再以他們以前的形相存在。所有存在的事物將持續存在；問題只是他們用什麼方式存在下去。

木頭的寓言

在《與人對話二：唯一重要的事》一書裡，有一個美妙的寓言或比喻可以說明這個道理。那是關於一塊木頭在壁爐裡燃燒的故事。我們看到有一塊大木頭躺在壁爐裡，過了幾個小時之後，它就不在了，因為它已經被燒成灰燼。因此，那曾經存在的，不再存在了。有些人會說這塊木頭已經不存在，除了留下些許灰燼。然而，根據寓言，我們曾經稱的那塊「木頭」，只是變形化為灰燼。它的能量也以熱、光和灰燼的形式表達出來。這種修改過的能量表達形式並不是它的滅亡，只是轉變成為別種能量。這塊木頭有部分仍然以物質的屬性（我們稱為「灰燼」）存在，但是木頭的百分之九十五已經透過能量的表達而進入我們所稱的無形宇宙（看不見的宇宙）。

所以，在你們所稱的「死亡」之後，你們也是如此。我要再加一句，明確來說，你們也是以同樣的方式轉變。（字典上把「變形」〔transmogrify〕定義為「轉變，尤其是以一種令人驚訝或神奇的方式」。）

在這個過程中，你屬於肉體的部分，那是你的能量顯現中比例最小的部分，可能以某種形式繼續留在物質界，或許它已經化為灰燼，比如火葬，或是在某處的棺木裡，緩慢地經過一段時間而改變形式。但是到目前為止，你最大比例的那個部分是以變形的方式進入到所謂的靈界。

生命形相就是以這個方式，作為你而表達出來，適應並且因此持續讓它自己延續下去。這種功能性、適應性與永續性的縮小版，在你目前的肉身形相以及在你周遭一切的生命也能看到證明。

我認識一個人，他發現經常吃螃蟹與龍蝦是具有功能性的。然後他得了醫生所稱的甲殼類自發過敏症。他展現適應性，只吃鮭魚、鱒魚以及其他非甲殼類的海洋生物。這樣一來他就在自己的肉體存在當中創造出永續性。

任何人若曾有除草的經驗都會了解，某種生命形相是如何展現功能性、適應性與永續性！

這個相當簡單而有效的公式，解釋了許多發生在我們周遭的情況，還有當我們持續活在人間時所期盼見到的情況。你可以期待生命永遠都有功能性、適應性及永續性。

重要的是，我們要了解，本質能量的這些不同表達形式，就它們任何一種特徵來說，並沒有「對」或「錯」，而只是「這個」或「那個」。也沒有某一種本質能量的表達比另一種「更好」。一切都只是不同而已。

是我們自己過度強調生命完美的過程。我們稱暴風雨是壞的，而美麗的日出是好的。我們稱死亡是壞的，而出生是美好的。我們為一個哀悼，卻為另一個慶祝。然而，事實上，生命全部都是在支持我們，因為每個事件都是在幫助我們個人與集體的進化。

美國詩人艾・克萊兒（Em Claire）在她一首詩中完美地這樣描繪：

神要我這樣告訴你：
沒有需要修補的事情；
一切事物都渴望
一種慶祝。

你天生要彎身
如此你會發現
在你腳邊的所有奇蹟
你天生要伸展
如此你會發現
你自己的天堂的美麗臉龐
就在上方
你認為你必須肩負的所有一切。
當我懇求神對我說話，
我感覺到像你可能有的感覺一樣渺小而孤單。
但是就在這個時候，完全沒有理由可言，
我開始
發光。

成為事情的起因

套用克萊兒這首詩的觀點，當我們參與生命的過程，而不只是在一旁觀察時，我們就開始發光。我們能夠成為生命所創造的適應性的起因，而不是僅只於見證。事實上，此刻我們就是它們的起因。

我說過，生命在地球上所做的適應，主要是為了我們的行為所引發的結果。從全球暖化、地震、熱帶風暴、龍捲風、熱浪、乾旱到洪水，以及其他所謂的「天然災害」，我們明白人類對於這個星球的生態造成巨大的影響，並且要為這個情況負起主要責任。

當然，我們不願意承認這就是事實，也因此有些人完全拒絕承認人類在任何層次上參與了地球表面對於生命的生態反應，他們不願意承認我們一直在經歷它，並創造它。然而，立場比較中立的科學家們都非常清楚，人類的行為對我們複雜的生態平衡體系所帶來的衝擊。

作為一個物種，我們能以一種正面的方式影響這個星球以及它的適應性。然而，我們的首要之務，就是要對自己承認，我們有能力對地球產生影響，無論好或壞。

如果我們聲稱自己對於我們所認為的不好的環境適應結果完全沒有責任，那麼我們就不可能認為我們對於地球生態可以有正面的影響。

所以生命邀請我們，在運用生命的三個基本原理來塑造我們自己的未來時，要成為一個共同創造者，一位積極的參與者，一位有意識的協同者。

就因為生命在宇宙期間用這樣一種公式來表達它自己，並不表示我們只能看著它，並處於被動接受的位置。宇宙間全部的有情眾生終究已經學會，相反的情況才是真的。

此處我們的機會是要成為這個公式有意識（而非無意識的）的一部分，積極而有意地創造功能性、適應性、永續性。所有聰明的、高度進化的物種絕對明白這一點。

我們呢？

把這個訊息應用到日常生活中 CWG CORE MESSAGE 5

這裡有一些實際可行的方法，讓你把生命的三個基本原理融入日常生活中：

◆創造一個生態友善的家。方法有很多種，你可以從相關組織所出版的無數書籍、簡章及公報中找到很多資源。學習對環境友善的行為並加以實行。

◆把功能性、適應性、永續性的原理應用到你個人的健康上。立即停止會威脅你特定的生命形相的所有行為。你已經知道那些行為是什麼。如果你抽菸，停一停。如果你嗜吃糖，停一停。如果你的酒精攝取量超出你應攝取的範圍，停一停。如果你吃的食物含高澱粉或高脂肪，停一停。

◆立即開始從事有助於你延續身體功能的活動。例如，適量運動可能是第一項活動。讓自己獲得充足睡眠則是另一項。控制並降低情緒暴發的可能，減少壓力，這是第三種。諸如此類的活動。我們都知道我們能做什麼，以及最好不要做什麼，以維持身體的最佳狀態。問題是，我們願不願意花心思在這些事情上呢？這一切都取決於你希望你的存在要具有什麼樣的適應性。

◆你的存在絕對不會停止。你是神的一個永恆實體，神的一個表達。不過你是否以你現在所稱的人的形式持續表達本質能量，則是另一回事。一切都操之在你。終究，你將以一種我們稱為「死亡」的方式來「適應」你的存在，但是那個時間點可以延後而非提早，如果你希望如此的話。一切都取決於你在此刻願意去做的其他適應。

◆下定決心，不論透過禱告或冥想，在每個層次上去改變你存在的基礎，擴展你的靈性經驗與靈性表達。探索觀想（visualization）與引導意象（guided imagery）。安靜閱讀。不再觀看屍橫遍野的嘈雜電影。改播放美好、輕柔、溫和的音樂。沒錯，你的子孫可能說你是一個老古董，但是至少你將會是一個活的老古董，而不是一個死的老古董。

留意你在做什麼，留意你在成為什麼，留意你在這段時日擁有什麼。我不看恐怖片，因為我沒有任何恐怖片。我不聽怒氣沖沖的音樂和醜陋或煽動歌詞，因為我沒有任何這種音樂。我不吃垃圾食物，因為我沒有任何這種食物。

◆注意看看你是什麼、你在做什麼，以及你擁有什麼。現在就開始。不是明天，不是下星期，不是你渡假回來以後，不是當你有多餘時間的時候，或是等你退休以後。現在就開始。掌握你的人生。我們先前已經收到這些訊息。如果這些觀念為我們帶來新的機會，不是很美好嗎？但事實是，我們已經以百萬種不同的方式在一千個不同的時刻裡從一百個不同的來源，一次又一次地聽過所有這些訊息。問題在於，我們對於生命的表達是否足夠在意，而願意做出適應，讓這個形相足以延續最長的一段時間？

如果你找不到這樣做的動機，那就為那些愛你的人而做。我相信他們會非常希望你能留在他們身邊更久的時間，而不是你目前的行為所允許的時間。

當然，我可能錯了。當你讀到此處，只有你自己最清楚。並且，如你所知，一切事情都沒有對或錯，只要你努力的話。你是不是努力要待在你的肉身形相久一點呢？

與神對話告訴我們的生命原理相當巧妙地串連在一起。在完美的順序下，一個訊息引出另一個訊息，一再產生合用的智慧。

27 與神對話核心訊息四

你遲早要過一種以神為中心的生活。

每個人都是如此。這不是一個是與否的問題，而是時間的問題。當它發生的時候，一切都將會改變。

你在這裡的理由將改變，你的思考、說話及行為的理由將改變，你的面貌與外表將改變，你的語調將改變，你的穿著與飲食習慣將改變，你的工作將改變，你的朋友將改變，你的生命目的將改變，你的生命表達將改變，你的生命經驗將改變，而你所接觸的世界也將改變。

你要過一種以神為中心的生活，這個決定可能在許多個月之後發生，或者也許要許多年、甚或許多世以後。你可以引起它的發生或是等待它的發生，你可以要求它發生或是命令它發生。當然，至少對你自己下令，讓它得以發生。但是它將發生，無庸置疑它一定會發生。你遲早要過一種以神為中心的生活。

當你做到，你將清楚知道……

CWG CORE MESSAGE 4

神對每個人說話，始終如此。問題不在於神對誰說話，而是有誰聽了？

傾聽神就是傾聽我們自己。擁抱這個領悟需要無比的勇氣，因為它說的是關於你的事，以及關於你在這個世界上如何掌握你自己，以及你對於自己的經驗，而那是你周遭的許多人可能不同意的。他們甚至會積極和你唱反調。他們甚至會迫害你。

這些都不要緊。就算那些事情真的發生，它們對你也不會有影響，因為你將採用你的真實身分，一旦如此，這個世界的一切將不具任何意義。

你可能會問，如果最後一切都沒有意義，我們何必費心去體驗任何事物呢？何必費心解決問題、面對衝突、忍受痛苦、承受日常生活的無盡打擊以及各種掙扎？何必費心過日子呢？

然而，當你完成你的旅程，你將知道這些掙扎只是踏腳石，讓你通往在你完成之地所擁有的完整經驗，而它們對你而言是掙扎的唯一理由，就是你並不知道它們的真正用意是什麼。它們的目的是在創造機會，而不是對立，它們讓你有機會去經歷到你希望的大我。

你是否曾經對任何事感到掙扎，後來卻發現它就這樣完成了，然後你還對於你曾經有所掙扎感到驚訝？

你當然經歷過這種體驗。每個人都有。每個人都會綁鞋帶。幾億人學會騎腳踏車。每個人都曾**學會去做某件看似不可能的事**，直到他們學會為止。然後，令人難以置信的是，**他們曾經覺得那件事是困難的**。

關於鞋帶與腳踏車的事實，有一天也會成為每個人關於生命的一切事實。

祕密不再是祕密

關於生命的經歷，我們以為是隱藏的一種祕密，將不再是祕密。它將廣為人知，因為它將廣為人所記起。它將廣為人所記起，因為到處都有人在提醒每一個人。我們將會提醒彼此我們所知為真的事：人生注定要快樂。我們要做的事就是分享。還有愛。我們知道一切都會有好的結果，生命是支持我們的。當我們忘記時，我們會幫助彼此記起。當神對我們說話或透過我們說話時，就傾聽神。

那就是我們要做的事。那就是我們始終要做的事。

神對我們所有的人說話，始終如此。沒有任何時候，沒有任何十億分之一秒，神不是在和我們溝通。生命是一個經由生命過程本身讓生命認識生命的過程。神是一個經由神自身的過程讓神認識神的過程。

你可能以前沒有用這個方式來想過，所以這個觀念對你而言可能很新。那麼，停一下，看看你的感覺如何。看看抱持這個觀念讓你感覺如何……

……神是一個**過程**。

這就是為何我之前提到，神和生命這兩個詞可以互換。神是一個過程，只是我們剛好把它稱為生命。

這個過程在理解之後就很簡單。然而，我們得到許可，暫時得以忘記我們知道它是如何運作的，以便讓我們可以再度進行這個過程。這個暫時或說選擇性的遺忘，是我們送給自己最棒的禮物，因為它讓我們得以再次經歷我們最大的喜悅：純粹的創造過程。

當你完整記起時，你會清楚知道一切曾經是、現在是，而且永遠都將是，**現在**。你將再度明白，只有現在，只有這裡，只有我們，只有這個。然而，為了要充分且大量地經歷這樣的實相，我們就把現在／這裡／我們／這個，分割成為那時／那裡／他們／那個。

我們允許我們自己忘記這個，如此我們就可以重新組合（re-member）我們自己。這個重新組合神的過程，就是再度記起我們是唯一存在的東西（Only Thing There Is）的成員，而這帶來極大的喜悅，是難以形容的至福，因為我們把孤獨（loneliness）再度變成擁有（ownliness）。

然而，為何讓我們自己一開始就經歷分離與孤獨呢？如果成為一體是如此幸福，為何我們要忘記，並讓我們自己想像我們不只是一，而且與獨一（The One）分離呢？為何重新組合的過程是必要的呢？

這一點我們已經探討過好幾遍，請原諒我重複說明。只要你讓自己再一次去經歷這個解釋，你就能永遠記得。

一切背後的理由

只要我們是一體的，並且是唯一的存在，我們就不會以任何特定的方式來經歷一個自己（One Self），因為我們明確知道，無人也無物可與自己（Oneself）相比——沒有我們，我們就……不是。

它是不可經歷的。

再說一次，這樣你就能確實記得：沒有黑暗，你就無法經歷到光明。如果只有光明，那麼光明就無法被經歷。沒有小，你就無法經歷大。如果一切只有大，那麼大本身就沒有意義。沒有慢，你就無法經歷快。如果一切只有快，那麼快本身就一點也不快。

沒有非神（Not God），你就無法經歷神。如果一切只有神（以其絕對形相），那麼神本身就無法被經歷。然而，神選擇要被經歷。所以神把其絕對形相分成許多部分，創造出人類理解的非神。

在終極實相中，不會有「非神」這種東西，因為神就是一切的存在。然而，神有些部分會忘記他們是神的部分，並在覺知中運用這個改變，而帶著這個禮物和這個設計，經由部分憶起它所源自於整體的這個過程，以及它是一個個別表達的這個過程，神就能一次又一次地在它自己的經驗中認識它自己。

生命就是神在自己的經驗中一次又一次地認識它自己。

然而，一定要如此辛苦嗎？這個過程一定要是這樣的一種掙扎，而且還包括受苦嗎？不是的。神向我們允諾，我們需要做的就是記起。我們需要做的就是恢復並宣布我們的真實身分，我們的真正本性，我們真正唯一的特性：神聖。

這就是耶穌所做的一切。

這就是佛陀所做的一切。

這就是老子所做的一切。

我們稱為大師的人都做過這件事。除此以外，沒有別的任何事。再一次，即使你已經讀過了，現在這個訊息被放在這裡，是為了讓你再讀一次。

神始終在對你說話，而且反覆說同樣的話。你遲早將會聽見。真正地聽見。並且，你遲早將會過著一種以神為中心的生活。全部有情眾生最終都會。

當你做到，你的一切都將改變。

把這個訊息應用到日常生活中 CWG CORE MESSAGE 4

傾聽自己的內心需要練習。在一個有許多外在事件與經驗在爭取你注意的世界裡，走向內在是一種挑戰。然而，憑藉著意志與控制，透過各種方法，就有可能做到。冥想是一種方法。禱告也是。觀想與引導意象也是。入神舞蹈也是一種。梵唱或靜誦一段真言也是。還有其他方法。閱讀是一種。書寫也是。

所以我們並不缺乏方法去經歷「神始終在對我們說話」這件事。我們並不缺乏方法去記起神和我們是一體的，無論如何都沒有和我們分離，以及我們所思慕的聲音是我們自己靈魂的聲音，就是在我們內在的神。

世界各地的人常常問我：「我要如何才能與神對話？」我回顧自己的方式，把它分成七個步驟：

一、承認有一個神。

二、承認人類有可能與神對話。

三、承認你有可能與神對話。（這一點與你自己的價值感有關。）

四、承認你始終在和神對話，只是你用別的說法來稱呼它。

五、把一切事情都稱為是一種與神對話，看神在對你說些什麼。

六、選擇與神進行一場明確的對話，然後等待它。仔細觀察生命在告訴你什麼，以及它在何處。

七、在對話之後，不要否定它或是摒棄它。相信它，擁抱它，回應它。

以下有些實際的應用方法：

◆當你發現自己的處境需要有人提供好的建議時，停下你手邊的工作，閉上眼睛，做一次深呼吸，緩慢而喜悅地吐氣，然後想像神正在那裡和你溝通。訊息可能以一種感受的形式來到，如一張圖片或一個意象，或是以語言方式出現。無論它是何種形式，接受它。

◆在你的床頭櫃放一本便箋和一枝筆，任何晚上當你有心情想要這麼做的時候，在紙上寫下一個問神的問題。然後立即把它放在一邊，不要去回答這個問題。睡吧。晨起後你要做的第一件事，就是拿起紙筆，讀一下你提的問題，並寫下你第一個浮現的念頭。不要質疑它，不要試著湊出一個回答，只要把第一個浮現的念頭寫下來。那可能是一個字，可能是一個句子，可能一段話，或是更長的一段訊息。持續地寫，直到你那不在思考狀態的自我不再提供你文字為止。接著看一看「顯示」的內容。把這個訊息和其他訊息放在一個特別的盒子或位置，讓你之後能輕易找到並看一看。別訝異如果這些訊息所含的智慧與清明讓你感到驚訝。

◆身在這個世界但不要只有這個世界。留心任何時刻在你眼前展現的一切事物，但是在那個當下不要對任何人發表你對它的意見。當你對它發表意見時，你的心思就離開了它，來到你對它的看法上。生命能量就從你流出。讓生命能量流向你。如果你想要對它發表意見，之後再說。

◆「隨時注意」神所傳遞的訊息。傾聽你聽到的歌詞。想一想你看到的招牌文字。好好看看你在雜誌或網路上看到的文章。它發出的頻率會立刻讓你知道，是不是這個世界未知的、無法覺察的部分正在把什麼帶給你，或是你全知的、全覺的部分正在把什麼放在你眼前。

◆踏入生命正呈現給你的任何環境、條件或事件。把所有時刻以及它們呈現給你的內容，當作是進入再創造並記起你真正是誰的一個工具。讓每一刻都成為你再次誕生的時刻，進入表達、經驗及證明在你當中、透過你、作為你的神。

28 與神對話核心訊息三

現在你已經熟悉與神對話的方法，請務必要非常謹慎地在過程中按照上述七個步驟進行。當你與神溝通時，不要否定你聽見的訊息，縱使你聽見的內容似乎不可思議或難以置信。因為它往往如此。

我的經驗是，幾乎所有我與神對話所得到的說明、評論和觀察，都與長輩、宗教、社會及全球文化告訴我的內容互相牴觸。所以你必須要慢慢習慣聽到你不習慣聽到的事，如果你打算要與神之間有固定的對話。一個主要的例示就是……

CWG CORE MESSAGE 3

你沒有必須做的事。你要做的事很多，但是沒有你被要求要去做的事。神什麼也不想要，什麼也不需要，什麼也不要求，什麼也不命令。

所有一切關於我們對神的聽聞中，這個訊息可能排在難以置信的前幾名。我們聽過關於神的一切事情，正好都與這個核心訊息相反。

有些事情是我們必須要做的。神對我們是有些要求的。或許神真的什麼都不需要，但是說神什麼也不想要或什麼也不要求或什麼也不命令，絕對不是真的。事實上，神給了我們一張誡命清單。任何人若認為此種清單並不存在，或說我們不必遵守這些命令，就是在與魔鬼打交道。

這就是我們已經聽到的。

然而，與神對話的新神學帶給我們的訊息完全不同，它說：神是萬物的源頭，萬物的創造者，萬物的表達，所以神不可能有任何需要。因為神什麼也不需要，所以神不會提出任何要求或命令。

神沒有送走我們

當我們說神什麼也不需要，我們指的不只是物體和經驗。神並沒有不滿足，因此就不需要從我們這裡獲得什麼。神不需要被崇拜、遵奉或榮耀，或是要我們做某種行為以及不做某種行為，才能讓祂得到滿足。

認為我們必須取悅神，神才會支持我們，這是早期人類的原始觀念：認為神就像我們一樣，而因為我們必須要被滿足才能讓他人開心，所以神也一定如此。

這個觀念我之前就解釋過。如果在此敘事似乎又要開始繞圈圈了，那是因為它就是。所有生命就是一個圓圈。它是用來支持全部的生命存在。所以在這整個神學裡，你會聽到同樣的事情一再重複，有時候以不同方式，有時候以完全相同的方式。

因此我們要在這裡重述：神就是神可能需要的一切，因此你不可能是、不可能做、不可能擁有神需要或要求的事。

神並沒有把我們送走，好讓我們掙扎著找到回到祂身邊的路。

沒有錯，這和我們所聽說的正好相反。神從來沒有從與神合一中把我們扔出去。是我們從這個合一當中把神拋棄了。我們把神扔出我們存在的殿堂。我們把神從與我們合一的地方扔出去。我們透過信仰體系這麼做，我們認為自己在做對的事情，我們不允許自己抱持神與我們是一體的觀念。

然而，這就是自開天闢地以來神邀請我們抱持的觀念，此時此刻神也一直透過各種方式與工具向我們示現。

我們不該驚訝

無論如何，可以理解的是，儘管人類心智在最早的發展階段就有接受的能力，但我們對於生命本質與神的本質可能做了錯誤的結論。令人驚訝的並不是我們得出這種錯誤的結論，而是我們已經**墨守了這些結論幾千年的時間**。

然而，我們或許不該驚訝，因為這種發展的延遲只是一個物種的演化過程。其實，在宇宙的時間範圍內，我們是在相當短的時間就來到一種較大覺知與較高領悟的境界。的確，在宇宙時鐘裡，這只是一瞬間的事。

就宇宙而言，生命非常快速地綻放與實現自己。因此人類現在已經到達能夠去理解、接納、擁抱並表達一個想法的階段：我們什麼都不用做，宇宙間沒有某種較大的力量在對我們提出要求，要我們一定得遵從，「否則後果不妙」。

現在我們面對的難題，比面對一位要求很多的神還要大。現在我們必須決定，如果我們沒有必須要做的事，那麼我們要怎麼辦？我們為何要那樣辦？我們的行動背後有什麼理由？支持我們的決定與抉擇的新道德規範是什麼？

如果神的懲罰不是我們致力要避免的，神的獎賞也不是我們想要獲得的，那麼對於相信死後生命的人而言（目前這個星球上數量最多的一群人），是什麼樣的規範讓我們去做特定的行為？

還好，這個問題在與神對話的神學中有了解答。我們已經看過這個答案。現在我們在這個核心訊息中見到那個答案的基礎。當我們回顧其他源自這則訊息的核心訊息，我們便看見接下來那些主張的根基。

給所有人一個美好新方向

與神對話的神學告訴我們，如果我們努力在做一件事的話，就沒有對或錯，只有可行與不可行。而那就成為我們接下來選擇要做什麼的準則。

在此我們看見神給我們相當大的自由，這是本書重複說明的另一個重點。沒有什麼是我們「必須」要做的事。然而，永遠都有某件事情是我們正在做的（心智從未停止，甚至在我們睡眠期間，身體也持續運作）。

所以我們知道，「做事」（doingness）是我們生活中不變的事。問題不是我們是否將要做某件事，而是為什麼要做。我們的動機是什麼？與神對話的神學認為，我們的靈魂覺得有意義的唯一動機，就是去體驗、表達並示現神。所以，身為開悟的眾生，我們追求「行得通的事」（what works）好時時刻刻創造出那個經驗。

這就是唯一重要的事，而支持這個結果的一整個複雜且美好的過程與宇宙觀，在同名的書籍《唯一重要的事》裡有所描述。

擁有一個新的活著的理由，一個較大的理由，一個更美好的理由，讓我們的心、心智與靈魂覺得完全有意義，是一件很美好的事。讓生活擁有一個全新的方向，明白生命本身不是關於得失、輸贏、接受或放棄，是一件很美好的事。了解就算是我們當中最卑微的人也能夠提升至我們是誰的最高層次的表達，而不一定要達成我們想像是自己生活中重要且不可或缺的任何目標與目的，是一件很美好的事。

我們**曾經告訴**自己是重要且不可或缺的事，結果根本不是那麼一回事，這不是令人訝異嗎？當我們發現我們覺得應該要做或必須要做的事，沒有任何一件事對神來說是重要或不可或缺的，不是更令人訝異嗎？多自由啊！不過我們和這種不凡的、突破的自由有什麼關係？

這就是生命自身的主要探索。

這是每位大師和學生在人生每一刻、每一個十字路口、每一個叉路口、每一個交接處，都會問自己的問題。這也是你現在要問你自己的問題。再一次。又一次。

你現在要怎麼做？我們現在要怎麼做？我們要怎麼做才能夠表達與經歷？我們要在我們之中、透過我們、作為我們，去認識神的哪個部分？我們要讓他人因為我們，因為我們接觸他們生活的方式，而去認識他們自己的神的哪個部分？

會不會有更好的問題呢？會不會有更好的方式讓我們度過白天與黑夜，而不是活在這些問題當中呢？

把這個訊息應用到日常生活中

CWG CORE MESSAGE 3

這是我們旅程中最美好的時刻，我們在此刻探究以上這些問題。我們很少有這種擴展與自由的感受。我們很少有這種迎向生命及其每種可能性的感受。所以就帶著這種熱切與渴望，帶著興奮與期望，著手應用這則美好的核心訊息。

既然你什麼也不必做，你甚至也不必做**這個**！這就是它的樂趣，這就是它的快樂！

如果你希望做幾件事情把這個訊息應用到你的生活中，試試這些：

◆藉著給你自己事情做的方式來慶祝你的自由，而不是要求你自己去做你認為「必須」做的事情。你選擇要做的第一件事，就是表現你身而為人在功能運作上的自由，以及以神的個體化身分說「不」的自由。你可以對那些你真的不想要做的事情說不。

◆製作「七天要求日記」，在日記中寫下每個對你的要求，不管它是以明示或暗示的方式表達，你想拒絕卻傾向答應，只因為你覺得你「應該」做那件事。在你列出來的每個要求下面寫一兩段話，解釋你為何覺得你應該做這些事情，以及你為何覺得你真的不想要做它們。

◆現在，和每一位對你提出要求的人（即使是你的雇主）談談，真心地、溫和地、帶著誠意，解釋你為何覺得你不能或不想要做這些事情。這個做法可能會造成一些後果，但是它是你為了個人自由所採取的重要一步。讓這件事成為你在自我指引、自我照顧，以及自我探索上的第一個有意的練習。多數人在展開這個過程時，將會更了解自己。

◆列出至少三件在過去有人請你做的事。可能是上一週、上個月或去年，或是更久以前。注意看看是否有任何一件事是你真的不想要做，並且直到今日當你想到它時，仍然不想要做。如果有任何事屬於這個範疇，容許你自己進入說真理的五個層次，對另一個人說出所有這一切真理。記得這個忠告：說出你的真理，但是要心平氣和。

◆也請記得，言而有信是你最高的價值。因此，若你承諾要做某件事，現在卻不想要守諾言，問問自己，在這個情況下，你不想要做那件事的覺知是否應該給你一張自動「通行證」。看看你是否可以讓自己在沒有另一個人的默認與許可下，放掉這個承諾卻依然覺得自在。記得，每個行動都是一種自我界定的行動。

◆在日常的基礎上進行「為什麼練習」(Why Exercise)。這個練習過程讓我們問自己(用書寫的方式來進行這個練習會非常有效)，我們為什麼要做某件事。在這個練習中，你要寫出過去一個小時內你做過的五件事，並且註記你做的理由。要明確且清楚。使用筆記本，要容易放進你的口袋或手提帶。接下來兩週，一小時一次，拿出筆記本回顧你在前六十分鐘所做的一切行動、選擇及決定，或大或小。不要加以判斷，只要那是你做的事即可。接著再寫下你為什麼做那件事。

◆在一天結束的時候，看看你的筆記本以及你對於當天所做一切事情的理由。可能是大事或小事，可能是梳頭髮、沖澡、穿藍色襯衫而不是綠色襯衫這類的事情，或是比如暫緩一項重要計畫或進行一項重要計畫、同意與另一個人進行一場互動、或選擇不做那個互動、決定要吃這個或吃那個、接電話或不接電話、進入關係或拒絕關係。無論事情大小，每個行動背後都有一個你的判斷，也就是做那件事情的理由。這些理由很重要，或許比你意識到的還要重要，而且所有理由對你的心態與健康的影響程度，往往大於你的想像。

◆因為你沒有必須要做的事，所以在做任何事情之前，問問你自己關於人生最重要的問題。那個問題就是：這件事和我的靈魂課題有什麼關係?讓這個提問成為指引你的明燈，你的量尺，你對每一個時刻及每個處境的準則。連續九十天這麼做，看看你的生活如何劇烈改變。當然，首先你必須知道你的靈魂課題是什麼。那一切都包括在與神對話的神學中，在《與人對話二：唯一重要的事》一書裡也有極好的解釋。

29 與神對話核心訊息二

大部分人到了人生的某個時刻，會發現有關生命的重要問題不能再沒有答案。那個問題也不斷出現在本書中，因為它是我們所有人在這個星球上日夜重複的主題：**我們是誰？我們在這裡做什麼？**

許多人做事情的理由往往與這個問題無關。也就是說，我們選擇和行動的理由與動機，無法反映出我們對這個問題的答案（如果我們確實已經問過自己這個問題）。結果就是，我們經常思考的事情、說的事情、做的事情，都忽略了靈魂課題以及我所稱的終極實相。

如果我們過著一種良好而美妙的生活，沒有衝突、沒有壓力、沒有情緒紛擾及重大的生活問題，那麼我們作為個體或人類作為集體，便沒有理由進一步探索或討論這個問題。

然而，如果我們並沒有過著我們夢想的生活，或者如果像我一樣，你覺得人生一定不只是用最少的痛苦與最大的樂趣來衡量，那麼更加認識我們在這裡所經歷的一切，以及它是如何運作的，對我們來說就變得很重要。我們有必要去真正理解這個物質實相，以及在地球這裡和在生命所表達的每個界域與面向中，有關生命本身的理由與目的。

與神對話的神學的驚奇與美麗在於，它回答了我們許多有關生命的大哉問。不是一定的答案，而是一些答案。神已經清楚告訴我們，最後的答案是我們自己的答案，永遠都是，否則我們就會錯失我們在這個地球上整個經驗的重點，那就是同時去創造並表達我們是誰以及我們選擇要成為誰，因為只有真正的神聖的個體化才具有如此的能力。

事實上，多數住在地球上的人都忽略了這個重點，那也是為什麼在我們星球上的生活是現在這個樣子：持續的混亂、競爭、掙扎和戰爭。（我忘記是哪位人類學家曾經提出一個重點，他認為在人類全部的歷史中，很少哪一天沒有相互對抗。我不確定那是否為真，但至少在我這一生的歲月裡，那一直是個事實。）

人類顯然不相信，他們的目的是要去創造並表達他們是誰，以及他們選擇要成為誰；要不然就是他們真的相信了，卻發現自己沒辦法完成這個任務，即使已經嘗試了幾千年。

或者……更糟的是……人類決定他們真正想要成為的人，是一種野蠻的原始存在，當他們得不到想要的東西時就彼此殘殺和剝奪，當他們得到他們想要的東西時卻忘了別人的困境。

我不相信會這樣。我也不相信我們人類想要某個在本質上就是無法創造的東西。我認為有第三個理由讓人類無法去創造出它所渴望的東西。我認為人類只是缺乏創造所需要的全部資料。人類尚未發展完全。還有更多要記起的事。

我們能不能承認這一點呢？問題就在這裡。是不是我們的自我太過強大了，太過無法控制，像是一個任性的兩歲小孩，以致於我們無法承認可能還有我們不知道的事，而了解它可能會改變一切——我們對生命還不完全了解，而對它的了解可能會永遠改變我們的經驗。

是的，我知道，我知道。我不斷重複說同樣的事情。我之前就警告過你我打算要這麼做。但是老實說，那是在這個階段要和人類溝通的唯一方法。我們的感官過度超載了。你、我，我們所有人。過多的資訊讓我們應接不暇。照片、音樂、聲音都在爭取我們的注意。所以神使用重複的裝置要讓我們明白。

透過與神對話，她（She）讓我們與人生每個層面的觀念與思想面對面——這些思想是他（He）一次又一次傳送給我們的，以刺激我們自己的內心去尋求我們最重要的真理，從我們的內在本源去創造出一種關於我們是誰以及我們為什麼在這裡，以及這一切如何運作的深層認識。

而我發現，任何觀念或思想都比不上第二則核心訊息更能夠激起我去尋求一個美好的生活方式，以及表達我真正的本質……

CWG CORE MESSAGE 2

有足夠的資源。你們沒有必要為資源而競爭，遑論因此動干戈。你們要做的只是分享。

當我們思考上述訊息，重要的是不要根據表面來評斷。如果不小心，當我們環顧周遭的時候，我們可能會覺得除了「足夠」之外什麼都有。

即使在你自己的生命中，此刻你就覺得時間不夠、金錢不夠、愛不夠，或許還有其他別的東西也不夠。而確實，當我們看著這整個世界，我們看到的證據都顯示，與我們相比，某些人的情況更是如此。所以當有一個神出現，並且告訴我們「有足夠的資源」，感覺實在很不切實際。

神怎麼能夠如此疏離、如此冷漠，對人類情況如此毫無察覺，而且如此超然，以致於看不見許多人的生活是多麼艱難？神怎麼能說「有足夠的資源」，尤其當好幾億人經歷到恰恰相反的情況？那是什麼樣的一種訊息呢？現在透露出來的是什麼真理？顯然，一定有隱藏的意義，否則這星球上大部分的人就不會過得像現在這樣。

揭開祕密

唯有當我們深入檢視這個訊息的真正意義時，才能準確理解它。

「有足夠的資源」這句話並不代表「人人都有足夠的資源」。這不是一個文字遊戲，也沒有任何陷阱。這句話主要在透露一個絕對的事實，是人類的**行為**才讓它感覺**不是**一個事實。

即使只是偶爾觀察我們世界的人都清楚，許多人並沒有擁有足夠的資源，而能夠過著一種高貴、安全及幸福的生活。許多人甚至沒有足夠的資源生存下去。

我們因為沒有足夠的意志來證明我們的豐足，所以我們創造出不足，這是人類故事中最諷刺的情況。

擔心一切總有不足，於是我們創造出經濟體系、政治體系、社會體系、生態體系，甚至靈修體系，好保護我們免於遭受我們想像的不足。但是那些體系完全無法保護我們，反而製造出相反的結果。

我們在本書中已經指出，我們設計用來讓生活變得更好的體系，沒有一個真正管用。它們讓生活變得更糟。它們全部。沒有例外。因為人類擔心不足，他們就創造出製造不足的體系，他們用製造不足的體系以及保證不足的行為來創造不足，而不是消除不足。

當前有許多人使用或囤積他們可以取得的任何生活物品，他們把想像視為真的，宣稱說這些東西是短缺的。因此他們不讓別人拿到這些東西，或是只讓別人拿最少的比例。不過人類行為最糟糕的地方不只於此。不單單有些人使用超過他們所需要的量，並且囤積了比他們可能用到的還要多的資源。實際上他們浪費的資源，多於滿足其他人需求所需要的量。

舉例來說，世界各地的餐廳與家庭一天所丟棄的「剩菜剩飯」，多於餵飽這個世界的飢餓兒童一星期所需要的食物量。因此，我們就產生出一個幻覺，認為沒有足夠的食物可以分配，但是要把我們所**擁有**的食物分配出去，我們所要做的只是**停止浪費食物**。

世界上幾個能源使用量最多的國家，在無知、冷漠、無心的情況下，一週所消耗掉的能源量多於供應世界其餘地區一個月所需要的量。因此，我們就創造出一個幻覺，認為沒有足夠的能源可以分配，但是要把我們所**擁有**的能源分配出去，我們所要做的只是**停止浪費能源**。

政府機構在無成效的計畫及私人公司在不必要的產品與服務上每年所浪費的金錢，多於用來補助窮人的計畫十年所需要的金錢。因此，我們就產生了一個幻覺，認為沒有足夠的金錢可以分配，但是要把我們所**擁有**的金錢分配出去，我們所要做的只是**停止浪費金錢**。

我們想像我們所需要的一切，比我們想像我們所擁有的還要多很多。然而，體驗充足並不是透過**浪費**，而是透過**分享**。

情況越來越糟

現在你或許認為，我為了表明一個立場而有點言過其實了，就讓我們來看看這是不是事實。讓我們看看一個例子。

安德列・喬曼農（Andrea Germanos）是線上網站共同夢想（Common Dreams）的撰寫員，他在二〇一三年一月十日發表了一篇報導，標題為〈食物體系失靈：全世界高達一半的食物浪費掉〉。

而戴那・甘德斯（Dana Gunders）這位自然資源保護協會（Natural Resources Defense

Council）的食物與農業的計畫科學家及部落格作家，在同一個月發表了這篇短文：

> 全世界各地的人投入時間、土地、水資源、能源，以及其他大量的資源，栽培、儲存、處理與運送食物，其中卻有一半的食物被扔掉……今天的美國，食物總量中約有四成未食用……這些食物浪費在供應鏈過程中、在農場、在處理與配送期間、在零售商店與餐廳，以及在我們家裡。浪費的理由各式各樣。
>
> 在農場，農作物可能被留在農地裡，因為收成期的價格太低，甚至彌補不了收割的勞動成本。存貨則被留在配送中心。
>
> 零售商店時常過度購買產品，希望在食物展示上創造豐富的幻覺，好賣出更多。餐廳所提供的餐點，當份量及菜單的供應量超過政府建議的二到八倍時，就會導致食物的浪費。
>
> 還有在供應鏈尾端的消費者。你和我，把一半的三明治丟掉，只因為我們不想要帶回家。

甘德斯接著提到：「栽培一些從未被食用的食物所消耗的資源，讓環境付出難以置信的慘痛代價，包括整整百分之二十五的乾淨水源的消耗、百分之四的石油，以及一旦剩餘食物抵達圾垃掩埋場後產生的大約全美百分之二十三的沼氣量。對，圾垃掩埋場。在美國只有大約百分之三的剩餘食物是用於堆肥。」

此種浪費的行為有增加的趨勢，如我們對於一個進步社會的預期。甘德斯在部落格中描述，在美國，「我們現在丟棄的食物比我們在一九七〇年代丟棄的量多出一半。」

簡單的網路搜尋，就能找到同樣令人震撼的能源浪費和金錢浪費的證據。我不用費心讓本書充塞這些資訊。我們都了解這個問題的本質。它與自我沉溺與意志力有關。

我們想要我們想要的東西，而當我們不想要我們不想要的東西時，我們就希望能夠把它們丟掉。這個情況越來越糟。

就是在這個脈絡下，我們來想想第二個核心訊息。神告訴我們，我們想像我們所需要的各種東西，是充足的。我們要做的事，就是加以分配並做不同的運用。我們所不足的，只是用來證明我們的充足所需要的簡單決心。我們的意志力不足以降低浪費，以及增加分享「不夠的東西」。

一句真實的格言

我們的分享就是我們的宣告。我們與他人分享得越多，我們就擁有越多。這個宇宙給我們我們選擇要流經我們的東西。事實上，我們是一種流通的機制，此外無他。

當我們允許生命的能量以任何形式和我們一起停留時，我們就阻止了更多的能量來到我們身邊，因為整個生命的過程是循環的。或者，如某些人說的：「種什麼因，得什麼果。」

從字面意義來看，這是一個真實的格言。「種什麼因，得什麼果」是個事實，我們沒有種下什麼因，就不會得到什麼果。

當我們看著我們在地球上的集體經驗，很容易就可以觀察到這個情況。人類整體的作為，讓要來的不能繼續來。因此果就不會到來。身為一個物種，我們不讓人人擁有愛，我們不讓人人得到富足，我們不讓人人擁有機會，我們不讓人人擁有每一件好事——不是因為我們貪婪與自私，而是因為我們是求生者。

我們真心地、真實地、真誠地認為，我們擁有的不夠。各種事物皆然。當然，我們需要各種事物好生存、好快樂。所以我們盡可能去收集並擁有我們所能擁有的東西，期盼能盡我們所能地經歷人生。

即使那些富足的人也相信，他們一定要擁有更多，然後越來越多，甚至更多。他們囤積物資，如此一來他們和他們的家族以及親友就絕對不會有所短缺。與此同時，幾百萬人餓死，幾百萬人在赤貧與極其不幸的狀態下生活，拚命要生存下來。

第八章有一句話值得在這裡重複一次：全世界不到百分之五的人口擁有或控制世界約百分之九十五的財富與資源。

聽起來好像我重複說同樣的話，但這就是我的目的。這句話說再多次也不夠，直到人們聽見它並且採取足夠的行動：要擴展我們的富足與充足的經驗，就要去擴展另一個人的富足與充足。

宇宙的黃金定律是：你想要你自己去經歷的，要讓另一個人去經歷。

與神對話說，從你流出去的東西會跟著你。曾經出現的永遠都會在。知道這個訊息並應用這個訊息，整個生命就會改變。

掌權的第一步

這個世界以及生命並不是以一種無法自我維持的方式而塑造和建構出來的。無論我們是否介入生命的自然過程，它都會自我維持下去。無論我們採取什麼行動，生命都會維持它的功能運轉，無論如何它都必須調整自己去適應我們在做的事，以維持自身。

無論我們覺得我們想像要生存下去所需的東西是否足夠，生命都會繼續下去。唯一的問題在於，生命是否會以一種我們都能同意、接受，以及有利於我們的方式繼續下去。而這取決於我們。

以我們是這個星球上的第一個物種來說，這是個事實。我們在許許多多方面都能夠完全**為自己決定**我們想要讓生命如何繼續。我們的決定在這個過程中是非常重要的。好吧，我們可能阻止不了一顆隕石的襲擊，或是「太陽風暴」對全球社會的影響，或是在我們地底下爆發的熔岩，但是我們當然能夠改變我們在地球上個別與集體的人類表達。

這是我們能做的事。

問題不是我們能不能做，而是我們要不要做。

把這個訊息應用到日常生活中 CWG CORE MESSAGE 2

除了在日常基礎上實踐富足、充足及足夠，我想不出其他為生命帶來更多歡樂並製造更多樂趣的方式。這裡有一些方法，你可能發現做起來令人相當愉快：

◆列出三件你認為目前在你生活中有所不足的東西。然後接下來七天，在生活中展開你的感官和觸角，收集周圍所有資料。看看你覺得自己不足夠的東西，是否有誰擁有的比你更少。找一位甚至連這些東西都沒有的人。立刻把你希望自己擁有更多的那些東西給他。每天至少做一次，連續三個月。在第九十天的時候，評估一下你擁有多少你曾經以為不足的東西。如果你發現自己的不足已經消失，不要感到驚訝。

◆如果你想要增加你已經足夠的某個東西，就增加把它送給別人的量。這個東西包括時間、能量、金錢、愛，或其他任何你希望完整去經歷的事情。當你發現有人並沒有完整經歷到那些事情時，讓他們去經歷一下，至少在那個當下，因為你就在現場。讓自己成為源頭。你可能會發現你擴展並擴大了自己對於充足的經驗，到達一種你以為不可能發生的程度。

◆做個特定的練習，拿著一疊假鈔（玩具鈔票），每星期一次，走到街上，把這些假鈔送給那些想像自己需要錢的人。在週末或月底的時候，你會發現你幾乎忘了它們。那只是一堆紙張，事實上它們到處皆是。當你發現你一點都不想念它的時候，你會體會到你已經擁有許多。

◆另一個練習是把前述的一些觀念應用在生活中。買一些用來儲藏或盛裝食物與飲料的紙盒，然後每天晚上當你和家人吃完晚餐後，無論剩下多少食物，都把它放進紙盒裡。如果可以，晚餐後外出散散步或是開一小段的車程，到某些遊民所在的地方，他們可能正想著今天晚上會有什麼食物。把這些紙盒交給他們，看著他們露出笑容。如果你在用餐後無法馬上這麼做，就把紙盒放進冰箱，與其把它們留著作為隔天的食物，不如開車到你能找到有飢民的地方，把食物送給他們。然後看著你內心得到滿足。

◆打開你的衣櫥，把過去三個月沒有穿到的衣服拿出來（明顯的季節性及節慶衣物除外）。確定它們是乾淨的，把它們送到教會或慈善組織去。許多城市與鄉鎮都設有所謂的免費取用箱，一些沒有使用過的東西，從烤麵包機到舊靴子到建築木料，都可以放在那裡供他人取用。（我有段時間其實是靠這種免費取用箱度過的。）用你喜歡的方式，把你家裡那些不再使用的許許多多物品都清空。

◆每天早起六十或九十分鐘，做做那些你覺得沒有時間做的事。比如寫本書。完成哪個計畫。寫首歌。清掃房間。整理一下車庫。或是冥想。

30 與神對話核心訊息一

我們回到了我們開始的地方。對於這個新神學的這些核心訊息，結束就是開始，而開始就是結束——生命本身的偉大循環也是如此。

當午夜鐘響，那一刻是怎麼回事？十二點整，是新的一天開始，抑或舊的一天結束？是哪一種？可不可能兩者皆是？

啊！似乎所有的結束都是開始！

那不只是一個哲學的奧妙。它就是它本來的面目。它正好就是宇宙運作的方式。它正好就是人生運作的方式。

所以在與神對話的二十五個最重要的核心訊息這趟美好的旅程中，我們繞回到了原點。我們來到……

CWG CORE MESSAGE 1

我們全都是一體的。萬物都是同一物。只有一物，萬物都是這一物的部分而已。意思是說，你就是神。你不是你的身體，你不是你的心智，你也不是你的靈魂。你是這三個部分的獨特結合體，組成了總體你。你是神性的個體化顯現；是神在地球上的一個表達。

我們多數人都知道有一個神，我們都被教導說，神是一切的一切，神是不動的動者（Unmoved Mover），神是開始與結束（the Alpha and the Omega）。

我們聽說神是全知全能的，並且無所不在。

如果我們接受這些說法，如果我們擁抱以上這些想法並視為真實，那麼我們立即就會得出兩個結論：

一、我們都是神的一部分，而且不能與神分離。

二、我們都是彼此的一部分，而且不能與彼此分離。

這兩個結論可能符合邏輯，卻是非常有爭議的，主要是因為我們與彼此分離以及與神分離的觀念，主宰了我們的原始故事已經好長一段時間。

分離的觀念從何而來

作為一個有情的物種，在最早開始發展的時候，我們就初次經驗到我們所認為的「另一個人」，以及我們與那個他人的「分離」。

我認為分離的故事可能是源自於當我們這個物種初次嘗試要理解我們正在經歷的生命時。事情就是像這樣，或者說可能像這樣。

我們現在所謂的「自我意識」，是在當我們開始把我們自己視為個體或以個體方式來認識我們自己的時候出現的。或許那是當我們在一個洞穴邊的池子裡見到了自己的倒影，而激發出這個知覺。我們伸手抓抓頭，並且看到「池裡的人」正在做同樣的事情……於是我們就開始想像出「自我」。

下一步，也許是來自於當我們坐在族人的營火旁邊，而夜空突然間出現一道閃電，伴隨隆隆作響的雷聲，讓我們大吃一驚。我們焦慮地看著四周，帶著我們當時已經發展出來的表情與口語表達，問道：「是你做的嗎？」當族裡的每個人都驚恐地搖著頭說「不是」時，我們就產生一個令人驚訝的覺知：**除了我們，還有其他東西**。

這個他物（Something Other）似乎也顯然如後續事件所證明的，遠比我們更加強大。它會引起刮風下雨和激烈的暴風雨；熱氣與乾旱交替，似乎永無止盡；一陣嚇人的天搖地動後，我們行走的地面就出現一道裂口。甚至森林還會自動起火。

於是我們明白，我們必須找出一個方式來控制這個他物，否則我們的生活就會掌握在它的手中。然而，我們想像不出一個方式能夠做到這一點。我們嘗試過一切。我們知道我們必須找出一個方式來滿足神明（gods）。

當然，我們不稱生命元素為「神明」。那個詞是在更久之後才出現的。但是我們確實把這個他物想成是我們存在的一個面向，它既強大又無法控制。

我們以同樣的方式來認識我們同氏族裡的某些成員。最高大、最強壯以及最野蠻的族人，在整個氏族的集體生活中行事猖狂，族人則盡力去滿足他們。他們得到各種供奉，從年輕處女到豐盛食物再到奢華的美麗物品。

有一回，當最野蠻的族人因為長期乾旱，以及因為自己和族人所做的犧牲，而變得比平常更為不高興及憤怒時，大家盡力地去平息他們的怒火，至少不要讓他們把氣出在我們身上——那是他們以前曾經對我們做過的事。

我們為他們在營地舉行「派對」，為他們唱歌舞蹈。團體裡有人從附近的樹木上折下一根垂死的樹枝，拿著它邊舞邊晃，樹枝上的枯葉發出一種旋律，應和他繞著營火轉動。

此時，就在同一瞬間，天空突然降下大雨，整個營地濕透了。每個人都大吃一驚！在當時人們有限的智力發展下，就認為這樹枝之舞具有從天降水的能力。

人們找到了一種用來取悅與滿足他物的方式！人們找到了一種方式，讓那個他物去做我們所希望的事！我們所有人都好興奮！「雨人」（rain man）因而被高舉到一個最高的位置。儀式，以及在氏族中主持儀式者的階級，就此創生。

這個氏族相信，由雨人所跳的樹枝之舞創造了雨，並且它在未來也會時常如此。而這並不是出於偶然。因為這種形而上的存有，這個公式產生了作用。因為這種形上學的過程（無論現代或古代皆有）在物質界產生它所熱烈相信會產生的東西，無論它是什麼。

在第一個例子裡，是這個氏族對於結束乾旱的強烈盼望和深切渴望，產生出這樣的結果。但是在表演喧鬧舞蹈的同一時刻下起雨來這個巧合，也不容忽略。

當然，上面這個故事都是我的想像。它是我在與神對話期間所接收到的一個洞見；如果你願意的話，你可以稱它是一種靈感。這整個故事可能不正確……但是我相信，早期人類生活的情況若非如此，也與這個故事非常類似，並因此讓我們產生分離感，讓我們產生他物感，以及終究讓我們感覺到可能有一種方式得以控制，或者至少是**影響**那個他物。

最早的人類在面對宇宙的神奇力量時一無所知。所以就誕生了後來人們所稱的宗教。

當人類有比較複雜的理解力時，這個物種就尋求更加複雜的方式去「滿足神明」……而且，後來人類決定，必須要有一個單獨的神存在。

對此而言，我們是對的。

那就是我們現在稱為神的這個東西。然而，我們對神（他物）的觀念卻是不正確的。它是一個從我們告訴自己關於比我們還要大的力量這個最早的故事所遺留下來的觀念。這個觀念就創造出我稍早在書裡所稱的分離神學。

科學帶給我們一個新故事

當然，從穴居時代以來，我們已經有所發展。也許，情況不如我們所願，因為我們持續有某些野蠻的行為，但是在進化過程中，我們已經比以往更加快速地前進——得力於我們對生命本身的知識的成長。

就在不久之前，天文學家與作家卡爾．沙根（Carl Sagan）與這個世界分享了一個迷人的事實：根據分析，從月球帶回的岩石，以及從更為遙遠的外太空掉入地球的片瓦殘岩（流星、太空灰塵等等），都含有我們在這個星球上找到的相同基本元素。這些基本元素不只存在這個星球上的岩石與灰塵，也存在萬物中，包括鳥類、動物、樹木……以及人類。

同樣的化學與礦物基石顯然也在這個宇宙的所有物體中出現。沙根微笑地宣布：**我們都是由同樣的材料所造出來的**。萬物就是一物，只是顯現為不同的組合與構造。

拿這些元素加以混合，你就有了一棵樹木。把它們用別的方式混合，你就有了人類。第三種混合則產生一隻土豬。或是一個月球岩石。

這些元素以各式各樣的方式結合以及調整，這樣的事已經進行了超過幾千年及幾十萬年的時間。我們把那些各式各樣的結合稱為適應，我們也把這整個過程稱為演化。

我知道認為生命的一切都是從同樣的原生液（primordial soup）發展出來的這個觀念，是一個有爭議的主題。有些人想要相信人類是在一觸之下出現的，全部立即作為神的一種分離以及特別的創造，和任何其他生物的發展分開。

然而，科學（現在是空間科學）似乎在每一個環節上都確認了達爾文的理論。生命是個能量，出現於從一個單一本質要素（Essential Essence）而來的無盡變化當中。

於是，關於這個誕生能量只剩下兩個問題：一、它的本質是什麼？二、它的能力或性能是什麼？

第一個問題的答案

這個本質要素的基本特性就是，它是永遠前進與永遠存在的。在其最純粹的表達中，它是簡單的未分化能量。它可以被稱為實相的幹細胞。

在你身體中的幹細胞，如你所知，被界定為：「一個多細胞有機體的未分化細胞，有能力產生出無數更多同類型的細胞，某些其他類的細胞透過分化而從中出現。」

我傾向於理解，透過使用這個以單一實體方式存在的類比，我們就能把這個本質要素理解為是它的「幹細胞」。

此處描述的是單一的單位，我把它稱為奇點（The Singularity）（借用金・羅登貝瑞的用詞），它的主要特性或主要力量是振動（vibration）。它的移動沒有間斷，以某種特定的頻率繞行，並且無論我們所稱的「生命」出現在何處，它就出現在那裡——因為它就是生命本身，是生命最純粹不變的形式。

人類以及所有其他的生命形式，都是這個奇點的單一化。也就是說，我們是改變過的、稀釋過的本質要素的形式。我們是我所稱的神的未分化能量的分化結果。

你可以用你想要使用的名字來稱呼這個未分化能量。稱它是初始力量、不動的動者、一切萬有、存在、本質要素，或是如果你喜歡用比較個人的名字，比如亞多乃（Adonai）、亞克夏（Akshar）、阿拉（Allah）、梵天（Brahma）、都阿思（Deus）、神（Divinity）、聖母（Divine Mother）、伊康卡（Ekankar）、伊羅欣（Elohim）、神（God）、哈里（Hari）、印卓（Indra）、耶和華（Jehovah）、奎師那（Krishna）、主（Lord）、瑪赫希（Mahesh）、曼尼圖（Manitou）、歐穆茲的（Ormuzd）、帕拉梅什瓦爾（Parameshwar）、普魯希（Purush）、普魯夏坦（Purushottam）、如阿達索米（Radha Soami）、蘭（Ram）、拉瑪（Rama）、提奧斯（Theos）、索爾（Thor）、瓦如那（Varuna）、毗濕奴（Vishnu）、亞威（Yahweh），諸如此類。

✍再一次：一個最後的解釋

這個本質要素還有另外一個重要的特性。那就是自我意識。也就是說，它意識到它自身是它自身。然而，雖然它知道它自身確實是什麼樣子，在缺少別的東西的情況下，它無法像那樣去**經歷**它自身。

我們以前討論過這一點，在此對這個基本情況提供再一次解釋，以便清楚了解並永遠記得。

除了一切存在的，其他東西都不存在。這就是一切萬有。所以如果一切萬有希望在經驗上去認識它自身（它已經那樣經歷，因為只**是**某個東西並不夠），除了它自身，它還必須有所創造。然而，這是不可能的事，因為父生的永遠都是父的一部分。每個生命的後代或顯化都是其所來自的那個生命的一部分。

一切萬有除了它自身無法創造別的東西，存在的純粹存在就面臨了一個問題：當一切只有它自身，要如何去經歷它自身？解決的方法很簡單：讓它自身得以遺忘自身，如此一來它就像是別的東西。

這就會讓本質要素得以在經驗上去認識自身為造物主，方法就是在遺忘**萬物已經被創造出來**的這個事實的情況下去表達它自身。因此，遺忘是至今為止生命送給生命最棒的禮物。它的同伴也是：記起。因為當生命記得它自身的真實樣子，生命的循環就完成了，隨著純粹存有顯化為知曉，知曉顯化為經驗，經驗再次顯化為純粹存有。

先前提到，這可以在生命循環中的任何時候完成。死亡只是一種**保證**，保證這個循環發生了。

有人問：「我們為什麼一定要死？」「死亡為什麼是無可避免的？」現在你就知道答案了！你所稱的「死亡」是生命最偉大的禮物！它是神用來確定你的遺忘不是永遠持續。它是神藉著讓你和它重新結合的方式來宣告，你是它自身的一部分，然後再把你從和它的無分化狀態中釋放出來，那樣它就可能再一次在經驗中經由你而認識它自己。

而你可能經歷到部分的神的方式，就是你是無限的（unlimited）。你甚至可能以你離開時候的同樣形相回到肉身。你能以你目前的自我回來，你想要多少次就有多少次，它適合你這樣做多少次就有多少次，如果你內建的、細胞密碼的欲望要以真正的你來經歷你自己的話。

一次又一次以相同自我回來的人，在他們後來重複出現的轉世中，往往被稱為天神下凡（avatars）或賢哲（sages），甚至是聖人（saints）。

或者甚至是……神。

（不是有記載，「你們是神明（gods）」嗎？）

第二個問題的答案

本質要素的主要能力在於，它有力量去影響它自己。也就是說，它是自我開源（self-sourcing）與自我參照（self-referencing）的。

一個實例就是，水蒸氣變成小水滴，變成雪，變成冰，變成水滴，然後再度變成蒸氣。此處我們看見自我元素的四種特殊表達，它是透過本質要素的其他面向在影響它的方式，而以各種方式顯現出來。

我明白這個實例說明過度簡化，但或許不如你所想的如此簡單。問問住在北京的人們就知道。（待會會有更多相關說明。）不論是否過度簡化，這個隱喻可以幫助我們理解所謂生命的整個體系的運作方式——因為如果我們可以學習如何有意地影響本質要素的面向，我們就有可能促發**特定的顯現**。

也就是說，如果我們把生命能量以某種控制的方式轉向它自己，我們可能可以為了我們的目的而使用這個誕生的能量。

如果屬實，這不會是一件小事。的確，它會把我們變成神，能夠混合並符合宇宙調色盤上的顏色，畫出我們希望我們生命畫布上出現的圖畫。

神在與神對話中告訴我們，這確實就是關於本質要素的真相，以及它可以如何被運用，而這正是我們正在做的事——儘管我們大部分的人都不知道這件事，而少數知道的人對於我們想要合作產生的結果，還無法達成集體的共識。

這全都是胡說？

如果你認為這一切都是一廂情願的說法，想想這個：我們已經學會如何散播雲種以調節天氣。這是一個驚人的實例，說明我們如何能夠操縱生命的能量以影響生命的能量。

回到上述表面上看來似乎是一個過度簡化的隱喻……

許多報導指出，二〇〇九年二月，中國政府在乾旱四個月的北京上方散播雲種，製造人造雪。這是一個實例，人類以一種控制的方式有意地把生命能量轉到自己身上，以促發生命自身以生命最無法預測的一種表達方式，去產生一種想要且可預測的結果。即**天氣**。

有效嗎？

報導說，北京連續下了三天的雪。據說那是自從八〇年代後期以來，那個城市最早的降雪。它不只是飄了一點雪。我們講的降雪，是會讓交通打結，進出都會區的許多主要幹道都封閉。

如果生命的能量可以如此有效地在生理層面上受到影響，它們是否也能在形上學層面受到同樣有效的影響？

與神對話告訴我們的是，本質要素的影響呈指數擴增，並以一種特定而明確的方式影響它自身。風刮得越強勁，樹木就越彎曲。或者，如某個對於這些能量的觀察比我還要精通的人所說：「無論何處，只要有兩個或以上的人聚集……」

那麼，人類最有益的任務，就是學習如何使用生命能量的力量，以產生一致與可預測的結果。在二十一世紀的前二十五年，對此有最偉大的實驗、調查、探索及擴張。

這個**引導的意象**或**觀想**的事有沒有些道理？諾曼說的正面思考的力量是否沒錯？當艾彌爾・庫埃（Émile Coué）提出自我暗示（autosuggestion）的觀念時，是不是說明了什麼？在更當代，希克斯夫婦（Esther and Jerry Hicks）在《有求必應》（*Ask and It is Given*）中關於吸引力法則的教導，或是《比神更快樂》提供的關於個人創造過程的智慧，是否就是解開有意顯化（deliberate manifestation）之門的黃金鑰匙？

這真的是最後的新領域。然而，我們幾乎沒有注意到它。當我們注意到的時候，我們將會發現（記起）我們與神是一體的，本質要素與我們是同一回事。

確實是神聖三位一體

就像所有其他存在的事物一樣，人類並不只是存在的單一表達或元素。當我們從靈界移到物質界以作為生命循環的一部分時，我們把自己分為三個部分。因此，你不只是你的靈魂，你是所有這三個部分。

你存在的三個部分永遠活著，共同穿越所有的永恆，透過在終極實相的永遠此時此地中無盡的時間裡，以無數的變化方式重生與改變及再表達他們自己。

神的最高許諾就是，你是神的一種個體化，是神在地球上的一個表達。這個觀念我們至今已經說過好幾次了。更棒的是，這個世界上多數的宗教都同意這個觀念。它們告訴我們，我們是「以神的形象和模樣」受造。這個信仰以及與神對話訊息之間的唯一差別，只是在於細節。

以神的形象和模樣造人，是否表示我們是長得與神非常相像的存在呢？這是否表示神只是一個住在別的界域的大人（Big Human），完全掌控我們以及我們終極的命運？或者「以神的形象和模樣」受造這個難解的說法，表示我們是本質要素、基礎能量，以及初始力量的萃取物，生命從中形成，而且生命本身就是作為它最基本的形式？

如果我們選擇相信前者，我們可能會把自己想成是孤立與孤獨的狀態，在一個複雜得難以理解的塵世經驗中，以及一個大得超出我們想像的宇宙中，自行謀生並且為生存而奮鬥。我們可能認為自己是在這個無窮盡的物質與能量之海中載沉載浮，與其餘的存在相比，我們只不過是沙灘上的一粒沙，被無盡的事件浪潮給覆蓋，被它的悲傷淹沒，被它的水流摧毀，然後發現我們自己飄流在海上，不知身處何處。

但我們全部就是那樣嗎？它的總和與本質就是那樣嗎？或者有沒有可能，還有重要的事情在進行著，更大的事情在發生，大過我們迄今為止能夠理解的能力？情況是否比原本想像的還要複雜？如果是這樣，那會是什麼？

這一切的意義

許多人都錯誤的假定，認為因為與神對話說「我們與神是一體的」，所以神和我們就是同一回事。當然，人人都會同意這個說法，就像認為海洋與水滴是同樣的「東西」，所以水滴和海洋是同一回事！

造出神的東西也造出了我們，造出我們的東西也造出了神，但是神是所有存在的「東西」的總和，而我們是它的一個單一個體化。我們的要素是神性，而重要的是要知道這一切表示什麼。然而，我們也必須知道它不表示什麼。

例如，它不表示我們可以從屋頂往下跳並飛起來。它不表示我們無論如何絕對不會疼痛或受傷。它也不表示我們像超人一樣。

它的確表示，神永遠都在我們心中臨現，在我們每天生活中提供我們幫助與指引。它也表示，我們獲得神所使用的相同的創造工具，而且如果我們學會使用，我們就能在自己生活中產生美好的結果。它也表示，即使我們在某方面感到痛苦或受傷害，或發現我們自己遇到麻煩或困難，只要我們請求神的幫助，我們就能找到解決的方法。

基本上，它表示我們的人生並不「孤獨」。即使當我們感覺好像是孤獨的，也特別是在這種時候，神的臨現能療癒我們的孤寂，並且溫柔地陪伴我們，給我們沉靜的勇氣繼續過下去。

此處的含意驚人

「我們都是一體的」表示我們和彼此是一體的，和生命全部是一體，和神是一體的。就我了解，沒有其他的詮釋方式。

對人類來說，這個含意是很驚人的。如果我們相信這是事實，我們生命中的一切就會改變。我們的宗教、我們的政治、我們的經濟、我們的教育，以及我們的社會建構。還有我們個人生活中的一切也會改變。

在我們的宗教上，我們會見到各宗教為人類靈魂所做的無止盡競爭將會終結。各宗教不會再堅持自己是接近神的唯一道路。它們會在我們個人的道路上協助我們，但是不會宣稱就是這條路。他們也不會再使用恐懼來作為主要武器。

它們不會再教導我們，除非我們追隨它們的教義，否則我們將永無止盡地接受地獄的永恆之火。它們會是安慰與指引的源頭，以及在患難時刻的力量源頭。如此一來，宗教就會發揮它的最高目的與最大功能。

在我們的政治上，我們會見到潛在議題、權力遊戲，以及那些把對立觀點妖魔化的情況終將結束。各政黨不會再宣稱他們的方式才是唯一的方式。他們也會同心協力為多數迫切的問題找出解決之道，並且尋求共識讓社會前進。

他們會努力把他們最切實可行的想法和對手最切實可行的想法結合在一起。如此一來，政治就會發揮它的最高目的與最大功能。

在我們的經濟上，我們會見到以更大、更好、更多作為成功標準的觀念終將結束。我們會創造出一個新的底線，在其中「最大的產量」得以重新界定，無止盡追求利潤的動力將被一種對宇宙的敬畏與驚奇感所取代，一種對全部生命的敬畏，並且致力於創造出一個人人的基本需求皆得以滿足而可以活得有尊嚴的世界。如此一來，經濟就會發揮它的最高目的與最大功能。

在我們的教育上，我們會見到以宣傳取代歷史以及主題式課綱終將結束，此種教育強調的是對事實的背誦，而不是我們想要自己的子女去理解的生命基礎概念：覺知、誠實及責任。

我們會見到一所民主學校，在這裡孩子對於他們要學習的內容以及他們要如何學習，都有自己的主張，而且我們也不會向孩子傾倒知識，而是把他們的智慧挖掘出來。如此一來，教育就會發揮它的最高目的與最大功能。

「我們都是一體的」不表示什麼？

「我們都是一體的」並不代表我的東西就是你的東西，你的東西就是我的東西。一體的概念並不消除個人財物或個別表達的可能性。

當我們明瞭事實上沒有「他人」，只有自我的各種意象時，我們會發現自己經歷到一種前所未有的渴望，我們想要與他人分享我們所擁有的東西——然而，我們並沒有被**要求**要把我們的東西給別人，或是拿取別人的東西。

我們稱為「神」的每一個單一化的人類表達，完全是以它所選擇的方式去經歷它自身——而它所收集與分享的，就成為個別表達的一個驚人的部分。

我相信與神對話以及它帶給人類的新神學，提供我們的是耐人尋味的道理，它所回應的是諸如那些在本書裡所探討的問題。我也相信我們對於這些觀念的積極討論，可能產生出和我們在此處一直談論的能量之間的一種非凡的、甚至也許是改變生命的一種交流。

總之，我相信這樣一種討論會產生出世紀的對話。

把這個訊息應用到日常生活中

CWG CORE MESSAGE 1

我寫過一本書，提供如何把第一則核心訊息應用到日常生活的實用建議。這些建議涵蓋了我們各種領域的經驗，包括政治的、經濟的，以及文化的（包或靈性的），而我把它看成是關於如何在地球上應用與神對話的重要說明。

這本書就是《寧靜前的風雨》，書中討論了我所謂的人類大翻修，那是不管我們有沒有參與都正在發生的事。如果你想要仔細檢視「我們都是一體的」這個觀念如何在我們個別以及人類集體的經驗上發揮作用，那本書很有用。

我知道在本書裡我提過好幾次我所出版的其他書籍。我猜我可能因此招來批評，然而我相信整套與神對話的寫作，以及隨後的幾本相關文本，提供了關於人類經驗的珍貴智慧，以及我們可以用這些人類經驗來做什麼。我想要指出，我在這裡提到的幾本書，都可以在網路上免費閱讀（並且會持續如此）。

我要你們看看這些書籍，因為這些書裡的訊息都是受到同一個源頭所啟發，這個源頭啟發了對地球生命有所貢獻的事物，諸如莫札特的音樂、米開朗基羅的藝術作品、林肯的領導才能、甘地的政治哲學，以及小馬丁·路德·金恩的作品與言語。

我相信每天啟發你們的也是這個源頭，讓你們有最好的想法、最棒的靈感，以及最有用的觀念與解決之道。我們都在這裡**交換意見**，如果我們有個好的想法，你卻把它藏起來，那麼任何人都無法從中受益。

31 一切由你決定

謝謝你來到這裡。謝謝你一直待在這裡，直到這趟旅程的終點。我非常感謝你有此勇氣去探索你可能覺得非常新的觀念，或是深入檢視你以前聽過或有過或曾經探討過的觀念——只是或許從未到達現在這個層次。

這裡提出的新神學，提供人類看待事物的另一種角度。它說，人生並不是一連串隨機的事件，莫名其妙就發生了。相反的，人生是一種被精細設計出來且謹慎運行的一連串事件，它是所有存在的靈魂在合作且自發的情況下創造的，目的在於給予那個總體的靈魂群集（Total Collection of Souls）一個對自身的直接體驗，這個自身既作為一個群集，也作為集體之內的個體。

與神對話認為，我們在地球上要做的事，不只是生與死以及善用這個經驗。我們在這裡要做的事，也不只是找到一條「返回天堂」的路，或是避免下到地獄。那些看法都過度簡化了人類存在的原因與目的。

我們在這裡是要讓一個較大的課題有所進展。我們在這裡是要往前推動一個永恆的演化過程，在這個過程中，每一個個別的靈魂（以及存在的萬物）都完全經歷到自己的真實身分，讓生命自身藉著個體化的表達來擴展自己的覺知，從而反映出其終極且真正本質所帶來的驚奇。

一個關鍵說明

這個新神學的基本信條就是，我們沒有「必須」做的事。不管我們是否打算參與或有意識的參與，這個過程都在繼續。問題並不是神的過程（那就是它的現況）是否在進行，而是我們選擇如何經歷這個過程。

我們有些人選擇經歷這個過程的方式是：**把我們當成是它的結果**。而有些人選擇經歷它的方式則是：**我們是它的原因**。只有我們能決定，生命是發生在我們身上的事，還是我們主動積極讓它發生的事。這甚至已經成為我們這個時代的核心問題。我們是否準備好，是否願意，並且能夠現在就去掌握我們的生活？還是我們應該繼續維持人質的身分？

我們擁有數不清的人世，而且在任何一世的這種肉身體驗中，我們都沒有受到要求、命令，或是需要去做任何事。因為我們的轉世絕不會停止，隨著靈魂在永恆的旅程中，從一個肉身形相移動到另一個肉身形相，要在某一世去產生某一種結果，是不必要的事。神說我們擁有這個世界所有的時間，這麼說並不誇張。

要能理解這一點，請想像一下，日復一日地工作四十年之後，你終於退休了，你的健康狀況良好，財源充足，而且現在你可以期待過著隨心所欲的生活。你會覺得一定要在下星期四打高爾夫球，而不是一週之後再去打嗎？你會覺得你最好的玩樂是高爾夫球，而不是網球或別的活動嗎？

除了退休生活帶來的純粹快樂，還會有什麼理由讓你要以任何特定的方式，在特定的一天，去做特定的事呢？

我們聽說的天堂

當然，退休的美在於自由——在你想要的時候，以你想要的方式，做你想要做的事情，由此產生快樂與自由。據說這是你「賺來的」。

這也是生命本身的美。而生命的自由也是一樣，都是你「賺來的」。透過進入肉身形相（這不是一個不重要的決定）這個重要的行動，以及每天在相對界（Realm of Relativity）生活（這不是一件小任務），你就賺到了在你想要做的時候以你想要的方式去做你想要做的事情的這種自由。

自由是神的特權，而你就是神。

生命本身就是你所聽說的天堂。整個生命，而不只是部分，包括在每一世肉身之間的經驗，以及每一世的經驗。對靈魂來說，「天堂」就是從你身上、透過你、作為你，來認識神以及表達神的這種能力……以你想要的方式，以及在你想要的時候。

事實上，無論你做什麼，神是透過你而表達出來的。要你不去表達神，是不可能的事，因為神就是你。差別只在於你在此時此刻想要如何界定神。

換言之，你說神是什麼它就是什麼，神是透過你在各種既定的處境或環境下的存在，以在地的方式表達出來。而在這個多重宇宙各處所表達出來的生命自身，就是作為一個總體神（totality of God）在界定自己時所採取的行動，因為它想要透過自己在此時此地的表達與經歷來認識自己。

我們擁有的最大禮物就是自由意志。我們能以任何我們想要的方式來表達我們自己，而我們依然還是展現神性的神。有些人會嘲笑這個看法，說：「人類的所作所為怎麼會是一種神性的表達呢？」然而，真正的問題是：「人類為什麼會選擇以這個方式來表達神性呢？」

沒錯，我們為什麼會這樣做？可不可能是因為我們把故事搞錯了？就是關於神是什麼、神要什麼，以及我們在這裡做些什麼的這個故事？

更具轉化意義的是，我們可能會問：「是什麼原因能讓我們用另一個方式來界定我們是誰，以及界定神本身？一個更崇高的方式？一個更榮耀的方式？」

可不可能它是一個關於神是什麼、神要什麼，以及我們在這裡做什麼的新故事？

我們對於這些問題的回答，將決定人類的未來。

與神對話是真理嗎？

現在就讓我們進入針對與神對話的神學所提的一個最重要的問題：我們要把與神對話當成「聖書」嗎？它是不是不可違逆的神的指示？

人類長久以來一直在問：「哪一本經書才是『聖經』（Hole Scripture）？什麼經書含有獨一無二、真正的神的指示？」

幾年以前我有一篇作品是在探討這個問題。我發現這個問題的答案，取決於說話者。

許多人說，聖經是這本聖書。其他人說，不是，神的指示是在希伯來聖經裡。其他人說，不是，神的真理是在古蘭經裡。其他人說，不是，是在《托拉經》（*Torah*）裡。其他人說，不是，是在《密示那經》（*Mishna*）裡。還有其他人說是《薄伽梵歌》（*Bhagavad Gita*）、《梨俱吠陀》（*Rig Veda*）、《梵書》（*Brahmanas*）、《奧義書》（*Upanishads*）、《摩訶婆羅多》（*Mahabharta*）及《羅摩衍那》（*Ramayana*）、《往世書》（*Puranas*）、《譚崔》（*Tantras*）、《道德經》、佛法、《法句經》（*Dhammapada*）、《淮南子》、《史記》、《南傳大藏經》（*Pali Canon*）、《摩門經》（*Book of Mormon*）。

還有其他人……

好，重點是，許多人相信，自從他們所接受的聖經寫成以來，直接啟示（Direct Revelation），也就是說神直接對人類說話，就沒有再發生過。

而儘管那些引用這些來源的人當中，有少數人在神學上彼此同意，但許多人還是強調：他們的神說的話才是神的話；他們的天堂之路才是到達天堂的路；神給他們的訊息才是唯一從神而來的訊息。

以這種衡量標準來看，與神對話就變成了異端，會被界定成瀆神的言辭。某些信奉古書的人可能不清楚哪一本古書才含有真理，但是他們倒是很清楚沒有新書含有真理。

也因此，從一開始，與神對話就帶來了挑戰，它攪亂局面，把大部分當前的神學當成耳邊風。然而，有趣的是，讀過與神對話的人，似乎很少有人會反對一個可能性：至少，神再一次地透過文字來顯現祂自己。

甚至，我要更進一步。有一群為數不少的人站出來說，他們也經歷過此種信息交流。所以結果就是，我的與神對話，可能一點也不是一種「不尋常的對話」。

一項邀請，而不是真理

現在最重要的是要了解，無論與神對話是如何寫出來的，它是一個神學，而不是一個教條或教義。

它是對神的一個研究。

請讓我說清楚。我相信這些文字是直接從神而來。然而，所有真正的靈感（啟發）源自何處呢？我們稱為創造力、發明、創新、獨創性、天才、想像力、原創性、藝術才華、智慧，以及啟示的經驗，源自何處呢？

這本書的目的，只是要邀請你深入與神對話的資料，如此你就可以徹底理解，並讓它引導你找到最高的真理，事實上那就是「神說的話」。神說：「真理就在你心中。」神也希望讓與神對話中的廣泛對話引領你通往你的真理，而不是變成你的真理。

然而，如果你被引領通往的真理，是符合與神對話中某些或許多的觀念，那就接受吧。但是，如果，你最後是把這些對話完全丟棄，它們還是對你有益的——讓你更加清楚你自己的經歷，如此你就能活得更加豐富。

這就是每一種藝術形式的目的，不是嗎？無論是文學或戲劇，音樂或舞蹈，繪畫或詩詞，這不就是所有創造性表達努力要做的嗎？這不也就是從神而來的每一個真實信息交流的神奇嗎？因為神不會讓你追隨神，而是引領神走向關於你是誰的下一個最恢弘的經驗。

這就是你證明你自己是造物主的方式。這就是神最大的許諾（你是以神的形象和模樣造出來的）的兌現。而你自己的靈魂也一樣。

所以，從現在起……

這件事和我們此刻生活或我們的未來有什麼關係——遑論是我們星球的未來？好，歷史顯示，我們不斷重演自己。我們不斷以同樣的方式行動，做同樣的事，訴說並相信有關神、有關生命、有關萬物的同樣故事。甚至，兒子會因父親的罪而受懲罰，還直到第七代。然而，我們現在有機會去結束這個循環，停止那個重複，為人類老舊且不再有用的文化故事劃上句點。不是要把那個故事丟掉，而是在最後一個句點之外書寫。保留所有舊故事中好的部分，可是也要願意去擁抱舊故事之外一切好的部分，可能是新的故事。

讓我們現在就宣告我們自己是第八代，並讓我們成為第一代，願意讓未來世代擁抱人類至今有過的對自己最恢宏的觀念、哲學家至今提出過的最恢宏的見解，以及神至今激發過的最恢宏的思想。

讓我們向子女呈現一個新的文化故事，一個關於人類以及我們是誰的新觀念，一個關於我們的潛力、我們的許諾，以及我們的目的的新思想。

讓我們也帶給彼此一個新希望，一個新理解，一個新覺知，一個新表達，一個對於生命、對於神、對於彼此的新經驗，這些同樣的事物將讓我們過去的生活方式成為一個被遺忘的夢；一個我們絕對不再採行的、惡夢似的存在方式。

絕不。

你現在就可以採行這個新方向，就在今天。你不用等待其他人趕上你。你可以透過每一刻、每個處境、每個遭遇而注意到這個新方向。你可以透過選擇成為神而做到這一點。

這並不是不可能的。你所需要的就是沿路上的一點協助。或許，還有某些同伴。某些支持。可能偶爾是一點指引，告訴你如何著手的某些建議。

我希望你在這裡對它已經有一點心得。由你決定。

因為一切事情，都是由你決定。

後記

進化並不是關於成為什麼，而是與記起有關，然後展現出我們已經是什麼。它不是關於往前進，而是完全地存在我們所在之處。它不是關於提升我們的覺知，而是增強我們目前的意識。

有什麼不同呢？前者是尋求我們想像自己現在沒有的東西，後者是完全表達我們已經擁有的。前者是努力找出一個較大的海洋，後者是潛入這個我們**正在其中**游泳的海洋。完全地潛入水中，完全地沉浸其中，不只是飄浮在海面上。

重點是：我們需要的已經出現在眼前。但是我們必須要完全存在。

我們可以一下子就做到這一點。一瞬間。

進化需要的不是時間，而是意志。

終究，這是關於我們的子女，以及我們子女的子女。如果我們明白以人類形相的生命所賜給我們的這份禮物與驚奇，我們得問：我們能做些什麼，好讓我們的子女以及他們的子女擁有比我們有過還要更為奇妙的經驗？

即使我們自己的生命一直面臨不斷的掙扎與過多的苦難（尤其如果一直如此），我們一定會想要問同樣的問題：我們能做些什麼，好讓我們的子女以及他們的子女擁有比我們有過還要更為奇妙的經驗，以及我們要如何做才能留給他們一個更好的世界？

在我看來，對於這個迫切的問題，答案似乎很清楚。**我們可以給他們用來創造那樣的世界的工具**。

對於在不久的將來我們要把世界移交給他們的數百萬年輕人來說，他們正在接受教育與訓練，就在此時此刻。他們聽見也看見我們所說的關於生命的事實、關於他們是誰的事實，以及關於神的事實。我們告訴他們生命運作的方式、生命是怎麼一回事、擁有一個「好的人生」是什麼意思，以及追求的方式。

我們做得如何……？當你看見我們帶給下一代的世界是什麼模樣時，你對於人類目前的作為有何感受？你認不認為我們有可能做得更好？如果你認為如此，我們能夠求教於誰好提供我們一個更好的課程呢？

我想要建議我們求教於神。

在《與神合一》這本書裡，神是這麼說的：

教導你的子女，他們不須任何外在事物來讓他們自己快樂——不是人、地或事物，真正的快樂是在內心找到的。教導他們，他們是自足的。

教導他們這個道理，你便是用很棒的方式在教導他們。

教導你的子女，失敗是一種虛構，每一分嘗試都是一種成功，每一次努力就是達到勝利，第一名與最後一名都是同等榮耀。

教導他們這個道理，你便是用很棒的方式在教導他們。

教導你的子女，他們與所有生命都是深層連結在一起的，他們與所有人都是一體的，他們從未與神分離過。

教導他們這個道理，你便是用很棒的方式在教導他們。

教導你的子女，他們活在一個相當富足的世界，每個人都沒有匱乏，而且在分享最多而不是積累最多的情況下，就會收受最多。

教導他們這個道理，你便是用很棒的方式在教導他們。

教導你的子女，他們不需成為什麼或做什麼才有資格擁有一個富足的人生，他們也不必與任何人競爭任何事，神的祝福是給每個人的。

教導他們這個道理，你便是用很棒的方式在教導他們。

教導你的子女，他們絕對不會受到審判，他們不必擔心要永遠做對，他們也不須改變任何事或「變好」，才會在神的眼中看起來是完美與出色的。

教導他們這個道理，你便是用很棒的方式在教導他們。

教導你的子女，後果與懲罰不是同一回事，死亡並不存在，神也絕對不會譴責任何人。

教導他們這個道理，你便是用很棒的方式在教導他們。

教導你的子女，愛是無條件的，他們不必擔心會失去你的愛或神的愛，而無條件地分享自己的愛，就是他們能夠給予這個世界最偉大的禮物。

教導你的子女，很特別不表示就是比較好，宣稱比某人優秀，就是沒有看見他們真正是誰，承認以下這一點會帶來強大的療癒：「我的方式不是比較好的方式，我的方式只是另一個方式。」

教導他們這個道理，你便是用很棒的方式在教導他們。

教導你的子女，他們沒有做不到的事，無知的幻覺會從地球上消失，每個人需要的就是透過提醒他們真正是誰的方式來回到他們自己。

不要用你的語言來教導這些事情，而是用你的行動；不要用討論的方式，而是以身作則。你的子女仿傚的是你的行為，你是怎麼樣的人，他們就會成為那樣的人。

現在就開始教導這些事情，不只對你的子女，還要對所有國家的所有人。因為當你啟程通往靈性掌握之旅時，每個人都是你的子女，每個國家都是你的家鄉。

這是一個你在許多世紀及許多次轉世之前就已經踏上的旅程。你為了這個旅程已經準備許久，這個旅程帶你來到這裡，來到此時此地。

與此前相比，這個旅程現在更加迫切地召喚你；你感覺自己以前所未有的速度加速前進。

這是你靈魂的渴望下不可避免的結果。它以你身體的語言來說出你心裡的話。它是在你內心的神的表達，它對你的召喚彷彿以前從未召喚過一樣——因為你現在聽見的聲音，你以前不曾聽過。

現在是與這個世界分享一個光輝意象的時候。它是所有心智曾經真正探詢過的意象，所有的心曾經真正愛過的意象，所有靈魂曾經真正感受到生命一體的意象。

一旦你對此有所感受，你就不會滿足於任何少於此的情況。一旦你對此有所經歷，你就只會想要與和你接觸過的生命分享它。

新人類的時候到了

與神對話說，人生的目的是要「再創造你自己，讓它成為你對你是誰最偉大的意象最恢弘的版本」。這是我讀過最強大的目的式陳述。而我現在清楚知道，當我們向我們這個物種呈現一個新的文化故事，一個關於我們是誰、神是誰、神想要什麼，以及我們來到地球的原因的故事，我們就給予自己一個我們一直在等候的機會：再次開始的機會，誕生一個新的明天的機會。

這個工作並不是從我們的子女開始，而是要從那些引導他們並教導他們的人開始。那指的就是今天的我們。

新人類出現的時候到了，一個新的物種出現的時候到了。是時候要創造一個靈魂的民權運動，讓人類從對一個暴力的、憤怒的、復仇心重的神的信仰中解放出來。我們能夠把人類從古老的教義中釋放出來，那些教義只是在全世界製造出分離、恐懼和功能失常。

我們等候已久的人類表達與經驗轉變的時候已經來臨。最後，我要請你帶著一種合一與合作、理解與慈悲、慷慨與愛的倫理，協助我們拋棄舊有的教條。

這件事不需要你做巨大的人生變動，或是大量的、消耗時間的承諾。我們每個人都有自己的生活要過，而有時候光是過日子就已經夠難了。然而，如果你願意以一種新的方式去迎接每天的挑戰，把這個過程當成是改變生命意義的最大努力，你的生命意義將會超乎你的想像。

與神對話的宇宙觀是人類最棒的努力，是一個人誠實、純粹與真摯的嘗試，要傳達相信是由神所啟發的訊息。但是我想要你明白，我很清楚一切我所寫的內容都是要接受質疑的，而且應當如此。如同我在一開始所說的，讓與神對話成為你向內探索的一種鼓舞。

我希望你發現你可以把在書中看到的訊息用來作為那個新旅程的一個起點。和你身邊的人分享（也和所有你接觸的生命分享，如果這樣做令你感覺很好的話）你自己內在以及最高的自我所引領你去擁有的覺知與認識。這是你能給予自己最好的禮物。

我要以這個甜美而溫柔的邀請來結束這本書，出自克萊兒《家記得我：醫藥詩》（*Home Remembers Me: Medicine Poems*）：

以靈魂語言說話
好讓每個人都能聽見。
解開這個人類的故事
用一種
如此珍貴的臨現，
甚至神也無法給它定義。
如此深入地實踐愛人
以致於眼淚的語言
化為「海洋」
而
慈悲學院
是這
世界最大的機構。
不讓任何人孤單行走
在這個旅程上，那是
我們
要去分享的事：

以靈魂語言說話
好讓每個人都能聽見。

補充資料

許多人問我伴隨與神對話而來的進階閱讀或補充資料。有些人表示他們很訝異，原來與神對話系列書籍的冊數比他們想的還要多。

為此，我們在此列出與神對話系列的所有書目，加上進一步解釋與擴張這些訊息的著作。此外，以下你將會看到一些兒童及成人的教育課程資訊。我們相信這個資源清單對你很有用。

與神對話系列書

《與神對話一》（*Conversations with God* Book 1）

《與神對話二》（*Conversations with God* Book 2）

《與神對話三》（*Conversations with God* Book 3）

《與神為友》（*Friendship with God*）

《與神合一》（*Communion with God*）

《與神對話之新啟示》（*The New Revelations*）

《明日之神》（*Tomorrow's God*）

《生命的空白頁》（*What God Wants*）

《與神談生死》（*Homes with God*）

附加著作

《與改變對話：面對、處理與創造改變的九個法則》（*When Everything Changes, Change Everything*）

《與人對話一：寧靜前的風雨》（*The Storm Before the Calm*）

《唯一重要的事》（*The Only Thing That Matters*）

成人的教育課程

與神對話線上學校提供六個系列課程，每個課程為期四週，給想要學習以教學及協助的方式來與他人分享與神對話訊息的人。這些課程是由與神對話的生命教練安妮·幸思（Annie Sims）撰寫與提出，她與尼爾在一起工作已經超過十年的時間。

兒童的教育課程

新靈性學校藉由給父母的與神對話課程，提供一套在家學習的工具書，它把與神對話的訊息重新組成給兒童的五十二頁小課程，一週一次，為期一年。這個「盒子裡的學校」可以用在你自己的孩子身上，也可以作為一本教學指南，提供朋友與鄰居的孩子一個定期學習的機會。父母的與神對話課程還包括了另外一套給青少年的課程。

靈性延伸

- 與神對話連線（CWG Connect）是以網路為基礎的全球社群，由想要更加深入探討與神對話訊息的人所組成。這個註冊登入的服務平台提供機會，讓人藉由每週影片、音訊，以及書面內容來接受相關資料，包括每月冥想、與尼爾對話，以及一個社交網站，給志同道合者一個保持聯繫與互相支持的地方。
- 《全球對話》（*Global Conversation*）是一份網路報紙，提供針對全球各地事件的評論，也提供一個平台，讓世界各地的讀者分享關於如何在一個世代間轉化地球環境的資訊。
- 創造改變網（Changing Change Network）是一個靈性支持延伸，由一群靈性志工在協助回應任何面對意外及不受歡迎的生命變化的人。這個計畫的目的是要去「改變這個變化改變你的方式」。
- 人類團隊（Humanity’s Team）是以與神對話訊息為基礎的全球性組織，由尼爾所創立，為人類一體性這個觀念收集各種支持的力量。它發起一場靈性行動主義計畫，稱為「進化革命」（Evolution Revolution），邀請世界各地的人協力改變這個世界對於神、生命目的，以及我們和彼此關係的看法。

所有這些資源都可以透過一個單一的入口網站取得：www.CWGPortal.com。

詩文

本書的詩文出自克萊兒的詩集《家記得我：醫藥詩》，由 Hay House 出版社發行。她的書寫與影音形式作品可以在 www.EmClairePoet.com 找到。

如果這些話語不是好好地坐
在你內心的桌前
你總是能夠邀請它們離開
它們也將會安詳地走……
反而，你和神可能坐在一起
在你自己內心的桌前。
在燭光中。然後安靜。然後創造：
新的內心話語
從未有人聽過！
神什麼都不想要，除了成為
你的內心抄寫員

國家圖書館出版品預行編目資料

神說了什麼：「與神對話」25 則核心訊息，改變你的生命與這個世界
尼爾．唐納．沃許（Neale Donald Walsch）著　陳淑娟 譯 初版．--
臺北市：商周出版：家庭傳媒城邦分公司發行
2015.4　面；　公分

譯自：What God Said : the 25 core messages of conversations with God
that will change your life and the world

978-986-272-765-2（平裝）

1. 超心理學　2. 神

175.9　　104002866

神說了什麼：「與神對話」25則核心訊息，改變你的生命與這個世界

原著書名／What God Said
作　　者／尼爾．唐納．沃許（Neale Donald Walsch）
譯　　者／陳淑娟
責任編輯／陳玳妮

版　　權／黃淑敏、劉鎔慈
行銷業務／周丹蘋、黃崇華
總 編 輯／楊如玉
總 經 理／彭之琬
事業群總經理／黃淑貞
發 行 人／何飛鵬
法律顧問／元禾法律事務所 王子文律師
出　　版／商周出版
台北市104民生東路二段141號9樓
電話：(02) 25007008　傳眞：(02)25007759
E-mail：bwp.service@cite.com.tw
Blog：http://bwp25007008.pixnet.net/blog
發　　行／英屬蓋曼群島商家庭傳媒股份有限公司城邦分公司
台北市中山區民生東路二段141號2樓
書虫客服服務專線：(02)25007718；(02)25007719
服務時間：週一至週五上午 09:30-12:00；下午 13:30-17:00
24 小時傳眞專線：(02)25001990；(02)25001991
劃撥帳號：19863813；戶名：書虫股份有限公司
讀者服務信箱：service@readingclub.com.tw
城邦讀書花園：www.cite.com.tw
香港發行所／城邦（香港）出版集團有限公司
香港灣仔駱克道193號東超商業中心1樓
E-mail：hkcite@biznetvigator.com
電話：(852) 25086231 傳眞：(852) 25789337
馬新發行所／城邦（馬新）出版集團【Cite (M) Sdn. Bhd.】
41, Jalan Radin Anum, Bandar Baru Sri Petaling,
57000 Kuala Lumpur, Malaysia.
Tel: (603) 90578822　Fax: (603) 90576622
Email: cite@cite.com.my

封面設計／萬勝安
排　　版／極翔企業有限公司
印　　刷／韋懋實業有限公司
總 經 銷／聯合發行股份有限公司
電話：(02)2917-8022 傳眞：(02)2911-0053
地址：新北市231 新店區寶橋路235 巷6 弄6 號2 樓

■2015年4月28日初版
■2022年8月24日二版2刷
定價450元

Printed in Taiwan

城邦讀書花園
www.cite.com.tw